dtv

Sie ist ein Morgenmuffel, Kochen ist nicht ihre Stärke, und auch sonst entspricht sie durchaus nicht dem Ideal einer Pfarrfrau. Sie wollte auch alles andere werden, nur das nicht. Doch dann lernte sie den Theologiestudenten Manfred Müller kennen – und lieben. »Das mecht vielleicht ein armes Aas sein, das wo dir einmal heiraten tut«, mußte sich die junge Amei-Angelika einst von der polnischen Köchin in ihrem Elternhaus sagen lassen, und sie gab ihr recht. Selbst den Einwohnern des »idyllischen Dörfchens«, in das Vikar Müller als Pfarrverweser versetzt wird, bleiben die Schwächen der »Frau Pfarrer« nicht lange verborgen. Kein Wunder, daß es zu manchen Spannungen kommt, daß viele Situationen oft nur mit Humor zu meistern sind. Und daran mangelt es der Autorin nicht. Ob sie Episoden aus dem Elternhaus, aus ihrem eigenen Familienleben oder aus dem Leben der Kirchengemeinde erzählt – sie reizt nicht selten die Lachnerven des Lesers: »Viel gekonnte Situationskomik enthält das spritzig-witzige Buch. Dazu ein Schuß Pfiffigkeit, Selbstkritik und sogar Selbstironie.« (Christ und Buch)

Amei-Angelika Müller wurde am 6. Februar 1930 als Tochter eines Pfarrers in Neutomischel bei Posen geboren; im Januar 1945 Flucht in den Westen; 1950 Abitur und anschließendes Jurastudium. Weitere Werke: ›Ich und du, Müllers Kuh‹ (1980), ›In seinem Garten freudevoll...‹ (1981), ›Sieben auf einen Streich‹ (1982), ›Ein Drache kommt selten allein‹ (1987; 1990 u. d. T. ›Veilchen im Winter‹), ›Und nach der Andacht Mohrenküsse‹ (1991), ›Ach Gott, wenn das die Tante wüßte‹ (1996).

Amei-Angelika Müller

Pfarrers Kinder, Müllers Vieh

Memoiren einer
unvollkommenen Pfarrfrau

Deutscher Taschenbuch Verlag

Dieses Buch liegt auch in der Reihe dtv großdruck
als Band 25011 vor.

Von Amei-Angelika Müller sind außerdem
im Deutschen Taschenbuch Verlag erschienen:
Ich und du, Müllers Kuh (20116; auch als
dtv großdruck 25083)
Sieben auf einen Streich (dtv großdruck 25143)
Veilchen im Winter (11309)
Und nach der Andacht Mohrenküsse (dtv großdruck 25096)
Ach Gott, wenn das die Tante wüßte (20186)

Ungekürzte Ausgabe
März 1982
17. Auflage Oktober 1998
Deutscher Taschenbuch Verlag GmbH & Co. KG,
München
© 1978 Eugen Salzer-Verlag, Heilbronn
Umschlagkonzept: Balk & Brumshagen
Umschlagbild: ›Tending The Garden‹ (1908) von Konstantin Rodko
(© MAURITIUS)
Gesamtherstellung: C. H. Beck'sche Buchdruckerei,
Nördlingen
Gedruckt auf säurefreiem, chlorfrei gebleichtem Papier
Printed in Germany · ISBN 3-423-20219-X

Inhalt

Der Wanderweg Nummer 3 und die Weisheit des Oberkirchenrats ... 9
Jungfräuliche Nöte und Hochzeitsanstrengungen ... 15
Flitterwochen mit Kühen ... 24
Umzüge in allen Preislagen und schwäbische Maultaschen ... 31
Kirchengemeinderäte – und wie man sie bewirtet ... 41
Predigtängste und Seelenstündchen ... 49
Frostbeulen und Ewigkeitsreis ... 60
Hundert Flaschen Birnenmost und Kleinkrieg mit Hühnern ... 70
Rattenbekämpfung und eine neurotische Tür ... 80
Wünschelrutengänger und Holzarbeiter ... 91
Eisgang im Pfarrhaus und das Bad am Montag morgen ... 97
Krippenspiele – mit und ohne Brille ... 104
Haustöchter und Pfarrmägde ... 111
Großmutters Raupe und Genovevas Haar ... 124
Ein Splitter im Finger und adventliche Gesänge ... 135
Leichenchor und Leichenschmaus ... 144
Selbstgemachte Nudeln und stumme Sänger ... 155
Konfirmation mit Magendrücken ... 165
Eine Nachtwanderung und der Brautmarsch aus Lohengrin ... 176
Abendmahlsknicks und Brotwunder ... 182
Karfreitagsschmerzen und Osterspezialitäten ... 190
Der Frauenheld und der verzauberte Prinz ... 196
Zeit für Bekehrung ... 204
Ein polnisches Wunder und schmelzende Eisheilige ... 214
Dorfidylle mit Hexe ... 222
Ein grüner Bernhardiner und eine Radikalkur ... 228
Pfarrkränze und Flötentöne, Strohsterne und Schmetterlingshöschen ... 233
Pfarrers Kinder und Müllers Küh ... 243

Epilog ... 254

Bearbeitung der schwäbischen Dialektstellen:
Doris Leibinger

>»Man ist ja von Natur kein Engel,
Vielmehr ein Welt- und Menschenkind,
Und ringsumher ist ein Gedrängel
Von solchen, die dasselbe sind ...«

Wilhelm Busch

Als Kind gehörte mir ein Kanarienvogel. Ich pflegte ihn mit Sorgfalt, holte täglich frisches Wasser und fütterte ihn mit Salat und Körnern. Eines Morgens aber lag er tot im Käfig. Ich konnte es nicht begreifen. Mein Schmerz war groß. Ich wickelte den Vogel in Seidenpapier, legte ihn in eine Schachtel und bedeckte ihn mit Blumen.

Um meinen Schmerz zu lindern, beschloß die Familie, ein feierliches Begräbnis zu halten. Ich trug die Schachtel voran, Eltern und Geschwister folgten. Wir zogen durch den Garten und begruben den Vogel unter einem Jasmingebüsch. Zum Schluß sprach mein Vater einen Vers aus unserem Bilderbuch:

*»Hier in dieser kleinen Schachtel
liegt begraben eine Wachtel.
Ach, sie war ein schönes Tier,
Heinerich, der schenkt sie mir.
Ach, die kleine Pickdewick!
Ach, sie kehrt nie mehr zurück!«*

Es war ein herzbewegendes Begräbnis, ich weinte sehr. Von da an hieß ich »Pickdewick«.

Der Wanderweg Nummer 3 und die Weisheit
des Oberkirchenrats

»Dieses Dorf gibt es nicht!« erklärte mein Vater, legte die Lupe nieder und verlangte nach einer Tasse Kaffee.

»Wenn Manfred dort Pfarrer werden soll, muß es ein solches Dorf geben«, bemerkte meine Mutter mit zwingender Logik. Wir saßen über den großen Eßzimmertisch gebeugt und studierten Landkarten.

»Was gebt ihr mir, wenn ich es finde?« fragte die kleine Gitti. Ohne Belohnung bereitete ihr Arbeit wenig Freude, aber für einen verlockenden Preis verrichtete sie auch die niedersten Dienste, ohne zu murren. Wenn es irgend etwas im Hause zu finden galt, und wir schon alle Hoffnung verloren hatten, setzten wir eine Belohnung aus, und sofort trat Gitti, meine jüngste Schwester, in Aktion. Sie kannte alle Schlupfwinkel. Ihre Augen waren geschärft vom Spicken durch Schlüssellöcher, ihre Ohren hörten alles, was sie nicht hören sollten, und klein wie sie war, kroch sie unter Betten und Schränke und brachte bald das Gesuchte zum Vorschein.

»Ich fahre dich einmal mit dem Roller um die Kirche«, sagte Manfred.

»Dreimal«, sagte sie. Er feilschte nicht lange und gab nach, er kannte seine Schwägerin.

Was hatte ihn dieses Mädchen schon geärgert! Kam er während der Verlobungszeit zu uns auf Besuch und sanken wir uns in meinem Zimmer in die Arme, so sorgte Gitti dafür, daß wir nicht zu lange und zu innig in dieser Umarmung verblieben. Angestiftet von den fürsorglichen Eltern riß sie die Türe auf, um zu fragen, wann wir denn endlich mit ihr zu spielen gedächten. Oder sie versteckte sich schon vorher im Zimmer und brachte mit einem lauten »Buh!« unsere Verzückung zu einem jähen Ende.

»Scher dich raus!« schrie ich.

»Sei ein braves Kind!« sagte Manfred. Sie verschwand gekränkt, aber nur für kurze Zeit; dann erschien sie wieder in alter Frische. Schließlich gingen wir zur Bestechung über und stopften ihr Kekse in alle Taschen. Wir hofften, ihr damit den Weg zur Besserung zu erleichtern. Aber sie blieb ihrem Wesen treu. Manchmal ließ sie uns in Ruhe, meistens nicht. Wir konnten nie sicher sein. An den Besuchstagen schwelgte Gitti in Süßigkeiten und klagte abends über Bauchschmerzen. Als ich sie einmal im Garten erwischte, wie sie an ihre kleinen Freundinnen Schokolade verteilte, die nicht von uns stammte, mußten wir voller Trauer bemerken, daß sie schwach genug war, sich auch von anderer Seite bestechen zu lassen. Daraufhin stellten wir die Zahlung ein.

»Ich hab' es!« schrie sie jetzt und preßte den Daumen auf eine Wanderkarte. Wir beugten uns vor und betrachteten den schmutzigen Finger.

»Du solltest dir ab und zu die Nägel putzen!« sagte mein Vater. Verärgert zog sie die Hand zurück.

In einer großen grünen Fläche sahen wir einen kleinen Kreis, daneben ein Kreuz und darüber stand: »Weiden«.

»Das Kreuz ist eine sehenswerte Kirche und der Weg dorthin der Wanderweg Nr. 3«, rief die Kleine triumphierend, »ich hab' schon nachgeguckt!«

Eine größere Straße war in der Wanderkarte nicht eingezeichnet, aber Pfeile am Rand zeigten an, von welcher Richtung man in das Gebiet eindringen konnte.

»Ihr werdet zu Fuß dorthin gehen müssen«, bemerkte mein Bruder Michael, »aber vielleicht schafft ihr's auch ein Stückchen mit dem Roller.«

»Es könnte eine Holzfällersiedlung sein oder ein altes Kloster. Jedenfalls bekommt nicht jeder Pfarrer eine sehenswerte Kirche. Ich denke, das wird euch über vieles hinweghelfen.« Meine Mutter strich mir tröstend über den Kopf.

»Vielleicht wohnt ihr in einer Blockhütte, dann besuch' ich euch in den Ferien«, versprach Gitti. Ich hoffte inständig, daß das Pfarrhaus keine Blockhütte wäre.

»Morgen fahren wir hin und schauen uns alles an«, sagte Manfred.

Mutti eilte hinaus, um Proviant einzukaufen, falls wir uns im Walde verlaufen würden. Michael holte seinen Kompaß. In der Nacht schlief ich schlecht.

Wir brachen früh auf. Man reichte uns einen prall gefüllten Rucksack und eine warme Decke, falls wir im Walde nächtigen müßten. Die Familie war vollständig versammelt. Sie drückten uns die Hände, klopften uns ermunternd auf die Schultern, riefen »Kopf hoch!« und »Man darf den Mut nicht verlieren!« und »Kommt gut wieder!«. Gitti heulte laut. Dann fuhren wir davon.

Die große Bundesstraße lag weit hinter uns. Seit einer Stunde holperte der Roller über Feldwege, durch Wiesen und Wälder, vorbei an schmucken Dörfern mit stattlichen Kirchen. Es war Frühling. Die Bäume blühten, und ein laues Lüftchen wehte. Mit jedem Kilometer wuchs meine Sorge. Bald würden wir am Ende der Welt angelangt sein. Wo blieben das Dörfchen und die sehenswerte Kirche? Der Wanderweg Nr. 3 wies tiefe Löcher auf. Wanderer schienen ihn ängstlich zu meiden. Wir sahen einen verfallenen Bauernhof zur Rechten, einen Teich zur Linken und vor uns ein Schild: »Weiden 3 km«. Aus den Feldern stieg ein Kirchturm empor, dann ein bemoostes Kirchendach. Da stand sie, die sehenswerte, aber ach so kleine Kirche auf einem Hügel, und ihr zu Füßen breitete sich das Dorf aus. Wir fuhren die Hauptstraße hinunter. Kleine Bauernhäuser, bunte Gärten, Misthaufen vor den Ställen. Hühner stoben gackernd auseinander, Hunde bellten, Milchkannen schepperten, es dämmerte bereits. Am Fuße des Hügels hielten wir an und schielten hinauf zur Kirche. Ich fühlte kein Bedürfnis, sie zu besichtigen.

»Wellet d'r se agucke?« schrie ein Mann von der anderen Straßenseite herüber. Er stand vor seiner Stalltüre und gabelte Mist auf den Haufen. »Die isch zua. Do miesset d'r der Schlüssel em Pfarrhaus hole.«

»Wo ist das Pfarrhaus?« Wir fragten es beide. Mochte die Kirche auch noch so sehenswert sein, uns lag das Pfarrhaus am Herzen, denn schließlich sollten wir darin wohnen.

Der Bauer stellte seine Arbeit ein und kam zu uns herüber. »Sen er verwandt mit's Herr Pfarrers?« fragte er vertraulich und hüllte uns in eine warme Mistwolke.

»Noi? No sen d'r von der Missio? Au net? Was wellet er no?«

»Wir wollen nur einen Besuch machen«, sagte Manfred vorsichtig. »Können Sie uns das Pfarrhaus zeigen?«

Er war enttäuscht. Kein Schwätzchen, keine Neuigkeit!

»Do isch's« knurrte er und zeigte mit der Gabel nach rechts. Wir folgten den schmutzigen Zinken mit den Augen und sahen einen verwilderten Garten und darin ein imposantes Gebäude. Ich hatte es vorher für das Rathaus gehalten mit den vielen hohen Fenstern und der gewichtigen Eingangstür. Von einer Blockhütte konnte keine Rede sein. Gittis Ferienbesuch würde uns erspart bleiben.

»Kommet er weit her?« Er ließ nicht locker. Nein, nicht weit. Wir würden gleich wieder zurückfahren.

»'s Herr Pfarrers hent heit au koi Zeit, die hent Missionsobend. Ond morge isch Sondich, do muaß d'r Herr Pfarrer schaffa. Nex für oguet.« Er zog sich zum Stall zurück, um uns von dort zu beobachten.

Wir kletterten steifbeinig vom Motorroller, stiegen vier ausgetretene Steinstufen hinauf und klingelten an der Haustür.

»Ihr miesset lang leite, sonscht heret ses net!« Der kontaktfreudige Bauer schien sich gut auszukennen im Pfarrhaus.

Es rührte sich nichts. Dafür setzte sich unser Plagegeist in Bewegung. »Han i's net g'sagt? So miesset d'r leite!« Er drückte seinen Daumen auf den Klingelknopf und ließ ihn dort, bis oben hastig ein Fenster geöffnet wurde.

»Ja, was ist denn?« rief eine Frau herunter.

»'n Obed, Frau Pfarrer! Do will ebber zu Ehne!«

Sie warf einen Blick auf uns beide, den Rucksack und den Roller. »Wir hatten Sie nicht so früh erwartet«, sagte sie dann.

»Noi, dia send net von der Missio. Se wellet en Bsuach mache.« Er ließ uns nicht zu Worte kommen, aber Manfred schob ihn zur Seite.

»Wir möchten gerne das Pfarrhaus anschauen, wenn wir dürfen. Nur ganz kurz.« Das Fenster wurde zugeschlagen, nach geraumer Zeit öffnete sich die Tür.

Der Bauer zog sich zum gegenüberliegenden Haus zurück. Dort lehnte eine alte Frau am Zaun. »Baß uff, Marie, dia wellet ebbes verkaufe. Am Samschdichobed!«

Wir gingen ins Haus.

»Heute abend ist Missionsstunde«, sagte die Pfarrfrau. Sie sah abgehetzt und müde aus. »Viel Zeit haben wir nicht, aber wenn Sie sich das Haus ansehen wollen, bitte.«

Ein unangenehmer Geruch empfing uns. Ich schnupperte. Der Ablauf im Klo schien verstopft zu sein. Vielleicht saß mir aber auch der Misthauch von draußen noch in der Nase. Wir betraten eine weite Diele. Der Boden war mit grauen Steinplatten belegt. Von den Wänden bröckelte der Verputz, große schwarze Flecken zeigten sich.

»Das ist der Salpeter«, erklärte die Pfarrfrau, »so oft man ihn auch übermalt, er kommt immer wieder. Und hier«, sie öffnete eine der vielen Türen, »hier ist die Waschküche mit dem Backofen. Man kann zehn Brote auf einmal darin backen.«

Ich starrte in das rußige Loch und schüttelte mich. »Gibt es hier keinen Bäcker?«

»Natürlich kann man Brot kaufen«, sagte sie, »aber die Gemeinde sieht es gern, wenn ihre Pfarrfrau selber backt.« Ich sah mich schon bis über beide Ellenbogen im Brotteig stecken. Oft würde diese Arbeit nicht anfallen, denn zehn Brotlaibe sollten für ein paar Wochen reichen.

»Schauen Sie sich weiter um. Hier ist der Gemeinderaum. Hier das untere Klo.« Sie machte die Türe nur einen kleinen Spalt auf, aber wir rochen genug. Es war ein Trocken- oder Plumpsklo. Eines ohne Wasserspülung mit direkter Rohrleitung zur Grube. »Bei Tiefdruck riecht es besonders unangenehm«, sagte die Pfarrfrau, »heute haben wir Hochdruck, da merkt man fast nichts.« Wenn das »fast nichts« war, dann würden wir bei Tiefdruck mit Gasmasken herumlaufen müssen.

Die Dame war in Eile. Sie drängte uns die Treppe hinauf in die Pfarrwohnung. Auch hier empfing uns eine große Diele, diesmal aber mit Parkett belegt. Es war schwarz und knarrte bei jedem Schritt. Türe auf, Türe zu – Wohnzimmer, Arbeitszimmer, Kinderzimmer, Schlafzimmer. Besonders abstoßend wirkten die Öfen. Massig und schwarz, reich verziert und gekrönt von Zinnen und Spitzen beherrschten sie die Räume wie mittelalterliche Wachttürme. »Wir heizen nur zwei Zimmer«, sagte die Pfarrfrau, »diese Öfen verschlingen Unmengen von Kohlen. Aber Sie können Äpfel darin braten, wenn Sie das mögen, es wirkt so weihnachtlich. Ich stelle immer meine Bettflasche hinein.« Mit Hilfe ihrer Schürze öffnete sie ein Türchen. Wir sahen die Bettflasche, wie sie leise vor sich hindampfte.

Ich bat, mir noch das Badezimmer zu zeigen. Die Pfarrfrau schüttelte den Kopf. »Ein Badezimmer gibt es nicht. In der Küche am Ausguß kann man sich waschen und unten in der Waschküche baden. Das ist allerdings kein großes Vergnügen.«

Die Küche gab mir den Rest. Der Pfarrfrau auch. Jeden Augenblick konnte der Missionar anrücken, und Reis, Tomatensauce und Salat, das abendliche Festmahl, harrten der Vollendung. Sie hastete in der Küche hin und her, lief von der steinernen Spüle zum rußigen Herd und klapperte mit den Töpfen. Ich tat dasselbe mit den Zähnen.

»Wenn Sie noch etwas sehen wollen, Keller oder Speicher, kann mein Mann Sie führen. Ich muß das Essen machen, die Kinder ins Bett bringen, den Tisch decken...«

Nein, wir wollten nichts mehr sehen und verabschiedeten uns eilig.

Auf der Treppe trafen wir den Pfarrherren. Klein, schwarz gewandet, allzeit im Dienst.

»Lieber Amtsbruder«, sagte er und schüttelte Manfred die

Hand, »Sie wissen hoffentlich, was auf Sie zukommt! Das Haus ist kalt, aber man kann sich warm anziehen. Die Gemeinde ist schwierig, dennoch gibt es Lichtblicke. Sie haben sich doch nicht etwa freiwillig auf diese Stelle beworben? Na, ich wünsche Ihnen jedenfalls Gottes Segen und viel Kraft für den Dienst hier!«

»Jetzt machen Sie, was ich Ihnen sage, und dann nehmen Sie es ganz aus Gottes Hand!« Dieser tröstende Spruch ist von einem Oberkirchenrat überliefert. Er soll ihn zu einem widerspenstigen Pfarrer gesagt haben, der sich geweigert hatte, eine Pfarrstelle anzutreten, die schon zwei Jahre lang vakant war, weil kein Mensch sie haben wollte. Bei uns verhielt es sich anders. Der Vikar Müller durfte sich noch nicht bewerben. Er wurde versetzt, und er mußte dafür sogar dankbar sein, denn als Pfarrverweser in Weiden durfte er heiraten.

Die Tür klappte hinter uns zu. Wie warm und wohlriechend es draußen war! Und da stand noch immer der neugierige Bauer.

»Hen er ebbes verkauft?« fragte er. Wir bestiegen den Roller.

»Ich bin der zukünftige Pfarrverweser«, sagte Manfred und ließ den Motor an.

»Noi, des isch doch ... Marie, des isch a Pfarrer. Hetscht des denkt?« Wir bogen um die Ecke. »Nex für oguet!« schrie er uns nach.

Der Wanderweg Nr. 3 nahm uns wieder auf. Der Motor brummte und heulte, ich auch.

> »Gott bewahre dieses Haus
> Vor Feuersgefahr und ander Graus!
> Vor Stürmen und vor Wassersnot!
> Mit einem Wort: Laß stehn, wie's stoht!«

Dieser Vers war über der Pfarrhaustür eingemeißelt. Er klang mir wie eitel Hohn und Spott. Ich war nicht der Meinung, daß dieses Haus stehenbleiben sollte, wie es stand. Wie segensreich wäre ein reinigendes Feuer gewesen, das Trockenklo, Backofen und Salpeter den Garaus gemacht hätte. Wie erfrischend ein Sturm in dem übelriechenden Gemäuer. Dagegen war die Wassersnot offenbar schon eingetreten, schmückten doch nur zwei Wasserhähne das große Haus.

Möbeleinkäufe und Hochzeitsvorbereitungen halfen uns, das Dorf in den Wiesen für ein Weilchen zu vergessen.

Jungfräuliche Nöte und Hochzeitsanstrengungen

Hektisches Treiben erfüllte das Haus. Oben im Speicher übte Stefan das Trompetensolo »So leb denn wohl, es wär' so schön gewesen«. Unten im Keller saß Gitti auf einer Kartoffelkiste und blies auf der Blockflöte »Martha, Martha, du entschwandest«. Erst nach heftigem Kampf hatten sich die beiden Musikanten in diese Räumlichkeiten zurückgezogen. Ihre Zimmer lagen nebeneinander.

»Ich kann meine Flöte nicht hören, wenn du so laut trompetest!« jammerte Gitti.

»Dein blödes Gepiepse bringt mich aus dem Takt!« schrie Stefan.

Dann hatten sie sich getrennt, und nun litten nur noch die anderen Hausbewohner unter ihren Festvorbereitungen. Beate malte Tischkarten. Christoph dichtete, Onkel Wilhelm wand Girlanden. Vati brütete über der Hochzeitspredigt, und Mutti wußte nicht, wo ihr der Kopf stand. All dies geschah zu meinen Ehren und sollte eine große Überraschung werden.

Einen Tag vor dem Fest erschien Tante Mathilde, um Kuchen zu backen. Tante Mathilde, auch Thildchen genannt, war früher Haushaltslehrerin in einem Stift für höhere Töchter gewesen. Sie kannte teure und ausgefallene Kuchenrezepte und hatte sich zum Schrecken meiner Mutter freudig erboten, die Hochzeitsbäckerei zu übernehmen. Allerdings mußte die ganze Familie mitarbeiten, denn Thildchen war es gewohnt, eine Klasse willfähriger Schülerinnen um sich zu haben. Während sie die höhere Backkunst zelebrierte, mußten jene die niederen Arbeiten verrichten, Bleche fetten, Kirschen entsteinen, verbrannte Kuchen abkratzen und Berge von Geschirr abwaschen. Auch andächtige Zuschauer waren erwünscht, die mit kleinen Begeisterungsrufen und ehrfürchtigem Staunen Tante Mathildes hohe Künste bewunderten.

Ihre große, leider unglückliche Liebe galt einem Rührkuchen, der unter Verzicht auf Hefe und Backpulver nur durch die Triebkraft von sieben schaumig gerührten Eiern in die Höhe gehen sollte. Da der Teig viel Zucker und Fett enthielt, dazu noch Rosinen und Nüsse, wollte es den Eiern immer nur kurze Zeit gelingen, ihn in die Höhe zu stemmen. Nahm man den Kuchen aus dem Backrohr, dann klatschte er unweigerlich zusammen, was Tante Mathilde jedesmal neu in Erstaunen versetzte, war ihr diese Näscherei doch früher im Stift aufs beste gelungen. So teuer dieser Kuchen auch in der Anschaffung war, so sparsam erwies er sich im Verbrauch. Auch der hungrigste Esser langte nur einmal zu, auch der beste Magen konnte nicht mehr als ein Stück vertragen. Wir nannten dieses Gebäck »Thildchen-Kuchen« und scheuten die hohen Anschaffungskosten nicht, wenn es galt, unliebsame Gäste zu vergraulen.

Trotz des heftigen Protestes meiner Mutter wurden zwei solcher Kuchen gebacken. Tante Mathildes Hoffnung, daß wenigstens einer davon gelingen werde, erwies sich als unbegründet. Am Abend verließ die Künstlerin frohgelaunt und hochgestimmt die Küche. Wir vom Hilfspersonal wankten erschöpft hinterher. »Na seht ihr, Kuchenbacken ist kein Hexenwerk«, erklärte sie, »man muß nur etwas davon verstehen.« Meine Mutter bestellte noch zwei Torten beim Bäcker.

Das Hochzeitskleid war ein Traum aus duftigem weißen Nylon mit Puffärmeln und Rüschen. Ich hatte es im Schaufenster gesehen und sofort gewußt, dies und kein anderes sollte meine eckigen Glieder umschmeicheln. Wie eine Märchenfee würde ich dahinschweben.

»Kind, überleg es dir gut«, sagte Mutti, »ich will dich ja nicht beeinflussen, aber du solltest noch ein zweites Kleid anprobieren. Ich bin etwas in Sorge, daß dies hier zu durchsichtig ist.«

»Aber nein, nicht doch, gnädige Frau«, rief die Verkäuferin, »bei der Menge Stoff!«

Der Hochzeitsmorgen war gekommen. Thildchen steckte den Schleier, Mutti setzte mir das Myrtenkränzchen auf. Tränen der Rührung in den Augen betrachteten die anderen Tanten das traute Bild.

»Geh ein paar Schritte, mein Kind«, sagte Mutti. Ich schritt graziös dem Fenster zu.

»O Jottojottojott!« Tante Luise sank aufs Sofa; auch die anderen suchten nach Halt und rangen die Hände.

»Sie wird sich den Tod holen mit dem kurzen Höschen«, verkündete die strenge Tante Pauline, »zu meiner Zeit...«

»Entsetzlich! Unmöglich! Was werden die Leute sagen.« Mutti stand erstarrt.

Die Tanten eilten hinaus. Nach kurzer Zeit kamen sie wieder, beladen mit Unterröcken. Als es endlich gelungen war, mich undurchsichtig zu machen, hatte ich von der Taille abwärts eine matronenhafte Fülle gewonnen. Beklommen musterten mich die Tanten.

»Es bauscht über dem Leib«, sagte Tante Pauline, »vielleicht wäre es besser, die Leute würden ihre Beine sehen, als daß sie auf andere Gedanken kommen.«

Ich kicherte, und peinlich berührt starrten die Tanten aus dem Fenster.

»Mensch, bist du dick!« ließ sich Gitti vernehmen, als ich die Treppe hinunter wogte. Die Tanten hinter mir raunten. »Hörst du die Stimme der Unschuld«, flüsterte Thildchen, »was werden erst die anderen sagen!«

Auch Manfred war etwas erschrocken, aber wie immer fand er das rechte Wort. »Du kannst anhaben, was du willst, du gefällst mir immer«, sagte er.

Der Hochzeitszug ordnete sich. Mutti hatte eine Liste angefertigt, wer mit wem an welcher Stelle gehen sollte. Diese Liste hing an verschiedenen Stellen im Hause aus, so daß sich jeder informieren konnte. Wir kannten diese Aufstellungen, denn Mutti liebte Ordnung und einen präzisen Handlungsablauf. Vor jedem sonntäglichen Kirchgang wurde genau festgelegt, in welcher Reihenfolge die Familie in die Kirche einziehen und in der Bank Platz nehmen sollte. Auf diese Weise gab es keine unliebsamen und unfeierlichen Stauungen. Ein einziges Mal allerdings war es doch zu einem solchen Ärgernis gekommen. Beim ersten gemeinsamen Gottesdienstbesuch hatte Manfred Anstalten gemacht, sich neben mich in die Bank zu drücken. Aber »ein Kleiner, ein Großer«, so hieß die mütterliche Devise und also wurde er von starker Hand zurückgehalten, bis endlich die kleine Gitti kam, neben der er Platz nehmen durfte.

Die Glocken läuteten, der Hochzeitszug bewegte sich auf die Kirche zu. Es wehte eine leichte Brise, vor uns flatterte Vatis Talar. Meine diversen Unterröcke begannen zu wogen. Mit der einen Hand umklammerte ich Manfreds Arm und den Brautstrauß, mit der anderen versuchte ich die aufgeblähten Stoffmassen zu bändigen. So segelten wir vor dem Winde der Kirche zu. Die kleine Schleierträgerin hatte strikte Weisung erhalten, langsam zu gehen. Sie trippelte zierlich dahin und riß mir fast den Schleier vom Kopf. Ziemlich aufgelöst erreichten wir das schützende Kirchenportal, die Orgel brauste, die Gemeinde erhob sich. Dirigiert von den Blicken der Brautmutter rückten die Hochzeitsgäste vorschriftsmäßig in die Bankreihen ein. Vor den Altarstufen standen die Stühle für das Brautpaar, Mesner Wan-

kelmann hatte sie liebevoll mit Heckenrosen umwunden. Wir nahmen Platz, lehnten uns zurück, fuhren wieder hoch und saßen während der ganzen Feier stocksteif wie Ladestöcke auf unseren Stühlen. Jedem steckte mindestens ein Dorn im Rücken. Die Tanten aber nahmen mit Wohlgefallen die vorbildliche Haltung des Brautpaares wahr.
»Ein schöner Anblick!«
»Rank und schlank!«
»Sie strahlen Würde aus!« so flüsterten sie und wischten verstohlen eine Träne aus dem Auge. Vati hielt eine Ansprache ganz für mich allein, jedenfalls schien es mir so. Von »Geduld« war die Rede und von »Demut«, er kannte seine Tochter. Dann nahte der Augenblick, von dem ich schon so oft geträumt. Die Glocken läuteten, die Orgel spielte: »Jesu, geh voran...« Vati lächelte uns zu. Wir standen auf und traten vor den Altar, das heißt, Manfred trat allein, ich hing in den Rosen. Im Kirchenschiff reckte man neugierig die Köpfe, die Hochzeitsgäste wurden unruhig. Thildchen kam mir zu Hilfe, hakte den Schleier los und breitete ihn über die Altarstufen. So hatte ich die Möglichkeit, mich hinterher beim Hinabsteigen rettungslos in ihm zu verheddern. Der Mädchenkreis sang: »Was Gott tut, das ist wohlgetan...«; ich war auch dieser Meinung, besonders, was die Verbindung mit Manfred betraf. Bei dem Dorf in den Wiesen schien dem lieben Gott allerdings ein Irrtum unterlaufen zu sein. Er würde es schon noch merken. Mein Ehemann wickelte mich aus dem Schleier und gab mir den Brautstrauß in die Hand. Auf die gefährlichen Stühle setzten wir uns nicht mehr, sondern lauschten stehend dem Gesang und schritten dann zur Kirche hinaus. Die Hochzeitsgäste folgten, ängstlich bemüht, die mütterlichen Vorschriften einzuhalten. Von der Empore herunter trampelten die Mitglieder des Mädchenkreises, um zu gratulieren. Neugierige Blicke musterten den Bräutigam und die füllige Braut. Wir nahmen Kompottschüsseln, Spitzendeckchen und Nippfiguren in Empfang, wir dankten und lächelten. Nichts sollte unsere Freude trüben, denn heute war Hochzeit.
    Dann saßen wir an der festlichen Tafel.
»Eine Frau in der Kirche hat gesagt«, Gitti verschluckte sich schier vor Aufregung, »also eine Frau hat gesagt, Pfarrers Amei sieht aus wie im sechsten...«
»Mit vollem Mund spricht man nicht!« fuhr Mutti dazwischen und warf ihrer jüngsten Tochter einen scharfen Blick zu, »reich lieber den Pudding weiter.« Diesen Pudding hatte die

Hausherrin selbst zubereitet. Er war wieder einmal nicht fest geworden und floß unerfreulich dünn vom Löffel.

Mutti war eine vielseitige Frau. Sie stickte meisterhaft, spielte Klavier und hielt unvergeßliche Frauenstunden, nur kochen konnte sie nicht.

Thildchen wurde schamrot, wenn sie die alte Geschichte erzählte. »Du warst damals noch nicht auf der Welt, mein Kind, sei froh!« so pflegte sie zu beginnen. »Aber ich habe es miterleben müssen, und ich kann dir versichern, es war eine große Blamage!«

»Erzähl, Tante Mathilde, was hast du erlebt?«

»Ja, wenn du unbedingt willst, Kind, aber es wirft kein gutes Licht auf deine Mutter. Also, deine Eltern hatten geheiratet und kamen kurz darauf nach Kuschlin in ihre erste Pfarre. Ich törichte Person habe sie begleitet, weil ich glaubte, deine Mutter brauche Hilfe, was ja auch wirklich der Fall war. Die Gutsfrauen des Dorfes hießen uns willkommen. Sie führten uns durch das ganze Haus bis hin zur Speisekammer. Dort hatten sie ein wahres Schlaraffenland aufgebaut. Mir gingen die Augen über. Brote und Kuchen, Würste und Schinken lagen auf den Regalen. Geflügel und Wild hing appetitlich an Stangen. Und was macht deine Mutter?!«

»Was machte sie, Tante Mathilde?«

»Sie schlägt die Hände über dem Kopf zusammen und ruft: ›Um Himmels willen, wer soll denn all die Hasen rupfen?‹ O Kind, es war peinlich. Ich hätte in die Erde versinken mögen, denn ich bin Haushaltslehrerin und kenne mich mit Hasen aus.«

In Polen gab es hilfreiche Geister genug. Sie besorgten das schwierige Geschäft des Kochens. Aber nach der Flucht brach eine harte Zeit für uns an – Mutti kochte. Ich erinnere mich an den ersten Streuselkuchen von ihren Gnaden. Er war sehr süß und hart wie Stein. Wir hatten Hunger und wollten ihm gerne beikommen, aber er ließ sich nicht zerschneiden, zerbrechen oder zerbeißen. Da ging mein Vater hinaus und holte eine Axt. Es sah bedrohlich aus, und wir hüteten uns, zu lachen. Er zerschlug den Kuchen mitsamt dem Teller und der Tischplatte. Wir trugen die beiden Kuchenteile in den Hof auf den Hackklotz und dort zerlegte sie mein Vater in kleine Scheite.

Einmal blieb uns der Genuß von Muttis Kuchen erspart. Das war, als sie Lebkuchen backen wollte und statt des Rübensirups die flüssige Seife erwischte. Meine Mutter pflegte ihre Gerichte schnell und sorglos zusammenzumischen und sich nicht lange mit Probieren aufzuhalten. Vielleicht fürchtete sie das niederschmetternde Ergebnis. Also kam der Kuchen auf das Blech und in den Ofen und begann dort gewaltig zu quellen und zu brodeln. Er quoll in Blasen aus dem Ofen und erfüllte das Haus mit üblen Dämpfen. Mein Vater aß sonst alles, was Mutti kochte, und er sah mit strengem Blick in die Runde, ob auch jeder von uns es ihm gleichtat. Dieses eine Mal aber ließ er ab von seinen strengen Grundsätzen.

»Nur was auf den Tisch kommt, muß gegessen werden«, sagte er, band sich ein Tuch vor die Nase und trug den stinkenden Kuchen in den Garten. Wir gruben ein Loch und legten den Kuchen dort hinein. Sosehr wir uns auch bemühten, Samen säten und fleißig gossen, auf diesem Stück Erde ist nie wieder etwas gewachsen.

Manfreds Familie hatte Schwierigkeiten mit dem Pudding, wir anderen aßen ihn mit gutem Appetit.

In seiner Rede verglich mich mein Schwiegervater mit dem tugendsamen Weibe aus den Sprüchen Salomons: »Kraft und Schöne sind ihr Gewand, und sie lacht des kommenden Tages.«

Mein Gewand an diesem Tag war allerdings kräftig und schön, jedenfalls die untere Hälfte, aber dem Tag hatte ich noch nie entgegengelacht. Ich breche in Tränen aus, wenn man mir zumutet, aufzustehen, denn morgens schlafe ich am besten. Singen im Badezimmer und fröhliche Scherze am Frühstückstisch peinigen mich derart, daß nur eine weitere Stunde Bettruhe meinen Organismus vor ernsthaften Schäden bewahren kann. Der Schwiegervater war erstaunt, daß seine Ausführungen von meinen Lieben mit schallendem Gelächter belohnt wurden.

Da saß sie, eine Familie der Morgenmuffel! Nur Onkel Wilhelm schlug aus der Art. Er peinigte unsere morgenkranken Seelen durch laute Reden am Frühstückstisch!

»Wie soll sich der Tag gestalten, meine Liebe?« wandte er sich an Mutti.

»Ach Gott, Wilhelm, woher soll ich das wissen.«

Stille.

»Kinder, wollen wir nicht einen Choral singen, es ist ein so herrlicher Morgen. Hört ihr die Vögel?« Ja doch, wir hörten sie. Es war uns jeden Morgen ein neues Ärgernis, daß sie keine Rücksicht auf uns nahmen.

»Auf meinem Bauernhof in Pommern bin ich jeden Morgen um vier Uhr früh aufgestanden. Na, was sagt ihr dazu?«

Wir sagten gar nichts und löffelten mißmutig unseren angebrannten Haferbrei. Auch Else, die sonst so wundervoll kochte, war am Morgen noch zu keinen großen Taten fähig.

»Ja, dann will ich euch mal auf Trab bringen« – Onkel Wilhelm stellte seine Tasse klirrend nieder, ein Geräusch, das uns zusammenschrecken ließ. »Was für ein Lied wollen wir singen?«

»Müde bin ich, geh zur Ruh«, sagte Christoph.

»Wilhelm, ich habe heute schlecht geschlafen, könnten wir vielleicht mittags singen?« Mutti griff sich stöhnend an den Kopf.

Nach langen schweren Wochen gewöhnte er sich an diese seltsame Krankheit der Familie. Stumm saß er in der schweigenden Frühstücksrunde, nur ab und zu bekam er einen Rückfall.

»Auf meinem Bauernhof in Pommern ...«, hub er an, und nach einem Blick auf unsere gequälten Gesichter fuhr er fort: »Verzeihung. Ich erzähl's heut abend.« Abends aber war er müde und brachte vor lauter Gähnen den Mund nicht mehr zu. Ein Zustand, der uns unverständlich war, denn abends wurden wir munter.

Auch Manfred war von Onkel Wilhelms Art. Ich merkte es schon nach kurzer Bekanntschaft und versuchte meine morgendlichen Krankheitssymptome tunlichst zu verbergen. Jetzt nickte er mir liebevoll zu und schien allen Ernstes zu glauben, daß die Behauptungen seines Vaters stimmten. Wie ahnungslos glücklich er war! Mir blutete das Herz. Er meinte, eine ihm wohlbekannte Frau geheiratet zu haben, und wußte nicht, daß ein völlig fremdes Wesen neben ihm saß.

»Sie sehen so aus, als ob Sie wundervoll tanzen könnten«, hatte er in Göttingen zu mir gesagt, als wir uns das erste Mal trafen. Ich lächelte geschmeichelt und beschämt. Das verstand er wohl als Zustimmung, denn er lud mich sofort zu einem Tanzfest ein. Nun sah ich vielleicht so aus, als ob ich tanzen könne, aber der Schein trog. Ich war ein rechtes Trampeltier und hatte nie eine Tanzstunde besuchen dürfen. Wenn meine Schulkameradinnen von ihrer Tanzstunde schwärmten und die neuesten Rock'n'Roll-Figuren vorführten, lachte ich verächtlich und steckte die Nase ins Lateinbuch. Ich beneidete sie glühend und schwor, bei der nächsten Caesar-Übersetzung eine Show abzuziehen, bei der sie vor Neid erblassen sollten.

Nur einmal war ich mit meiner Freundin beim Tanzen gewesen, und dieses Erlebnis hatte mich für lange Zeit von aller Tanzlust geheilt. Jeder, der mich aufgefordert hatte, war nach dem ersten Tanz aufseufzend geflohen und hatte sich nie mehr in meine Nähe getraut. So welkte ich als Mauerblümchen dahin, bis sich ein schmächtiger Jüngling zu mir gesellte, auch er des Tanzens unkundig. Wir führten ein Gespräch über große deutsche Denker. Die Musik dröhnte, die Tänzer stampften, wir schrien uns unsere Erkenntnisse in die Ohren, bis wir heiser waren. Dann verließen wir den Saal, um im stillen Park noch weitere Betrachtungen zu pflegen. Auch meine Freundin erging sich mit ihrem Partner im Park. Sie schienen allerdings eher mit sich selber als mit großen Denkern beschäftigt. Stolz schritten wir an ihnen vorüber. Da rief sie mir hinterher: »He du, Amei, paß auf, daß er dir nicht in den Briefkasten fällt!« Das war ein harter Schlag, für ihn und für mich, und wir fanden auf dem Heimweg nur schwer zu den deutschen Denkern zurück. –

Mit dem Theologiestudenten in Göttingen aber wollte ich unbedingt tanzen, und diesmal galt es, Enttäuschungen zu vermeiden. Ich machte mir keine Hoffnungen, daß ich in drei Tagen das Tanzen erlernen könne. Also mußte ich mir etwas einfallen lassen, und ich hatte eine großartige Idee. Ich umwickelte meinen linken Fuß dick und kunstvoll mit mehreren Verbänden, eilte zum Treffpunkt, vergaß aber nicht, kurz vor Sichtweite in schmerzvolles Hinken zu verfallen. Er eilte mir entgegen, stützte mich, war voller Mitleid und Erbarmen.

»Ach, Sie Arme!« rief er. »Tut es sehr weh?« Ich nickte mit schmerzverzerrtem Gesicht. »Wie ist es denn passiert? Sind Sie ausgerutscht? Was sagte der Arzt dazu?«

»Es ist nur eine kleine Verzerrung«, sagte ich und lächelte tapfer. Er legte den Arm um mich.

»Wie rührend, daß Sie trotzdem gekommen sind. Aber tanzen können wir nun natürlich nicht.«

»Vielleicht können wir ein bißchen zusehen«, meinte ich, »weil ich mich nämlich so sehr auf den Abend gefreut habe.« Er war rührend besorgt, verschaffte uns einen schönen Platz, und so konnte ich mir die Sache in Ruhe anschauen. Die Pärchen schienen vergnügt zu sein. Sie tanzten und unterhielten sich dabei, als ob Tanzen die einfachste Sache der Welt wäre. Der Raum war in angenehmes Schummerlicht gehüllt, die Musik spielte gedämpft, die Paare drehten keine wilden Figuren, sondern hielten sich engumschlungen. Bedrohlich viele hübsche

Mädchen saßen an den Tischen und warfen begehrliche Blicke auf meinen Partner. Lange würde es nicht mehr dauern, dann würde er mir weggeschnappt. Hier galt es, schnell zu handeln. Diesmal wollte ich nicht sitzenbleiben.

»Ich möchte so gerne tanzen«, sagte ich zu dem jungen Mann an meiner Seite, »wenn Sie ein bißchen Geduld mit mir haben, wird es sicher gehen.«

Wir tanzten, und es war wundervoll. Ich brauchte mir keine Sorgen zu machen, ich konnte tanzen, wie ich wollte, ungeschickt und tolpatschig. Ich war nicht schuld, es war der schlimme Fuß. Ich beglückwünschte mich zu meiner großartigen Idee.

Ein paar Tage später stolperte ich über eine Stufe, fiel und verstauchte mir den linken Fuß. Es war sehr schmerzhaft.

Das Hochzeitsfest erreichte seinen Höhepunkt. Die Geschwister besangen Ereignisse aus dem Leben der Braut. Zu meiner Erleichterung nahmen sie nur freundliche Begebenheiten aufs Korn und verschreckten den Bräutigam nicht mit Eigenschaften, die er noch früh genug bei seiner Eheliebsten erkennen würde. Gitti balancierte die Flöte in zitternden Händen und blies dann ihr tausendmal gehörtes »Martha, Martha, du entschwandest«. Sie wurde so stürmisch gefeiert, daß sie sich erbot, noch ein zweites Stückchen zu spielen, woraufhin der Applaus schnell verebbte. Onkel Wilhelm sang das Pommernlied, vom Schluckauf mehrfach unterbrochen, und Christoph führte sein immer wieder gern gesehenes Glanzstück vor, welches »Tarzan, der Urwaldmensch« hieß.

Nach dem Kaffee mit Tante Mathildes Köstlichkeiten zog sich das Brautpaar zurück. Schleier und Unterröcke fielen. Warme Motorradkleidung für die Hochzeitsreise lag bereit. Manfred wurde zum Umziehen in eines der Bubenzimmer gedrückt. Um mich aber versammelten sich die Tanten. Sie wirkten bekümmert und verstört. Einige weinten. Thildchen zog mir den Schal zurecht und flüsterte: »Sei tapfer, mein armes Kind.« Sie schaute mich an mit zuckenden Lippen. Ein Aufseufzen ging durch die Reihen. Was kam da Grauenvolles auf mich zu?

Flitterwochen mit Kühen

Bei den Hochzeitsvorbereitungen hatte ich die Ehestandslieder im Gesangbuch durchgeblättert. Dabei war mir ein Vers aufgefallen:

» ... Auch laß uns in der Nächte Graun
auf deine treue Hilfe schaun
mit kindlichem Gemüte,
selig, fröhlich, selbst mit Schmerzen
in dem Herzen
dir uns lassen
und dann in Geduld uns fassen.«

Mutti schloß mich noch einmal in die Arme. »Kind, ich habe dich ja aufgeklärt«, sagte sie. »Es wird nicht leicht für dich sein, aber du solltest alles tun, was dein Mann will! Mit Gottes Hilfe wirst du's schaffen!«

Sehr genau hatte es meine Mutter mit der Aufklärung nicht genommen. Ich konnte mich noch gut an die denkwürdige Stunde erinnern. Beate war damals fünfzehn, ich dreizehn Jahre alt.

»Kinder«, hatte meine Mutter mit belegter Stimme zu uns gesagt, »kommt mit ins Gartenzimmer, ich habe etwas Wichtiges mit euch zu besprechen.« Bedrückt schlichen wir hinter ihr her, welche Untat hatte sie wohl entdeckt? Wir setzten uns aufs Sofa und rutschten unruhig hin und her. Sie nahm auf der Kante des Klavierstuhles Platz.

»Ihr seid nun bald erwachsene Menschen«, begann sie nach längerer Pause, »es ist meine Pflicht, euch gewisse Dinge zu erklären ...« Sie stockte. Wir wurden beide rot und schielten verlegen aus dem Fenster. »Ihr wißt, daß das Kind unter dem Herzen der Mutter heranreift ...« Ja, wir wußten es. Wir hatten drei kleine Geschwister heranreifen sehen, allerdings ziemlich weit unter dem Herzen, mehr in der Bauchregion wollte uns scheinen. »Nun möchtet ihr sicher wissen, wie das Kind da hineinkommt ...« Muttis Stimme zitterte. Wir waren gar nicht scharf darauf, zu erfahren, wie sich diese Sache zutrug. Wir hatten verschwommene Vorstellungen, Aufgeschnapptes aus der Schule, Zeichnungen an den Wänden der Badekabinen im

Freibad. Nein, wir wollten dergleichen nicht so gerne aus Muttis Munde hören! »Ich muß versuchen ... Es ist natürlich schwierig...« Mutti seufzte. Da läutete es an der Haustüre. Wir sprangen hoch. »Ich muß aufmachen«, rief Mutti und eilte hinaus. »Es wird meine Freundin sein«, sagte Beate und sauste hinterher. Ich kletterte aus dem Fenster. Das war unsere Aufklärung. –

Als ich das erste Mal »unwohl« wurde, hatte ich keine Ahnung, mit was ich es da zu tun hatte. Ich hockte vor meiner Kommode auf dem Boden und wühlte in den Fächern. Da sah ich es: Blut in meiner Hose, immer mehr, richtiges rotes Blut!

»Jetzt muß ich sterben«, war mein erster Gedanke, »ich habe eine tödliche Krankheit, eine Wunde im Bauch.« Mir wurde schlecht. Ich wankte zum Bett und legte mich vorsichtig nieder. Nach dem ersten Schock aber kamen tröstliche Gedanken. »Oh, wie würde es ihnen jetzt leid tun, daß sie immer so scheußlich zu mir gewesen waren! Wie würden sie leiden unter ihren Versäumnissen, wenn ich erst tot unter dem Boden läge!« Mir kamen die Tränen. Auf dem Totenbett würde ich ihnen alles verzeihen. Sie würden um mich herumstehen oder knien und meine durchsichtigen Hände küssen. Ich würde sie segnen und in Frieden sterben. Aber erst einmal mußte ich es ihnen mitteilen. Mutti sollte es zuerst wissen. Sie war die letzte Zeit ganz besonders scheußlich zu mir gewesen, hatte gesagt, ich sei unausstehlich, und nur mit Gottes Hilfe könne sie meine Launen ertragen. Wie würde sie sich grämen, wenn sie die traurige Wahrheit erfuhr! Wer konnte denn freundlich sein mit dem Tod im Herzen? Im Herzen! Die Wunde schien ein Stück tiefer zu liegen. Ich überzeugte mich noch einmal, ob es auch wirklich Blut war, dann raffte ich mich auf und wankte hinaus.

Mutti hatte Damenkränzchen. Dabei wollte sie nicht gern gestört werden, hier aber ging es um Minuten. Meine Lebenskraft floß dahin, ich spürte es genau. Schon von draußen hörte ich das Geschnatter, es tat mir weh, die fröhliche Runde zu stören. Ich klopfte und steckte den Kopf durch den Türspalt.

»Ja, was ist denn?« Mutti war höchst ungnädig.

»Kannst du mal rauskommen, ich muß dir etwas Wichtiges sagen?«

»Geht das nicht auch später? Du siehst doch, daß ich Besuch habe.«

Mutti kam. Ich flüsterte ihr mein entsetzliches Geheimnis ins Ohr. Sie lachte.

»Ach, darum bist du in der letzten Zeit so schwierig gewesen. Ich dachte nicht, daß es schon soweit wäre. Beruhige dich, es geht allen Frauen so.« Sie lachte wieder. »Es ist nicht schlimm. Ich erklär' dir's später.« Dann war sie verschwunden, und drinnen ging das Geschnatter weiter.

Mir war schwindlig. Eben noch auf dem Totenbett und jetzt dem Gespött der Leute anheimgegeben. Es war hart. Später habe ich gelernt, aus meiner Schwäche Kapital zu schlagen.

»Heute kann ich nicht turnen, ich bin unwohl«, diese Worte, der Turnlehrerin ins Ohr geflüstert, befreiten mich von der lästigen Bockspringerei und bescherten mir eine Freistunde. Selbst die langweiligen Appelle der Hitlerjugend mit stundenlangem Stehen, Hissen der Flagge und Absingen trutziger Lieder fanden ein beglückendes Ende durch eine Meldung bei der Führerin.

»Ich habe heute meine Tage.«

»Na und«, sie musterte mich angewidert, »ein deutsches Mädchen nimmt sich zusammen!«

»Ja, natürlich«, sagte ich, »aber meistens falle ich trotzdem in Ohnmacht.«

Bloß das nicht! Keine Unordnung im Glied! Ich war entlassen und wandelte frohgemut nach Hause. Leider hatten auch andere Mädchen in meiner Klasse wenig Freude am Turnunterricht, so daß sich die »Krankmeldungen« bedrohlich häuften. Nach einer Turnstunde mit nur fünf Bockspringerinnen erklärte die Turnlehrerin, sie glaube nicht, daß dies mit rechten Dingen zuginge, und sie werde nun genau Buch führen. Wir waren sehr froh, als im nächsten Jahr ein Sportlehrer kam, der keine Berechnungen dieser Art anstellte.

Die Hochzeitsgäste hingen aus allen Fenstern des Hauses, winkten und schwenkten ihre Tücher. Stefan stand auf der Treppe und trompetete: »So leb denn wohl, es wär' so schön gewesen...« Gitti heulte, und Christoph bekränzte den Motorroller mit Papierschlangen. Dann fuhren wir davon. Das Wagnis zu zweit konnte beginnen. –

Ich war guten Mutes. Das schönste Nachthemd aller Zeiten lag in meinem Koffer. Es gehörte allerdings meiner Schwester Beate, aber ich hatte es im Trubel des Aufbruches unbemerkt aus ihrem Zimmer holen können. Die Unkenrufe der Tanten klangen mir noch im Ohr, aber keine von ihnen war verheiratet. In Büchern hatte ich von ungeahnten Wonnen gelesen. Die schönste Zeit meines Lebens stand bevor: Vierzehn Tage und Nächte, erfüllt mit ehelichen Freuden!

Das bestellte Zimmer in einem bayerischen Bauernhaus mit Balkon und herrlicher Aussicht auf die Berge befand sich bei unserer Ankunft gerade im Umbau. Wir mußten für die ersten Tage mit einem anderen vorliebnehmen. Es war ein enger Verschlag im Erdgeschoß mit wenig Mobiliar. Die schmalen Betten standen hintereinander an der Wand. Sie ächzten und knarrten schon bei geringer Beanspruchung. Die Türe hatte keinen Schlüssel, dafür aber ein Guckloch, durch das man von außen ins Zimmer schauen konnte. Das Zimmer ging hinaus auf den Hof und bot freie Aussicht auf Misthaufen und Stallungen. Unter dem Fenster befand sich die Hundehütte, so daß wir vor Einbrechern sicher waren. Leider hatte der Hofhund die unangenehme Angewohnheit, auf die Hundehütte zu springen und von dort in unser Zimmer zu kläffen, wenn er irgendwelche Geräusche hörte oder gar Licht bei uns sah. So mußten wir im Dunkeln zu Bett gehen, und das schönste Nachthemd aller Zeiten fand keine Beachtung.

Nun hätte uns die herrliche Natur über manche Schwierigkeiten hinwegtrösten können, wäre sie nicht von unglaublichen Mengen Rindviehs bevölkert gewesen. Es gibt Menschen, die eine besondere Vorliebe für Kühe haben, ihnen den Nacken kraulen oder das triefende Maul streicheln.

Andere gehen beherzt über Almen und Weiden durch ganze Herden von Kühen, stoßen sie beiseite oder treiben sie mit einem Stecken vom Weg. Manche dringen sogar in die Ställe ein, schnuppern entzückt den warmen Misthauch und kennen keine größere Freude, als selbst einmal an den Eutern ziehen zu dürfen, uneingedenk der Gefahren, die auf sie lauern.

Ich gehöre nicht zu diesen Menschen. Mir bricht der Angstschweiß aus allen Poren, wenn ich eine Kuh erblicke. Freundliche Bauern, die mir ihre Ställe zeigen wollen, stoßen auf eisige Ablehnung.

Am Morgen nach der Hochzeitsnacht beschlossen wir, eine Wanderung zu machen und uns so weit wie möglich von knarrenden Betten und kläffenden Hofhunden zu entfernen. Die Sonne schien warm. Wir freuten uns auf einsame Plätzchen mit schöner Aussicht und weichem Gras. Der Wanderweg endete vor einem Gatter. Manfred sprang mit einem Satz hinüber, ich blieb draußen stehen.

»Du kannst doch nicht einfach über die Weide gehen!« sagte ich.

»Warum nicht?« erwiderte er. »Hier ist das Wegzeichen.«

»Aber da weiden Kühe. Komm zurück, schnell.«

Er lehnte sich über das Gatter und sah mich an. »Du hast doch nicht etwa Angst vor Kühen?«

»Ich, vor Kühen? Nein. Wie kommst du darauf?« Ich kletterte über den Zaun.

»Jetzt habe ich wirklich einen Augenblick gedacht, du fürchtest dich vor Kühen.« Manfred lachte. Ich lachte auch, laut und herzlich, aber nicht lange. Vor uns stand eine Kuh. Sie reckte ihr Gehörn, sie starrte uns feindselig an. Natürlich, wir waren in ihr Revier eingedrungen, gleich würde sie uns anfallen. Ich klammerte mich an Manfred und versuchte, ihn zurückzuzerren.

»Laß uns laufen! Schnell! Es ist ein Stier!«

»Ein Stier? Daß ich nicht lache! Seit wann haben Stiere Euter?« Er hob den Wanderstock, und siehe da, das Ungetüm trollte sich beiseite. Ich trocknete mir die Stirn.

»Kühe sind friedliche Tiere. Keiner Fliege tun sie etwas zuleide. Sie sind froh, wenn du sie in Ruhe läßt!«

Wir gingen weiter. Die Kühe weideten friedlich am Wege. Manfred belehrte mich über die guten Eigenschaften dieser Tiere. »Na«, sagte er schließlich, »hast du jetzt noch Angst?«

Nein, ich ging furchtlos meines Weges.

Dann kam eine Kuh über die Wiese auf uns zugetrottet, die Hörner gesenkt, sie brüllte. Ich auch. Ich rannte über die Wiese dem rettenden Gatter zu. Die Herde trampelte hinterher, daß der Boden dröhnte. Mit einem letzten verzweifelten Satz sprang ich über den Zaun und fiel ins Gras. Ich war gerettet, aber wie stand es mit Manfred? Hatten sie ihn zertrampelt oder auf die Hörner genommen? Ich wagte nicht aufzuschauen. Dann hörte ich ihn lachen, roh und grausam.

»Das war ein Bild! Du als die Leitkuh, und die ganze Herde hinter dir. Ich habe es fotografiert. Ja, gibt es denn so was? Wie kann ein denkender Mensch vor Kühen davonlaufen?«

Wir hatten wenig Freude aneinander auf dieser Wanderung. Es gab keine einsamen Plätzchen ohne Kühe. Waren sie einmal nicht zu sehen, so hörte ich doch ihr Brüllen und Läuten. Manfred war damit beschäftigt, den Kopf zu schütteln und sich zu wundern.

Er kam aus dem Kopfschütteln nicht heraus, schon der nächste Morgen bot reichlich Gelegenheit dazu.

»Komm, steh auf! Es ist höchste Zeit, wir wollen den Sonnenaufgang anschauen!« Er riß mir die Bettdecke weg.

»Aber doch nicht jetzt, mitten in der Nacht. Gib die Decke zurück und laß mich schlafen.«

»Es ist schon fünf Uhr. Mach schnell, sonst kommen wir nicht mehr zurecht.«

»O Himmel, Manfred, ich denke, wir haben Ferien.«

»Gerade in den Ferien muß man früh aufstehen. Der ganze herrliche Tag liegt vor uns. Ich fühl' mich so richtig frisch und munter.«

»Ich nicht. Mir geht's gar nicht gut.« Ich seufzte herzerweichend.

»Ach was, du bist bloß faul. Schau nur, was für ein schöner Morgen!«

Er pfiff und sang, gurgelte und spuckte. Hier half kein Jammern und Klagen, ich mußte zu anderen Mitteln greifen.

»Komm, Manfred, wärm mich, mir ist so kalt. Nachher steh' ich gleich auf.«

Er konnte meinem Bitten nicht widerstehen, kam und wärmte mich. Als wir uns endlich erhoben, stand die Sonne schon hoch am Himmel, und der Hofhund sank erschöpft und völlig heiser von der Hundehütte.

Am nächsten Morgen ging das Theater wieder los. Manfred war erpicht auf diesen Sonnenaufgang, eine fixe Idee, die ihn und leider auch mich nicht ruhen ließ. Leise klagend kroch ich aus dem Bett und wenig später den Berg hinauf, derweil er unentwegt redete und mich auf die Schönheit der Natur aufmerksam machte. Dann stand ich frierend auf dem Gipfel und konnte überhaupt nichts mit dem Sonnenaufgang anfangen.

»Na, was sagst du jetzt? Gefällt dir's?«

»Nein!«

»Ja, gibt's denn so was? Hast du keine Freude an Sonnenaufgängen?«

»Doch, immer, nur nicht am Morgen.«

»Was bist du für ein Mensch?!«

»Manfred, ich bin ein Abendmensch im Gegensatz zu dir.«

»Ach was, du bist bloß faul!«

»Aber wenn du abends um neun Uhr schon einschläfst, dann ist es natürlich keine Faulheit.«

»Nein, dann ist es Müdigkeit nach des Tages Arbeit.«

»Ich bin dafür morgens müde. Bei uns zu Hause ...«

»Sag nicht immer: Bei uns zu Hause, es ärgert mich, und was deine Morgenmüdigkeit betrifft, die gewöhn' ich dir schon ab, oder wir finden einen Modus vivendi.«

In unseren Flitterwochen fanden wir keinen »Modus vivendi«. Ich betete um morgendliche Regenschauer, und manchmal trafen sie auch ein, dann blieb mein Ehemann seufzend im Bett, warf sich von einer Seite auf die andere und blätterte geräuschvoll in seiner Lektüre. Später kamen wir zu einer besseren Lösung unseres Problems.

Manfred stand morgens zuerst auf, machte das Frühstück und versorgte die Kinder, er tat dies so leise, wie es ihm überhaupt nur möglich war. Ich gab abends mein Bestes, um ihn zu erfreuen und munter zu halten. Blieben Besucher bis tief in die Nacht, dann weckte ich meinen schlafenden Mann durch zarte Fußtritte, oder versuchte die Aufmerksamkeit von ihm abzulenken, damit er in Ruhe ein Nickerchen machen konnte.

In den Flitterwochen aber war er leider noch von der Idee besessen, meinen Lebensrhythmus mit Erfolg ändern zu können.

Zwei Wochen Alleinsein sind nicht viel für ein junges Paar, noch dazu mit unseren Problemen, will es einigermaßen abgeklärt in den Alltag zurückkehren. Wir waren auch nicht allein, sondern hatten uns mit Sonnenaufgängen, Hunden und Kühen auseinanderzusetzen.

So strahlten wir nicht gerade vor Glück, als wir wieder im Elternhaus ankamen. Der Brautstrauß war verdorrt, die Gäste abgereist. Dafür warteten Kompottschüsseln, Spitzendeckchen und Nippfiguren auf Dankbriefe und Verpackung. Der Umzug nahte. Das Dorf in den Wiesen stieg aus der Versenkung. Durch meine Träume geisterten neugierige Bauern, abgehetzte Pfarrfrauen und Kuhherden. Der Duft des fernen Pfarrhauses drang mir trotz Hochdruck in die Nase.

Umzüge in allen Preislagen und schwäbische Maultaschen

Ohne Möbel und Bilder sah die Blümchentapete im Wohnzimmer noch scheußlicher aus als bei unserem ersten Besuch. Weiß hoben sich die Stellen ab, an denen früher Bilder gehangen oder Möbel gestanden hatten. Wir waren beim staatlichen Hochbauamt vorstellig geworden und hatten den Bauamtskommissar angefleht, uns neue Tapeten zu bewilligen. Aber nein, die alten waren noch gut genug. Sie fielen nicht von den Wänden, man klebte nicht an ihnen fest. Was wollten wir denn! Neue Fenster, weil die alten nicht gut schlossen. Der Bauamtskommissar sah uns mißbilligend an. Ein frischer Luftzug in der Sommerzeit wäre doch nur zu begrüßen, und für den Winter gäbe es Doppelfenster. Sie lägen auf dem Speicher, wir könnten sie jederzeit einsetzen, wenn es uns zu luftig wäre. Diese Pfarrersleute machten ihm dauernd Ärger! Anstatt bescheiden und dankbar zu sein, wie es sich für diesen Berufsstand gehörte, hatten sie auch noch Sonderwünsche. Der Glaube des Kommissars begann zu wanken. Ein neues Klo mit Wasserspülung? Ja, was stellten wir uns denn vor? Hatten wir etwa gedacht, die Mittel des Bauamtes seien unerschöpflich und dazu bestimmt, in die Klos alter Pfarrhäuser zu fließen? Im Kriege hätte er in einer alten Hütte gelebt, ohne Klo und Tapeten, und er wäre trotzdem glücklich gewesen. Auf die Gesinnung käme es an! Glück wohne auch in der ärmsten Hütte! Er wäre enttäuscht. Wir waren es auch.
    Nur das Treppenhaus erstrahlte in neuem Glanz. Es war frisch geweißelt. Bauamt und Maler hofften zuversichtlich, der Salpeter werde unter der Farbe bleiben. Ein halbes Jahr später kam er wieder zum Vorschein.
    Um acht Uhr standen wir in dem leeren Haus. Es herrschte Tiefdruck. Wir hatten Zeit genug, uns an den Geruch zu gewöhnen, denn erst um elf Uhr rückte der Möbelwagen an. Fahrer und Beifahrer waren erschöpft. Sie hatten den Weg nicht finden können und schimpften auf das gottverlassene Nest. Wir gaben ihnen Bier, Wurst und gute Worte zur Aufmunterung, aber nach der Mahlzeit fühlten sie sich noch viel schlapper. Manfred wurde nervös. Das lange Warten hatte ihn zermürbt, und da saßen nun diese Packer, aßen und ruhten sich aus.
    »Na los schon«, drängte er, »warum fangen wir nicht an?«

Draußen ging ein Regenguß nieder. Die Kinder des Dorfes drückten sich in den Hausflur, um nicht naß zu werden. Sie wollten auf jeden Fall mitansehen, was alles in diesem Möbelwagen verborgen war.

»Wollt ihr wohl machen, daß ihr rauskommt!« rief Manfred die Treppe hinunter.

»Reg dich nicht auf«, sagte ich und fühlte ungeahnte Kräfte in mir wachsen, »was ist schon solch ein Umzug? Du liebe Zeit, da habe ich Schlimmeres mitgemacht! Ich habe zwar Angst vor Kühen, aber ein Umzug kann mich nicht schrecken!«

Der Regen trommelte gegen die Scheiben, unten in der Diele lärmten die Kinder, aber ich sah und hörte nichts, ich war weit fort. Die Umzüge meiner Kindheit zogen an mir vorüber, eine stattliche Reihe.

Der erste Umzug meines Lebens ging ohne meine Mithilfe vonstatten. Wir zogen aus dem Dorf Kuschlin in die Stadt Bromberg. Ich war erst vier Jahre alt und sollte mit dem kleinen Brüderchen zu Tante Jakoby. Vor dem Haus wartete die bekannte Kutsche. Tante Jakoby bewohnte ein großes Schloß mit einem ganzen Zimmer voller Puppen. Im Park gab es einen Springbrunnen. Wir waren oft bei ihr gewesen, alle zusammen. Abends hatte uns die Kutsche wieder nach Hause gebracht. Diesmal aber war es anders. Im Haus herrschte Unruhe. Mutti lief aufgeregt hin und her. Else packte einen Koffer für uns. Dann sahen wir neben der Kutsche den riesigen Wagen. Schwarze Männer schleppten unsere Möbel aus dem Haus und luden sie in diesen Wagen. Hier stimmte etwas nicht, und wir sollten weg! Stefan schrie, und ich strebte eilig ins Haus zurück, um den Männern meine Puppen zu entreißen. Vati fing mich wieder ein und trug mich zur Kutsche.

»Stefan ist noch so klein, du mußt auf ihn achtgeben«, sagte er, »in einer Woche ist alles vorüber, dann holen wir euch ab.«

Er lud mich in die Kutsche. Die Pferde zogen an. Wir schrien wie die Löwen. Tante Jakoby schob uns Schokolade in die aufgerissenen Mäuler, aber es half nichts. Sie mußte mit zwei brüllenden Kindern durchs Dorf fahren. Das Puppenzimmer interessierte mich überhaupt nicht mehr. Früher, als alles noch in Ordnung war und die anderen mitspielten, da war mir dieses Puppenzimmer wie ein Paradies erschienen. Jetzt hatte ich andere Sorgen. Ich mußte mich um Stefan kümmern. Er war der einzige, der mir noch geblieben war. Im Schloß gefiel es ihm nicht. Er heulte und drückte sich an mich. So ging ich mit ihm in den Park. Auch der Springbrunnen war eine Enttäuschung. Kein großer Bruder bespritzte uns mit Wasser, niemand lachte, niemand schimpfte. Wir wanderten über die breiten Kieswege. Stefan hielt sich krampfhaft an meiner Hand fest. Er schien zu glauben, wir gingen nach Hause. Plötzlich spürte ich einen Ruck und stürzte. Stefan hing mit seinem ganzen Gewicht an meiner Hand. Er war in ein tiefes Loch gefallen. Ich hielt ihn eisern fest und schrie aus Leibeskräften um Hilfe. Endlich kam ein Mann gelaufen und zog das wimmernde Bürschchen aus dem Loch. Wir lagen nebeneinander auf dem Kies. Ich dachte, Stefan wäre tot, weil er sich gar nicht mehr bewegte. Also blieb ich liegen, um auch zu sterben. Jemand zog an meiner Hand und sagte: »Du mußt ihn loslassen.« Aber ich konnte die Finger nicht bewegen. Dann hörte ich ihn weinen. Tante Jakoby schimpfte, weil das Loch nicht zugedeckt worden war. Meine Hand löste sich aus der Verkrampfung und lag neben mir, als ob sie nicht zu mir gehörte. Nach ein paar Tagen kam Vati und brachte uns nach Bromberg in das neue Pfarrhaus.

Beim zweiten Umzug im September 1939 benötigten wir keinen Möbelwagen. Unser Haus war abgebrannt, wir hatten nichts retten können. Deutsche Soldaten kamen in unser Versteck und fragten, wo sie uns hinbringen sollten. »Wir gehen zu Tante Frida! Gott gebe, daß sie lebt«, sagte Mutti.

Um Tante Frida machte ich mir keine Sorgen. Es war völlig unmöglich, daß sie tot war. Niemand würde sich an sie heranwagen, um soviel Schönheit zu zerstören. Tante Fridas Kopf erstrahlte stets in verblüffender Farbenpracht. Sie hatte einen leuchtend roten Mund, ein weißes Gesicht mit rosa Wangen und braune Bögen über den Augen. Ihr Haar war blitzeblau. In viele kleine Löckchen gedreht saß es auf dem Kopf wie eine phantastische Badehaube. Tante Frida sah aus wie meine Porzellanpuppe Emma-Luise. Um die Ähnlichkeit perfekt zu machen, hatte ich versucht, Emma-Luises Haare auch blau zu färben. Ich hatte alle Tintenfässer des Hauses zusammengetragen, die Tinte in eine Schüssel geleert, etwas Wasser dazugegossen und Emma-Luises Kopf hineingetaucht. Darauf bekam die blonde Puppe grüne Haare und ich einen Haufen Ärger. Die Tinte wurde vermißt, die Schüssel war nicht sauber, meine Kleidung hatte gelitten. Ich zog mich mit meiner verunstalteten Puppe ins Klo zurück, tunkte ihren grünen Kopf und meine blauen Hände ins Becken und spülte viele Male. Umsonst, wir hielten die Farbe und mußten viel Hohn und Spott ertragen.

Tante Frida war die Herrin eines großen Modegeschäftes in der Theaterstraße.

Ein Soldat trug das Kissen mit dem kleinen Christoph, ich hielt Stefan an der Hand, die zwei Großen gingen neben Mutti. So stiegen wir den Schwedenberg hinab. Auch in der Stadt brannte es. Soldaten mit Stahlhelmen liefen umher. Die Schaufenster auf dem Wollmarkt waren eingeschlagen, die schönen Sachen daraus verschwunden. Tante Fridas Laden glich einem Schlachtfeld. Sie kniete wehklagend zwischen zerbrochenen Schaufensterpuppen und verstreuter Wäsche und war überhaupt nicht wiederzuerkennen. Ihre Haare hingen grau und strähnig herunter. Die schönen Farben ihres Gesichtes liefen ineinander und waren verschmiert. Sie trug einen Bademantel und ausgetretene Hausschuhe.

Als sie uns sah, warf sie die Arme hoch, rollte mit den Augen und rief: »Herrjott, ich danke dir, sie leben!«

Sie sprang in die Höhe, stürzte auf uns zu und küßte uns. Ich schielte verstohlen nach meinen Geschwistern. Tante Frida färbte ab, alle hatten wir Farbe im Gesicht.

»O Jott, was habe ich durchjemacht!« schrie sie und rang die Hände. »Es ist ein wahres Jotteswunder, daß ihr mich noch vor euch seht!«

Sie führte uns zu der Kiste, in der sie sich versteckt hatte, und zeigte, wie sie in diese Kiste hinein und wie sie wieder heraus gekommen war. Die Soldaten legten das Kissen mit dem kleinen Christoph auf den Ladentisch und gingen. Mutti sammelte Wäschestücke vom Boden und begann, das Baby neu zu wickeln. Tante Frida unterbrach die Schilderung ihrer Leiden und stürzte eilig herzu.

»O Jott, meine Liebe, doch nicht das seidene Hemd für diese Zwecke! Ich jehe so schon am Bettelstab!« Christoph schrie, Tante Frida klagte, ich wickelte mich in einen heruntergerissenen Vorhang und schlief ein.

Zwei Tage blieben wir im Laden und durften miterleben, wie Tante Frida zu alter Schönheit erblühte. Dann wurde uns eine Wohnung zugewiesen. Die Zimmer standen voller Möbel, und in den Schränken hingen Kleider und Mäntel. Mutti weinte.

»Frida«, sagte sie, »hier kann ich nicht leben. Es ist fremdes Eigentum. Laß uns noch ein Weilchen in deinem Laden bleiben.«

»Es jeht nicht, meine Liebe«, sagte Tante Frida, »mir bricht das Herz, aber ich muß den Laden wieder einrichten. Wenn

Paul-Jerhard wiederkommt, so Jott will, wird er gleich etwas anderes für euch suchen.«

»Kommt schnell her! Das müßt ihr euch ansehen!« schrie Michael aus der Tiefe der Wohnung. Wir liefen durch den dunklen Gang und standen fassungslos in einem Zahnarztzimmer. Ein schwarzer Behandlungsstuhl, daneben der Apparat mit dem gefürchteten Rädchen, ein Tisch mit Instrumenten, blitzende Glasschränke an den Wänden. Wir schüttelten uns vor Grauen.

»Ja, ist es denn die Möchlichkeit«, rief Tante Frida, »deshalb der penetrante Jeruch in der Wohnung. Na ja, ihr werdet euch daran jewöhnen.« Dann verschwand sie eilig.

Eine Zeitlang blieb das Zimmer verschlossen. Die Tage vergingen. Vati meldete sich nicht, Mutti weinte, Christoph war krank, ich trauerte um meine verbrannten Puppen, und auch die Geschwister vermißten ihre Spielsachen. Schließlich gingen wir doch in das unheimliche Zimmer und spielten Zahnarzt.

»Wir losen aus, wer sich behandeln lassen muß«, sagte Michael, »keine Sorge, es geht alles mit rechten Dingen zu.« Stefan und ich hatten unsere Zweifel, denn immer waren wir die Leidtragenden.

Eines Nachts klingelte es an der Wohnungstür. Wir fuhren aus dem Schlaf, berieten, was zu tun sei, und tappten dann gemeinsam den dunklen Flur entlang. Da stand Vati, lang und dünn, mit einem schwarzen Bart. Mutti fiel ihm in die Arme.

Nicht lange danach fand der dritte Umzug statt. Wir zogen in ein neues Haus auf dem Schwedenberg, dicht neben der verbrannten Kirche. Stefan und ich durften wieder nicht dabeisein. Onkel Walter kam extra von Bremen angereist, um uns abzuholen.

»Ihr dürft euch jetzt ein Weilchen erholen«, sagte Mutti, »Onkel Walter und Tante Gretel wohnen in einem schönen Haus, da wird es euch gefallen.«

Uns aber saß der Schreck noch in den Gliedern. Wir konnten nicht vergessen, wie unser Haus abgebrannt war, wie wir uns versteckt hatten und wie Vati fortgeholt wurde. Jede Nacht führte ich einen erbitterten Kleinkrieg mit Onkel Walter, der immer unsere Schlafzimmertür zumachte. Wir konnten jedoch nicht einschlafen, wenn die Tür geschlossen war. Stefan kroch zitternd zu mir ins Bett. Wir warteten, bis Onkel Walters Schritte verhallt waren, dann huschte ich zur Tür und machte sie vorsichtig wieder auf. Als er zornig von außen abschloß, tobten wir wie die Irren, rüttelten an der Tür und zeterten. Endlich griff Tante Gretel ein, und von da an blieb die Tür einen Spalt geöffnet.

Der vierte Umzug war die Flucht im Januar 1945. Vati rüttelte mich aus dem Schlaf. »Schnell, Kind, steh auf und zieh dir möglichst viele gute warme Sachen übereinander an. In zwei Stunden fährt der letzte Zug. Koffer dürft ihr keine mitnehmen.«

Ich hastete zum Kleiderschrank. Dort stand bereits Beate und stülpte sich Pullover, Röcke und Winterkleider über den Kopf. Ein kluges Mädchen. Mein Herz aber hing an den schönen Dingen des Lebens. Ein Sommerkleid aus blauem Chiffon, ein süßes Dirndel, weiße Spitzenblusen und bunte Sommerröcke, ein flauschiger Morgenrock, den ich allerdings kunstvoll mit Stecknadeln hochstecken mußte, um ihn unter dem Wintermantel zu verbergen. Ich sah sehr dick aus. Nach kurzer Musterung nickte Mutti zufrieden. Später allerdings, nach Enthüllung der Tatsachen, rang sie die Hände, doch da war es schon zu spät. In den Rucksack packte Beate ihren Schmuck, Unterwäsche und Nachthemden. Ich holte aus dem Geheimschubfach meines Sekretärs alle Tagebücher heraus, getrocknete Blumen, meine ersten Gedichte und alle Briefe, die ich je bekommen hatte. Das rettete ich ins andere Leben. Oben auf dem Rucksack thronte das Töpfchen für die kleine Gitti.

Der Zug war schon überfüllt, als er in Bromberg einlief. Es war unmöglich, zu den Türen hineinzukommen. Da entdeckte Vati ein offenes Fenster. Er packte uns nacheinander und warf uns durch dieses Fenster kopfüber in den Zug. Wir rappelten uns hoch, da ruckte der Zug schon an. »Und du?« schrien wir im Chor.

»Er will dableiben, bis alle Gemeindeglieder fort sind«, sagte Mutti. Wir fuhren, stiegen um, standen in Viehwaggons und Militärzügen und hielten uns eisern fest. Vor den großen Fliegerangriffen passierten wir Frankfurt an der Oder, Dresden und Hof und kamen nach vier Tagen nach Baden, in die Heimat meiner Mutter. Onkel Max empfing uns mit Wehklagen. »Eben hat Paul-Gerhard aus Hof angerufen«, jammerte er, »warum seid ihr nicht früher gekommen. Nun fährt er wieder zurück, um euch in Dresden zu suchen. Er fürchtet, ihr seid dort in den großen Fliegerangriff hineingeraten.«

Mutti lief ans Telefon. Und in all dem Wirrwarr und Geschrei hörte Vati auf dem Bahnhof in Hof die Durchsage, daß seine

Familie in Sicherheit sei. Als die letzten Gemeindeglieder auf Lastwagen verstaut waren, hatte er sich auf sein Fahrrad geschwungen und war vorbei an den großen Trecks, an Militärkolonnen und Stauungen zu einem Bahnhof gefahren, von dem noch ein Zug nach dem Westen fuhr.

Schon eine Woche später zogen wir in eine verwaiste Pfarrstelle. Im Pfarrhaus war ein Zimmer frei. Leute aus der Gemeinde schenkten uns Betten, warme Decken und einen Tisch. Mutti machte ihre ersten schrecklichen Kochversuche. Vati las abends aus ›Ut mine Stromtid‹ vor. Nachts schrie die kleine Gitti, Christoph heulte, weil er das Töpfchen nicht fand, Michael schnarchte. Ich lag mit Beate in einem Bett, wir kämpften verbissen um die gemeinsame Decke. Es war eine richtige Zigeunerwirtschaft, aber ich war glücklich.

Ein Jahr nach Kriegsende wurde meinem Vater eine größere Pfarrstelle zugewiesen, also zogen wir wieder um. Die neuen Gemeindeglieder sahen erstaunt, daß aus dem Möbelwagen eigentlich nur Kinder und Betten hervorquollen. »Mensch ist das ein armer Pfarrer«, sagte jemand hinter mir, »nichts als Kruscht.«

Die Möbelpacker schimpften über die uralten Schränke, die auseinanderzufallen drohten, wenn man sie bloß ansah. Gewaltige Prachtstücke waren dabei, Kommoden mit geschwungenem Aufsatz, Tische, in denen der Holzwurm tickte, alles Geschenke der lieben Verwandtschaft für die armen Flüchtlinge.

Die Jugend des Ortes war vor dem Pfarrhaus versammelt. Sie sah das armselige Mobiliar, und wie die Familie jeden wurmstichigen Stuhl mit Vorsicht in das Haus trug. Da haben wir doch noch schönere Sachen zu Hause auf dem Dachboden, dachten sie bei sich, und schon ließen sie dem Gedanken die Tat folgen. Sie durchforsteten die heimatlichen Abstellräume, fanden hier ein Nachttischchen und dort einen Korbsessel. Als der Möbelwagen leer, das große Haus aber keineswegs voll war, kamen die Kinder mit ihren Schätzen. Sie strahlten und stellten die Möbel gleich dahin, wo sie nach ihrer Meinung besonders schön wirkten.

»Ja, darfst du das denn?« fragte ich einen kleinen Jungen, der eine spanische Wand anschleppte. »Ich meine, hast du auch gefragt, ob deine Mutter das erlaubt?«

»Die isch froh, wenn sie den Kruscht los isch«, sagte der Kleine.

Jemand tippte mir auf die Schulter. »Darf ich die Dame in

aller Liebe daran erinnern, daß hier umgezogen wird und daß es einiges zu schaffen gibt?« Manfreds Stimme klang ärgerlich. »Menschenskind, da stehst du und träumst...«

Es hatte aufgehört zu regnen. Die Möbelpacker erhoben sich stöhnend, gingen die Treppe hinunter, scheuchten die Kinder beiseite und warfen einen geringschätzigen Blick in den kleinen Möbelwagen.

»Das bißchen Zeug haben wir gleich im Haus«, sagten sie. Es waren nur die Küchenmöbel, ein Klavier und mein Jungmädchenzimmer. Wohn-, Schlaf- und Studierzimmermöbel sollten von einem Schreiner direkt geliefert werden. Wir hatten vorher einen genauen Zeitplan aufgestellt, damit es kein Durcheinander gäbe. Vormittags der Möbelwagen, nachmittags der Schreiner, so hatten wir uns das vorgestellt. Aber als die Packer endlich zur Tat schritten, rückte auch der Schreiner mit seinen Gesellen an. Er war voller Tatendrang und wollte die Sache schnell hinter sich bringen, eine Einstellung, die wir begrüßten. In der oberen Diele richtete er seine Werkstatt ein. Von dort konnte er alle Zimmer bequem erreichen und war den Möbelpackern am meisten im Weg. Die Gesellen schleppten Berge von Brettern herauf. Sie hämmerten und schraubten, pfiffen und waren vergnügt, bis einer der Packer die Nagelkiste umwarf. Der Meister entdeckte, daß er die Roste zu den Betten vergessen hatte, und versprach, sie in den nächsten vierzehn Tagen vorbeizubringen. Es dunkelte schon, als das Klavier über die Treppe gehievt wurde. Die Männer stöhnten und hielten auf jeder Stufe inne, um Luft zu holen und zu schimpfen. Manfred versuchte zu helfen, aber da hatten sie auch ihren Stolz und wollten von ungeübten Kräften nichts wissen.

In diese Plackerei hinein ertönte auf einmal lieblicher Gesang: »Auf Adelers Flügeln getragen...« Die Packer ließen vor Schreck das Klavier fahren. Es rutschte zurück bis zum Treppenabsatz und verbarrikadierte den Durchgang. Die Männer setzten sich nieder, Manfred und ich kletterten über das Klavier auf die andere Seite. Unten im Hausflur stand der Kirchenchor.

»Auf Adelers Flügeln getragen übers brausende Meer der Zeit...« Wie gut ich dieses Lied kannte! Im heimatlichen Kirchenchor hatten wir es so oft gesungen, daß ich es nicht mehr hören konnte. – Damals war jeden Mittwochabend Singstunde. Die Sänger saßen auf den kleinen Bänken im Kindergarten, das Notenblatt auf den Knien. Einige schwatzten, andere hörten dem freundlichen alten Organisten zu, der auf dem Harmonium die zweite Stimme vorspielte. Beate und ich waren die Jüngsten in diesem Chor. Sie sang mit, weil ihr die jungen Männer im Chor verliebte Augen machten, ich, weil sie nicht ohne Begleitung nach Hause gehen sollte. Es war sterbenslangweilig. Jede Stimme wurde viele Male einzeln geübt, schwierige Stellen wiederholt. Ich hatte ein Buch dabei. Wenn wir wieder einmal an der Reihe waren, sang ich mit, ohne die Augen von meiner Lektüre zu wenden. Doch dann schreckte mich ein Zwischenfall aus meiner geruhsamen Langeweile und auf einmal wurde der Kirchenchor interessant.

Die Singstunde war aus. Wir hatten wie immer zum Schluß ›Der Mond ist aufgegangen‹ gesungen. Ich sammelte die Noten ein, verabschiedete mich von dem Organisten und verließ als eine der letzten den Kindergarten. Draußen war es dunkel, aber vor mir gingen die anderen. Ich hörte sie schwatzen und lachen. Plötzlich aber verstummte dieses freundliche Geräusch, dafür erhob sich ein schrilles Geschrei und Gezeter. Vor mir stob man auseinander und drückte sich in die Dunkelheit der Hauswände. Unter der Straßenlaterne aber balgten sich zwei Gestalten. Die eine schlug wild auf die andere ein und kreischte dabei immer nur das eine Wort: »Hure, Hure, Hure!«

Die andere kroch auf dem Boden herum und rief verzweifelt: »Meine Brille, wo ist meine Brille?«

Die Sänger standen regungslos. Keiner griff ein, keiner ging fort. Auch ich stand wie gelähmt. Neben mir zog eine Frau zischend Luft durch die Zähne. »Jetzt gibt sie's ihr«, flüsterte sie. Ein kleiner Tenor kam angelaufen. Er faßte die schreiende Frau am Arm und zog sie fort. Unter der Straßenlaterne kroch das Mädchen herum und suchte die Trümmer ihrer Brille zusammen. Die Leute kamen aus der Dunkelheit und gingen weiter. Sie machten einen Bogen um das Mädchen.

»Was ist eine Hure? Sag mir's«, bestürmte ich meine Schwester.

»Laß mich in Ruhe, was weiß ich!« sagte sie. Wir sprachen nicht mehr darüber. Aber von da an mußte ich im Kirchenchor immer das blasse Mädchen mit der Brille ansehen, sie war so farblos und unscheinbar. Und der Mann im Tenor, klein, dicklich, mit schütterem Haar und einem verschlissenen Anzug. Was war denn an ihm so Anziehendes, daß sich zwei Frauen um ihn rauften? Überhaupt diese Leute im Kirchenchor! Da saßen sie friedlich, übten Choräle, lächelten mich süßlich an und hatten die ganze Zeit davon gewußt.

Der Weidener Kirchenchor war bereits beim zweiten Lied angelangt: ›Stern, auf den ich schaue ...‹ Sie sangen drei Strophen, mehr hat das Lied nicht, und hoben dann ihre Augen auf zu der Treppe, die wir hernieder kamen.

Oh, was mußten sie da erblicken! Einen verschwitzten jungen Mann im Overall, eine verstrubbelte Frau mit Kleiderschurz! Enttäuscht senkten sie den Blick wieder in die Noten. Der Dirigent drehte sich um, schluckte mehrmals bei unserem Anblick und sprach dann die Worte: »So seien Sie uns denn begrüßt!«

Er zog sich zurück, und eine dicke Frau trat vor. Sie trug eine große Schüssel und hob stolz den Deckel. »Selbstgemacht«, sagte sie. Die Schüssel war gefüllt mit grünschimmernden Fladen. Weißerstarrte Fettaugen blinkten mir entgegen.

»Maultaschen«, rief der Schreiner über die Treppe.

»Mein Leibgericht«, sagte Manfred und nahm die Schüssel entgegen. Ich stand etwas dümmlich daneben, versuchte ein möglichst dankbares Gesicht zu machen und überlegte, was man wohl mit diesen Maultaschen machen könnte. Manfred wußte damit umzugehen. Wir aßen vier Tage lang Maultaschen. Einmal in der Brühe, dann geschmälzt, schließlich mit Ei. Es war ein Geschenk, von dem wir lange zehrten.

Der Kirchenchor verabschiedete sich, denn schon rückte der Kirchengemeinderat an. Zehn wackere Männer, den Sonntagskittel über der Arbeitshose.

Kirchengemeinderäte – und wie man sie bewirtet

Die Begrüßungsrede hielt ein kleiner stämmiger Mann mit mächtiger Stimme. Er entledigte sich seiner Aufgabe mit Geschick und einem kräftigen Schuß Humor. Auch in der Bibel schien er sich gut auszukennen. Kein Wunder, er war der Leiter der Gemeinschaft, ein frommer Mann, hochgeachtet in der Gemeinde. In seinem Haus trafen sich am Sonntagabend die Frommen des Dorfes. Später waren wir auch dabei. Manfred saß dann mit einigen Brüdern vorne um einen großen Tisch. Nur diese Tischgenossen hatten das Vorrecht, den Bibeltext auszulegen. Kam einer dabei zu kurz, so durfte er hinterher beten. Wir Frauen saßen auf unbequemen Bänken, lauschten den Eingebungen der Männer und hatten den Mund nur zum Singen und zu einem gelegentlichen »Amen« zu öffnen.

Betete einer der Brüder gar zu langatmig oder legte dem Herrn die Sündhaftigkeit eines anderen Bruders zu offensichtlich ans Herz, dann pflegte Herr Abele den Sermon mit einem lauten »Amen« vorzeitig zu beenden.

Da war außerdem Kirchengemeinderat Heinrich. Lang, dünn und immer müde. Er war der beste Kirchenschläfer, den ich je erlebt habe. Schon nach den ersten Worten der Predigt fiel er in tiefen Schlaf. Entstand eine kleine Pause im Redefluß des Pfarrers, dann hörte man von der Empore den wohlbekannten Schnarcher. Dauerte die Pause länger, dann weckte ihn die ungewohnte Stille. Er fuhr mit einem Grunzen hoch, schaute um sich, warf einen verdrießlichen Blick auf den Pfarrer und nickte sofort wieder ein, sobald die Predigt ihren Fortgang nahm.

Bei einem geselligen Abend des Kirchengemeinderates hat uns sein Schlafbedürfnis den Spaß an einem Spiel verdorben. Er saß noch wach in unserem Kreis, als drei spielfreudige Leute den Raum verließen. Sie sollten nacheinander wieder hereinkommen und ein Tier darstellen, das ihnen der Spielleiter vorher genannt hatte. Der erste sollte als Pferd erscheinen, der zweite als Kuh und der dritte als Frosch. Sie durften die Vorstellung erst beenden, wenn das Tier erraten wurde. Der Spaß bestand nun darin, daß man der Spielrunde einschärfte, sie solle sich bei dem Frosch ganz dumm stellen, ihn für ein Känguruh, ein Eichhörnchen, ein Nilpferd halten, nur nicht für einen Frosch. Auf diese Weise mußte der unglückselige Froschdarsteller so lange hüpfen, quaken und springen, wie es den anderen gefiel. Alle hatten die Anweisungen verstanden, nur Herr Heinrich schlief. Der Frosch kam herein, er quakte bereits an der Tür. Herr Heinrich erwachte, zwinkerte kurz und sagte: »A Frosch.«

»Pscht!« riefen die anderen.

Herr Heinrich riß erstaunt die Augen auf. »Ja, des isch doch a Frosch!« Der Froschdarsteller setzte sich. »Das ist ein blödes Spiel«, sagte er. Keiner widersprach. –

Auch ein Metzgermeister war unter den Kirchengemeinderäten. In unseren ersten Ehewochen hatte ich Schwierigkeiten mit dem Kochen. Gulasch war das einzige Fleischgericht, an das ich mich herantraute. Holte ich nun am Samstag Gulasch für das sonntägliche Festmahl, so sah mich der Meister jedesmal mißbilligend an.

»Ja, gibt's denn wieder nichts Rechtes?« sagte er. Aus lauter Angst vor seinem strafenden Blick ging ich dazu über, ab und zu einen verkohlten Braten auf den Tisch zu stellen. Dieser Metzger war ein sanfter Mann. Er lachte gern, besonders über andere, und er war so fett und mild wie seine Wurst. Mit einer solchen Wurst wollte er später einmal unseren Andreas in Versuchung führen. Der Laden war voll. Es gelüstete den Meister, vor soviel Publikum seinen goldenen Humor zu zeigen. Andreas stand vorne. In der einen Hand hielt er den Einkaufskorb, mit der anderen hatte er seinen frechen, kleinen Bruder gepackt. Sein Gesicht war umdüstert. Mathias hatte ihn heute schon viel geärgert! Der Metzger nahm einen Wurstring vom Haken und hielt ihn verlockend vor die Nase des kleinen Burschen.

»Wenn ich dir die schöne Wurst gebe, schenkst du mir dann euren Mathias?« fragte er voller Tücke und zwinkerte den anderen Leute im Laden zu.

Andreas aß die Wurst nicht gern, trotzdem strahlte sein Gesicht: »Du kannst ihn gleich behalten, auch ohne Wurst!« rief er erfreut.

Zum Kirchengemeinderat gehörte auch ein Bäckermeister. Von ihm wurde erzählt, daß er ab und zu seinen abgelutschten Zigarrenstummel in die Brezellauge fallen lasse. Dies wäre aber kein Schaden, meinten die Dorfbewohner, denn die Brezeln würden dadurch ganz besonders kräftig und würzig. –

Nacheinander machten wir Antrittsbesuche bei unseren Kirchengemeinderäten. Ein Besuch war besonders eindrucksvoll. Wir fuhren an einem Sonntagmorgen in die Filiale hoch oben im Wald, romantisch gelegen, aber abgeschieden von aller Welt, und sehr, sehr schwierig, wie uns der Vorgänger berichtet hatte. Der Herr Kirchengemeinderat war noch beim Rasieren. Trotzdem tat er seine Freude kund über den hohen Besuch, nötigte uns, einzutreten und niederzusitzen. Er nahm sich nicht einmal Zeit, den Schaum vom Gesicht zu wischen, sondern eilte in die Küche und schleppte Schinken, Brot und eine Flasche Schnaps herbei. Er drückte das Brot an die haarige Brust und schnitt es in handliche Scheiben. Der Schaum tropfte, die Nase auch. Selten brauchte ich einen Schnaps so nötig wie damals.

Kirchengemeinderat Kurz, Großgrundbesitzer in der zweiten Filiale, erwies sich als besonders großzügig. Er wanderte mit uns durch seinen Gemüsegarten. Dort standen herrliche, dicke Salatköpfe. Es gab aber auch einige darunter, die bereits am Schießen waren. Dieselben ergriff er mit kundiger Hand, schnitt die Wurzeln ab und legte sie in einen Korb. »Die sind für euch«, sagte er.

Er handelte nach der bäuerlichen Devise: »Mariele, hau dem Gockel den Kopf runter, bevor er vollends verreckt, no kriegt ihn der Pfarr!«

Der Kirchenpfleger war ein freundlicher, aber etwas langsamer Mensch. Am Montagmorgen zählten wir zusammen das Geld aus den Opferbüchsen. Fassungslos schaute er zu, wie ich mit beiden Händen die Zehnpfennigstücke zusammenklaubte, kleine Türmchen aufstellte und zehn davon in ein Papier wikkelte.

»No net hudle, Frau Pfarrer«, sagte er dann. »Langsam, langsam! I ka garnet so schnell gucke, wie Sia des aufklaubet!«

Die Kasse pflegte er unter seinem Bett aufzubewahren. Sollte ein unvorhergesehener Kassensturz stattfinden, so erbat er sich einen Tag Aufschub. In dieser Zeit studierte er seine Kassenbücher, zählte das Geld, und wenn etwas fehlte, so legte er es aus eigener Kasse dazu. Einmal befanden sich bei einem solchen »Kassensturz« 50,- DM zuviel in der Kasse. Manfred rechnete verbissen und suchte nach dem Fehler. Schließlich gestand der Kirchenpfleger, daß er am Abend vorher dieses Geld blutenden Herzens dazugelegt hatte, weil es nach seiner Berechnung gefehlt habe.

Da standen sie, die wackeren Vertreter der Gemeinde, lächelten freundlich und drehten verlegen die Hüte in den Händen. Wir hätten ihnen unbedingt etwas anbieten müssen: Wein, Schnaps oder Bier. Leider hatten wir nichts dergleichen. Die

Möbelpacker hatten, bevor sie das Haus verließen, alle Bierflaschen ausgetrunken. Sie waren dabei schnell und gründlich vorgegangen, zum ersten Mal an diesem Tag.

Die Kirchengemeinderäte verabschiedeten sich bald und gingen. Es schmerzte mich, sie ohne alle Stärkung ziehen zu lassen, und ich nahm mir vor, sie bald einmal samt Ehefrauen zu uns einzuladen. Dann sollten sie schon merken, was für eine großartige Gastgeberin sie in mir gewonnen hatten.

Leider war die erste Einladung nicht so erfolgreich, wie wir gehofft hatten. Die Gäste zeigten sich begeistert, als sie den schön gedeckten Tisch sahen. »Wia beire Hochzich«, sagten sie und wagten sich kaum zu setzen. Aber unser Menü fand keinen großen Anklang. Wir hatten kurz zuvor bei Freunden Pizza gegessen und, weil sie uns so gut gemundet hatte, beschlossen, für unsere Kirchengemeinderäte Pizza zu backen. Das wäre doch einmal etwas ganz anderes, fanden wir, und buken für zwanzig Personen Pizza.

Unsere Gäste aber sahen voller Mißtrauen auf die Kuchenplatten mit »Tomatenkuchen«, wie sie unsere Pizza nannten. Jeder bediente sich nur einmal. Auch der Ananasbowle wurde wenig zugesprochen. Wir servierten sie aus der Suppenterrine, weil wir noch kein Bowleservice hatten, und schöpften sie in Weingläser. Das Austrinken war jedoch mit Schwierigkeiten verbunden. Die Zahnstocher, die ich zum Herauspieken der Ananasstücke neben die Weingläser gelegt hatte, wollten unsere Gäste nicht so zweckentfremdet benutzen. Sie legten den Kopf tief in den Nacken, um das Glas zu leeren. Entweder rutschten dann die Ananasbrocken gar nicht oder alle auf einmal aus dem Glas, so daß die Betroffenen den Mund kaum mehr zubekamen. Frau Heinrich verschluckte sich derart, daß ihr Gesicht rot anlief und sie einen Hustenanfall erlitt. Wir klopften ihr den Rükken. Erst als die Herren erwogen, sie auf den Kopf zu stellen, kam sie wieder zu Atem.

»Bloß des net«, würgte sie hervor und war gerettet. Nach diesem Schock mochte niemand mehr ein zweites Gläschen trinken. Die Gäste verabschiedeten sich früh und versicherten, daß wir uns viel zuviel Mühe gemacht hätten. Wir aßen drei Tage lang Pizza und mochten dann für längere Zeit keine mehr.

Bei Pfarrers hätte es Tomatenkuchen und Ananassuppe gegeben, hieß es am nächsten Tag im Dorf. –

Auch bei der zweiten Einladung gelang es mir nicht, die richtige Geschmacksnote zu treffen. Diesmal stellte ich in mühsamer Arbeit belegte Brötchen her. Mit Wurst, Käse, Radieschen und Tomaten, falschem Lachs und Kaviar schuf ich ein farbenprächtiges Wunderwerk. Unsere Gäste bestaunten die Schönheit der Platten, griffen aber nicht so herzhaft zu, wie wir gehofft hatten. Der Kirchenpfleger betrachtete mißtrauisch ein Kaviarbrötchen.

»Was isch des?« fragte er mich. Ich erklärte es ihm. »Das ist Kaviar, Rogen, Fischeier. Es schmeckt wirklich gut.«

»Hühnereier send mir liaber«, sagte er und verzichtete auf das Brötchen.

Vier Tage lang aßen wir belegte Brötchen.

Sehr vorsichtig und behutsam erklärten mir die Ehefrauen der Kirchengemeinderäte, daß sie zu der nächsten Einladung alle eine Kleinigkeit zum Essen mitbringen wollten. Jede etwas Gutes aus ihrer Küche, damit die Frau Pfarrer nicht soviel »Geschäft« habe. Es bliebe noch immer genug Arbeit mit dem Tischdecken, was die Frau Pfarrer ja so wunderbar könne. Manfred wurde bedeutet, daß keine Bowle vonnöten sei, da ein guter Wein ins Haus käme.

Von da an wurde es lustig und lecker. Die Tafel bog sich unter all den »Kleinigkeiten«, die da herangeschleppt wurden. Wurst- und Käseplatten, Salate und kalter Braten, Pudding und Kuchen. Jetzt endlich wurde mit gutem Appetit gegessen und tüchtig getrunken. Schließlich machten wir sogar Gesellschaftsspiele. Stimmung und Lärm erreichten ungeahnte Höhepunkte.

Am Tage nach einer solchen Einladung fragte mich Andreas, was ein Irrenhaus wäre.

»Ein Irrenhaus? So nennt man das heute nicht mehr«, belehrte ich ihn. »Es ist ein Krankenhaus für Leute, die geistig krank sind.«

»Bist du das, Mulchen, oder der Vati?«

»Nein, um Himmels willen, wie kommst du denn darauf?«

»Weisch, die Rosa hat zu mir gesagt, gestern wär's im Pfarrhaus zugegangen wie in einem Irrenhaus.«

Jetzt aber ging erst einmal der Umzugstag zur Neige, und meine zweifelhaften Erfolge als Gastgeberin lagen noch im Dunkel der Zukunft verborgen.

»Wir sollten die Kisten auspacken«, sagte Manfred.

»Wir sollten lieber erst die Vorhänge aufhängen«, sagte ich, »jeder kann uns ins Fenster gucken, es ist mir unangenehm.«

»Also, wo sind die Vorhänge?«

»Woher soll ich das wissen?« Die Stimmung wurde ausgesprochen gereizt. Ich stürzte mich auf die erste beste Kiste und fing an, darin zu wühlen. Manfred stolperte über die Bierflaschen, die noch auf dem Boden standen. »Welcher denkende Mensch stellt denn Bierflaschen . . .«

»Still!« rief ich. »Hör mal!« Es klang, als käme der Teufel die Treppe herauf: ein Menschenfuß, ein Pferdefuß. Mir standen die Haare zu Berge. Manfred vergaß seinen Ärger und ging zur Wohnungstür, er riß sie auf, ich verschwand hinter der Kiste. Da stand die Gemeindeschwester Lina, in der rechten Hand einen Blumenstrauß, in der linken einen Krückstock, das Bein in Gips.

»Soll ich mir auch noch den Hals brechen? Mir langt das Bein. Sie haben kein Licht im Flur!«

Das war die Begrüßung. Manfred knipste den Lichtschalter an, aber es blieb dunkel. Wir hatten vergessen, die Lampen anzuschließen. Schwester Lina besichtigte die Zimmer. Im Schlafzimmer ließ sie den Krückstock fallen, um die Hände ringen zu können.

»Noch keine Betten gemacht? Ja, sind Sie zu retten! Gleich wird es stockdunkel sein.«

Ich reichte ihr den Stock, dann tappte sie wieder die Treppe hinunter und kam nach kurzer Zeit mit Kerzen wieder. Sie stand im Schlafzimmer als Kerzenhalter. Wir durchwühlten die Kisten, um das Bettzeug zu finden.

»Soll ich ewig stehen? Ich bin nicht mehr die Jüngste. Wenn man sich nicht um alles kümmert! Aber ich hätte es wissen müssen. Diese jungen Leute verstehen nichts vom Umziehen. In den Bücherkisten werden Sie das Bettzeug nicht finden. Schauen Sie im Studierzimmer nach, ob da die Bettkisten stehen. Ordentliche Menschen schreiben auf jede Kiste, was drin ist!«

Endlich waren die Betten überzogen. Sie tropfte Stearin auf die Glasplatten der Nachttische, drückte die Kerzen darauf, wünschte »Gute Nacht« und verschwand geräuschvoll. So krochen wir bei trautem Kerzenschein in die Betten. Die Matratzen lagen auf dem Boden in den großen Bettkästen. Wir waren so müde, daß wir fast vergaßen, die Kerzen auszupusten.

Nachts wachte ich auf. Es krachte, es knarrte. Es hörte sich an, als käme jemand die Treppe herauf und tappte über die Diele. Ich lag zitternd im Bett und hörte auf die unheimlichen Geräusche. Dann raffte ich alle Kraft zusammen, um die Hände zu falten. Schon als Kind, wenn ich angstschlotternd im Bett lag, hatte ich mich sicherer gefühlt, sobald die Hände gefaltet waren. Nun galt es nur noch, die Zauberformel gegen Angst und böse Geister auszusprechen: »Breit aus die Flügel beide, o Jesu meine Freude, und nimm dein Küchlein ein. Will Satan es verschlingen, so laß die Englein singen, dies Kind soll unverletzet sein.«

Als kleines Kind hatte ich die Macht dieses Gebetes zum ersten Mal erprobt. Im Kuschlinger Pfarrgarten stand ein Pfirsichbaum direkt unter Vatis Fenster. Die Zweige hingen tief herunter, man hätte sich leicht einen Pfirsich pflücken können, wenn es nicht streng verboten gewesen wäre. Ich spielte in der Nähe mit meinen Puppen. Der Baum zog mich magisch an. Ich rückte immer näher an ihn heran, bis ich endlich mit all meinen Puppen unter seinen Zweigen saß. Ich hielt Gottesdienst. »Ihr müßt beten und dann fest glauben«, sagte ich zu den Puppen, »dann kriegt ihr alles, was ihr wollt.« Ich drückte die Augen zu, wie ich es bei den Erwachsenen gesehen hatte, glaubte ganz fest und betete: »Lieber Gott, mach doch, daß mich keiner sieht. Breit aus die Flügel beide.« Dann pflückte ich einen Pfirsich. Der große Vogel mußte tatsächlich vor Vatis Fenster gesessen haben, um mit seinen beiden Flügeln die Aussicht zu versperren. Jedenfalls erschallte kein Donnerwetter, meine Missetat blieb unbemerkt. Ich packte die Puppen und verzog mich mit ihnen in eine entfernte Ecke des Gartens. Dort genoß ich den Pfirsich und die geheime Macht, die mir dieses Zaubergebet verlieh.

»Heute habe ich einen ganz großen Vogel gesehen«, erzählte Michael beim Abendbrot. »Ja, und die Frau Brosche sagt, er fängt ihre Küken«, wußte Beate zu berichten. Ich duckte mich erschreckt über den Suppenteller. Himmel, wenn sie wüßten, daß es mein Vogel war!

»Frau Brosche sagt, man muß ihn erschießen«, sagte Beate.

»Ha«, rief ich, »den kriegt sie nie!« Jetzt wurde Vati aufmerksam.

»Warum kriegt sie ihn denn nicht, Pickdewick?« fragte er.

»Es ist der Herr Jesus«, flüsterte ich. Die Tischrunde saß erstarrt, dann prusteten sie los. Lacht ihr nur, dachte ich, was wißt ihr von meinem Zaubergebet!

Dieses Mal aber brachte das Gebet keine Hilfe. Es krachte und knarrte weiter. Da beschloß ich, mich doch lieber in menschlichen Schutz zu begeben. Ich kletterte hinüber zu Manfred. »Du, hör doch, da ist wer im Haus!« Er fuhr hoch, und wir lauschten.

»Das Holz arbeitet«, sagte er, drehte sich auf die andere Seite und schlief sofort wieder ein.

Das Holz arbeitete weiter, unermüdlich. Sieben Jahre hat es Nacht für Nacht gearbeitet. Besonders lärmend aber schien es immer dann zu arbeiten, wenn Manfred nicht zu Hause war. Für wen und für was arbeitet dieses Holz, so habe ich mich oft gefragt. Ich konnte nur einen Sinn entdecken: Es arbeitete mir zum Possen!

Predigtängste und Seelenstündchen

Langsam wurde aus dem muffigen Pfarrhaus ein Heim. Vorhänge hingen an den Fenstern, Lampen an den Decken. Die Wände des stinkenden Klos schmückte ich mit den Fotografien meiner Lieben. So waren sie mir wenigstens nahe, wenn ich an Gasvergiftung eines frühen Todes sterben würde. Der Sonntag nahte und mit ihm die Antrittspredigt. Manfred begann schon am Freitag mit den Vorbereitungen.

»Wann machen Sie Ihre Predigt?« soll ein Dekan seinen Vikar gefragt haben. »Nun, am Samstag«, antwortete dieser. »Ich arbeite die ganze Woche an meiner Predigt«, meinte der Dekan und legte einen tadelnden Unterton in diese Worte. »Nun, die Gaben sind verschieden«, antwortete der Vikar in schöner Bescheidenheit.

Mein Vater gehörte auch zu den Samstagschwerarbeitern, und diese Samstage waren eine schlimme Belastung für die ganze Familie. Wir schlichen durchs Haus und unterhielten uns nur flüsternd.

»Pst, seid still, Vati macht seine Predigt!«

Er blieb den ganzen Tag unsichtbar für uns, das Essen wurde ihm in seinem Zimmer serviert. Dort saß er am Schreibtisch, las Kommentare, schrieb und seufzte schwer. Ich fürchtete immer, daß er einmal keine Predigt zustande bringen würde, daß er auf die Kanzel steigen müßte und den Leuten bekennen: »Liebe Gemeinde, diese Bibelstelle ist zu schwierig. Ich weiß nicht, was ich darüber sagen soll.«

Am Sonntagmorgen lastete düsteres Schweigen über dem Frühstückstisch. Mit besorgten Blicken musterten wir unseren Ernährer. Sah er verzweifelt aus oder zuversichtlich? Nahm er zwei Stück Kuchen oder nur eines? Bis schließlich einer von uns die Ungewißheit nicht mehr länger ertragen konnte.

»Ist die Predigt fertig?«

Und wenn er dann nickte und sagte: »Ja, ich habe sie in der Nacht noch viele Male umgearbeitet, aber nun glaube ich, daß es mit Gottes Hilfe gehen wird«, dann kollerte uns ein dicker Stein vom Herzen. Wahre Glückseligkeit aber wurde uns erst zuteil, wenn der Gottesdienst überstanden war.

Vati liebte es, seine Predigt mit Versen auszuschmücken. Jedesmal, wenn er zu einem solchen Vers ansetzte, begann mein

Herz wild zu schlagen. Ich schickte ein Stoßgebet zum Himmel: »Ach, lieber Gott, hilf doch, daß er den Vers gut zu Ende bringt!« Dies nämlich war keineswegs immer der Fall. Oft hatte er die letzten Reime einfach vergessen. Dann griff er zur Selbsthilfe und schmiedete eigene Reime dazu. Wir Kinder in der Pfarrbank, meine Mutter nicht ausgenommen, hielten den Atem an. Würde er es schaffen? O Glück, wenn alles gutgegangen war. Wir atmeten erleichtert auf, stießen uns an, lachten: »Na, wie hat er das wieder hingebracht!«

»Paul-Gerhard«, sagte meine Mutter einmal nach einer solchen nervenzerreißenden Predigt – da hatte er gleich vier Verse zitiert –, »Paul-Gerhard, könntest du die Strophen nicht vielleicht aufschreiben und vor dich auf die Kanzel legen, es wäre für uns eine große Beruhigung.«

»Wenn es euch beruhigt, will ich es gerne tun«, sagte er, »obwohl ihr zugeben müßt, daß ich noch nie steckengeblieben bin.«

Am Sonntag hatte er mehrere Zettel bei sich, als er auf die Kanzel stieg. Wir sahen es und fühlten uns gelöst und heiter. Nach der Verlesung des Textes flatterte der erste Zettel von der Kanzel. Wir sahen ihn entsetzt zu Boden schweben, Vati hatte nichts bemerkt. Ich saß diesmal ganz vorne in der Bank. Sollte ich den Zettel aufheben und ihn auf die Kanzel bringen? Aber wie? Der Eingang zur Kanzeltreppe war von der Sakristei aus. Einmal predigte ein Vikar bei uns. Offenbar hatte man versäumt, ihm in der Sakristei die Türe zur Kanzeltreppe zu zeigen. Also kam er feierlich bei der letzten Strophe des Eingangsliedes in die Kirche herein und schritt bis zur Kanzel. Dort blieb er stehen und schaute suchend nach oben. Wo war die Treppe, wie kam man hinauf? Nun war aber in der Woche zuvor der Maler in der Kirche gewesen und hatte über der Empore die Wand geweißelt. Eine seiner Leitern lehnte noch in einer Kirchenecke, im Blickfeld des armen Vikars. Er schaute zur Kanzel hinauf, er schaute zur Leiter hinüber. Die Gemeinde verharrte in hoffnungsvollem Grausen. Würde er die Leiter holen und hinaufsteigen? Doch in dem Augenblick, da der Vikar tatsächlich Anstalten machte, die Leiter zu ergreifen, eilte ein Kirchengemeinderat herbei und führte den verwirrten Menschen zurück in die Sakristei. Kurze Zeit später erschien er hochroten Angesichts auf der Kanzel.

Mein Vater pflegte seine Predigt mit beredten Gesten zu unterstreichen. Die weiten Talarärmel wehten über den Kanzelrand, und wie Tauben aus dem Hut eines Zauberers schwebten weiße Zettel hernieder. Die Gemeinde sah sie mit Interesse fallen, wir Kinder wurden stocksteif vor Schreck. Wir warteten auf schlimme Dinge, auf angstvolles Herumsuchen, auf stotterndes Zitieren. Nichts dergleichen geschah. In dieser Predigt gab es keine Verse. Völlig unerwartet brach das »Amen« über uns herein. Das Predigtlied wurde aufgeschlagen, Gesangbuchblätter knisterten, man war bereit zu singen und öffnete den Mund, aber die Orgel blieb stumm. Der Organist, wohlbewandert in den Gepflogenheiten seines Pfarrers, stellte den Orgelmotor erst an, wenn er den obligaten Schlußvers hörte. Diesmal hatte ihn das »Amen« völlig unvorbereitet getroffen.

Wir saßen am Mittagstisch, aber wir hatten keinen Appetit, wir waren böse. »Paul-Gerhard«, auch die Stimme meiner Mutter klang vorwurfsvoll, »Paul-Gerhard, warum hast du heute keine Verse aufgesagt?«

»Ihr mögt es doch nicht«, sagte Vati, »da habe ich sie eben weggelassen.«

»Ja, und die Zettel?« rief meine Mutter. »Warum hast du dann die Zettel mit auf die Kanzel genommen?«

»Weib«, sagte Vati, er sagte immer »Weib« zu ihr, wenn er sie besonders mochte; »Weib, das tat ich nur zu eurer Beruhigung!«

»O Himmel!« seufzte Mutti, »zu unserer Beruhigung!« Dann aßen wir.

Manfred schrieb seine Predigten auf der Schreibmaschine. Wort für Wort, drei Seiten lang. Als er das Konzept fertig hatte, kam er zu mir.

»Kann ich dir etwas vorlesen?«

»Nein«, sagte ich. Ich stand auf dem Küchentisch, die Hände voller Seifenlauge, und war dabei, die Regale abzuwaschen. Ich wollte nicht zuhören, ich wollte selber jammern. Diese dummen, offenen Regale, zu nichts nütze, als Kochtopfdeckel dahinter zu klemmen, verrußt, dreckig! Ich würde es nie schaffen, diese Küche bis zum Sonntag in Ordnung zu bringen!

»Ich will dir meine Predigt vorlesen«, sagte Manfred. Das war höhere Gewalt. Wie hätte ich mich erdreisten können, niedere Küchenarbeit über eine Predigt zu stellen? Ich kletterte ergeben vom Küchentisch und setzte mich auf einen Hocker. Er las, ich dachte an die Regale und daß man vielleicht auch buntbemalte Teller dahinterstellen könne, was sicher gut aussehen würde. Manfred verstummte.

»Schön«, sagte ich.

»Was heißt schön? Was gefällt dir nicht?«

»Aber sie gefällt mir ja! Sie ist schön.« Predigten darf man nicht kritisieren, man kann sich immer etwas davon mitnehmen! So hatte ich es gelernt, und jetzt sollte ich auf einmal meine ehrliche Meinung sagen.

»Lies sie noch einmal«, bat ich.

Er tat's, dann redeten wir darüber und zankten uns. Schließlich ging er wütend in sein Zimmer und schlug die Türe zu. Das hatte ich nun davon, nichts als Ärger!

Manfred hämmerte auf seine Schreibmaschine ein, ich schrubbte die Regale und hatte ein schlechtes Gewissen. Loben hätte ich ihn sollen, die guten Stellen herausstreichen! Nie wieder würde er mir eine Predigt vorlesen! Nach zwei Stunden erschien er mit einem neuen Konzept. Ich war begeistert. Was für eine Predigt! Die müden Kirchgänger würden aufhorchen, die verstockten Sünder in Tränen der Reue ausbrechen! Besonders die kleine Beispielgeschichte fand ich ausgezeichnet. Manfred hatte sie sich mühsam vom Herzen gerungen. Er mag keine Beispielgeschichten, weil er mit Recht befürchtet, daß sie nicht so ganz passen.

Der Sonntagmorgen brach an. Manfred aß zwei Toaste und ein Ei. Ich sah es mit Erleichterung. »Du zitierst doch keine Verse?« fragte ich.

»Verse? Nein, wieso? Oder meinst du, ich sollte noch einen Vers in die Predigt einbauen!«

»Nein, bloß nicht. Die Predigt ist wunderbar, ein Vers würde empfindlich stören!« rief ich.

Was für ein herrliches Gefühl! Keine Angst mehr vor Versen! Aber halt, da lauerte noch eine andere Gefahr.

»Nimmst du die Predigt mit auf die Kanzel?« fragte ich.

»Ja natürlich«, sagte er, »wozu habe ich sie geschrieben. Aber keine Sorge, ich kann sie auswendig und schaue nur ab und zu ins Konzept.« Ich sah weiße Zettel in der Luft schweben, hilflose Blicke von der Kanzel, schadenfrohe Gesichter auf der Empore.

»Du mußt die Blätter mit einer Reißzwecke an die Kanzel drücken«, beschwor ich ihn, »sie könnten sonst runterfallen!«

Er lachte. »Hast du Sorgen«, sagte er, »mir fällt keine Predigt von der Kanzel!«

Der kleine Kirchturm schien zu beben, so gewaltig läuteten die Glocken. Sie erklangen nun schon zum dritten Mal. Wenn es um halb neun Uhr läutet, so hatte mir die Mesnerin erklärt, machen sich die Leute auf den Bauernhöfen rings um das Dorf fertig. Um neun Uhr, beim zweiten Läuten, brechen die Kirchgänger aus den entfernten Filialen auf. Um halb zehn Uhr beim letzten gewaltigen Hauptläuten kommen die Leute aus dem Dorf. Manfred zog seinen Talar über und knöpfte die zahlreichen Knöpfe zu.

»Bindest du mir das Beffchen?« fragte er.

Ich tat es mit Eifer und Freude, stopfte die Bandzipfel fein säuberlich unter den Talarkragen und vergewisserte mich, daß das Beffchen auch schön in der Mitte saß. Es war tadellos weiß und so steif gestärkt, daß die Zipfel starr in die Höhe standen. Diese Leistung hatte noch meine Schwiegermutter vollbracht. In Zukunft würde es meine Aufgabe sein, die Beffchen zu waschen, zu stärken und zu bügeln. Zuerst hatte ich Schwierigkeiten mit dem heimtückischen Stoff. Einmal stand es wie ein Tablett unter dem Kinn, ein anderes Mal hing es trübselig und schlaff nach unten. Ich setzte meine ganze Kraft darein, den richtigen Stärkegrad zu treffen. Dieses Beffchen, das wußte ich wohl, war die Visitenkarte der Pfarrfrau. Die Gemeinde wollte ihren Pfarrer ohne Fehl in Erscheinung treten sehen. Ein schlechtgestärktes, schiefhängendes Beffchen war der Andacht nicht zuträglich und störte den Gottesdienst empfindlich.

Einmal predigte ein Pfarrer aus der Nachbargemeinde bei uns. Als er aus der Sakristei trat, zum Altar schritt und sich umdrehte, ging ein Seufzen durch die Reihen der Gläubigen. Ja, wie sah er denn aus? Wo hing das Beffchen? Sollte man den ganzen Gottesdienst lang diesen Anblick ertragen müssen? Sein Beffchen hatte einen Linksdrall und rutschte immer weiter auf die Seite. Nach der Anfangsliturgie steuerte der Pfarrer wieder der Sakristei zu. Auch die Mesnerin eilte dorthin. Als sie durch den Mittelgang lief, rief ihr eine alte Frau zu: »He, Frieda! Dreh ihm auch noch den Kragen um!« Sie tat's. – Als der Pfarrer wieder in der Kirche erschien, saß das Beffchen an der richtigen Stelle. Die Gemeinde atmete auf, der Gottesdienst war gerettet.

In feierliches Schwarz gekleidet, nur ab und zu ein buntes Tüpfelchen dazwischen, so strömten die Weidener der Kirche zu. Man wollte den neuen Pfarrer predigen hören. Manfred lachte vergnügt. »Es gibt ein volles Haus«, sagte er. Ich hatte ein ungutes Gefühl. Er sollte nicht so weltlich reden, dachte ich, er sollte lieber bekümmert sein und sagen, mit Gottes Hilfe werde ich es schaffen! Wir gingen über die Straße, eine steinerne, etwas wackelige Treppe zum Kirchhof hinauf, an der alten Eiche vorbei. Dann trennten sich unsere Wege. Manfred strebte der Sakristeitür zu, ich mußte durch den Haupteingang in die Kirche hinein. Am liebsten hätte ich gleich hinten irgendwo Platz genommen, aber das war natürlich undenkbar. Hier hatte jeder seinen bestimmten Platz. Auf der Empore saßen die Männer, im Kirchenschiff die verheirateten Frauen, rechts an der Seite die Jugend. Ganz vorne links befand sich die Pfarrbank. Dies alles hatte die tüchtige Mesnerin mir vorher erklärt, damit keine Panne passiere. Ich war es gewohnt, inmitten der Geschwisterschar, geführt von der kirchengewandten Mutter in das Gotteshaus einzuziehen. Nun schritt ich allein zur Pfarrbank, gefolgt von den neugierigen Blicken der Gemeinde. Die Pfarrbank war die unbequemste in der ganzen Kirche. Die Lehne war nicht als Stütze für den Rücken gedacht, sondern als Halter für die Gesangbuchauflage der Hintensitzenden. Diese Auflage stieß mich unsanft zurück, als ich mich nach einem kurzen Gebet geruhsam zurücklehnen wollte. Der Sitz war nur kurz bemessen, dafür gab es aber eine Möglichkeit zum Knien, die den Platz zwischen den Bänken noch verringerte. Ich versuchte, meine langen Beine irgendwo unterzubringen. Aber was ich auch tat, Füße auf der Kniebank, Füße unter der Kniebank, der Erfolg war unbefriedigend. Ein Gutes hatte diese Bank: Einschlafen konnte man nicht. Hoffentlich waren die anderen Bänke ähnlich konstruiert!

Das Präludium brauste auf. Noch war es mir neu, aber schon nach einem Jahr kannte ich jede Note. Das Repertoire unseres Organisten bestand nämlich nur aus drei Vorspielen. Ein feierliches in Dur für große Anlässe, Hochzeiten und Konfirmationen. Ein klagendes Moll für traurige Ereignisse, Beerdigungen und Karfreitagsgottesdienste. Und ein sanft dudelndes Stückchen für die gewöhnlichen Sonntage. Heute hatte er das feierliche Präludium Numero eins gewählt. Der letzte Ton war verrauscht, eine Pause entstand. Sie diente dem Organisten dazu, das Choralbuch hervorzukramen, der Gemeinde wurde Gelegenheit geboten, sich von G-Dur nach C-Dur hinüberzuträumen, denn mit Kadenzen hatte der Meister nichts im Sinn. Wir sangen den Choral ›All Morgen ist ganz frisch und neu . . .‹ Ich erkannte ihn kaum wieder. War dies der musikalische Muntermacher, der meine schlummernden Lebensgeister so manchen Sonntagmorgen neu erweckt hatte?

»Laß dieses Lied singen«, hatte ich zu Manfred gesagt, »es

reißt sogar mich mit, und das am Morgen. Die Melodie ist so fröhlich und bewegt.« Jetzt allerdings konnte von Bewegung keine Rede sein. Wir traten fast auf der Stelle, sangen im Zeitlupentempo. Der Gesang dehnte sich endlos. Beim letzten Vers kam Manfred aus der Sakristei und schritt durch den Chor dem goldenen Hochaltar zu. Der Talar wehte, das Beffchen saß an der richtigen Stelle, es war erhebend. Während der Liturgie wachten meine eingeschlafenen Füße wieder auf. Ich stand bequem, stieß nirgendwo an und hatte freien Blick zum Altar. Die Kanzel dagegen lag äußerst ungünstig für andächtige Pfarrfrauen. Ich mußte den Kopf nach rechts oben verdrehen, wollte ich den Prediger zu Gesicht bekommen. So schlich ich denn meistens mit steifem Hals, eingeschlafenen Füßen und schmerzendem Rücken aus der Kirche.

Manfred stieg gemessenen Schrittes die Kanzeltreppe hinauf. Er stolperte dabei nicht über den Talar und hob ihn auch nicht übertrieben hoch. Sein stilles Gebet verrichtete er im Stehen und senkte nur den Kopf. Ich hatte Pfarrer erlebt, die auf der Kanzel niederknieten, den Kopf auf die Brüstung legten und lange in dieser Haltung verharrten. Andere wieder nahmen es mit dem stillen Gebet nicht so genau, schauten suchend über die Gemeinde hin und zählten die Häupter der Gläubigen. Manfred hatte das schöne Mittelmaß gefunden, ich sah es mit Erleichterung. Dann griff er zur Bibel. Ich erhob mich. Ich tat dies langsam und gemessen und war sicher, daß hinter mir auch alles in die Höhe gehen werde. So war ich es von zu Hause gewohnt. Man erhob sich zur Verlesung des Predigttextes. Hinter mir aber blieb es gefährlich still. Kein Bänkeknarren, kein Füßeschurren, kein Ächzen beim langsamen Hochgehen. Manfred verlas den Text, ich schielte nach hinten. O Schande! Ich stand allein auf weiter Flur ohne Rückendeckung. Die Jugend kicherte. Mein Niedergang erfolgte schnell und unfeierlich. Es dauerte lange, bis ich meine verwirrten Sinne wieder auf die Predigt und meinen Blick auf Manfred richten konnte. Das mußte mir passieren! Mir, einer so erfahrenen Kirchgängerin!

Seit meinem fünften Lebensjahr gab es keinen Sonntag ohne Gottesdienst. Nicht, daß ich eine besonders freudige Kirchgängerin gewesen wäre, aber es bot sich keine Gelegenheit, dieser Pflicht zu entrinnen.

»Wenn wir nicht gehen«, pflegte Mutti zu sagen, »was kann man dann von der Gemeinde erwarten!«

Ich dachte mir triftige Gründe aus. »Mir wird schlecht.« –

»Ich kann nicht so lange stehen.« – »Heute hab' ich Halsweh.« Es half nichts.

»Ein Gottesdienst kann keinem Menschen schaden«, meinte Mutti.

Eine Zeitlang wurde ich in der Kirche von starkem Niesreiz befallen. Ich nieste und nieste und konnte nicht aufhören. Ich vergrub meine Nase ins Taschentuch oder hielt mir die Nase zu. Die Explosion war fürchterlich. Leider kam dieser tückische Niesreiz nie während eines Liedes oder bei lautem Orgelspiel. Immer in feierlichen Augenblicken, beim stillen Gebet oder bei einer eindrücklichen Predigtstelle brach es über mich herein.

»Mit dir ist man vielleicht blamiert!« schimpften die Geschwister.

»Reiß dich zusammen!« sagte meine Mutter. Vati war traurig. Ich biß die Zähne zusammen, ich versuchte an etwas anderes zu denken, es half nichts. Dann kam Onkel Fritz zu Besuch. Ich liebte ihn. Er erzählte Märchen, ging mit mir spazieren und hatte immer etwas Gutes in der Tasche.

»Du kannst so gut niesen«, sagte er am Sonntag vor der Kirche zu mir. »Da bin ich wirklich gespannt. Wieviel mal hintereinander bringst du's fertig?«

»Ich weiß nicht«, sagte ich kleinlaut, »Onkel Fritz, du mußt wissen, daß es eine Schande ist.«

»Eine Schande?« rief der Onkel. »Niesen ist eine große Erleichterung. Ich wäre froh, ich könnte öfters niesen. Du mußt mir verraten, wie man es macht.«

»Es kommt von alleine«, sagte ich. Aber es kam nicht mehr. Ich war fest davon überzeugt, daß mich der gute Onkel von dem Zauber erlöst hatte.

Inzwischen war Manfred bei der Beispielgeschichte angelangt. Ich drehte mich vorsichtig um und warf einen Blick auf die Zuhörer. Sie sahen recht zufrieden aus, manche nickten sogar zustimmend. »Ja, ja so ist es. Das stimmt.« Die Predigt war kurz, was von den meisten Gemeindegliedern dankbar begrüßt wurde. Nur wenige meinten, es lohne sich gar nicht, erst in die Kirche zu kommen; sie sei ja schon aus, bevor man es sich richtig bequem gemacht habe.

Als ich nach dem Schlußgesang die Kirche verließ, kam ich mir recht fremd und allein vor. All diese Menschen hatten nun ein Recht darauf, daß mein Mann ihnen half, ihre Sorgen hörte und Zeit für sie hatte. Was blieb für mich übrig? »Vati macht

Besuche«, so hiess es früher, wenn ich von der Schule heimkam und mit ihm sprechen wollte. War er dann wieder zu Hause, und eilte ich in sein Zimmer, dann wurde ich gleich wieder verscheucht. »Frau Maier ist bei ihm. Sie hat ein Problem.« Ich hatte auch Probleme. Abends war Bibelstunde, Männerkreis, Kirchengemeinderatssitzung. Immer gab es irgend etwas vorzubereiten. Immer kam die Gemeinde zuerst. Ich hatte es schon als kleines Mädchen mit Verdruss bemerkt. Unter dem Schreibtisch meines Vaters fühlte ich mich geborgen. Ich sass dort mit meiner Puppe wie in einer warmen Höhle. Niemand konnte eindringen, denn draussen vor dem Eingang standen Vatis Beine als treue Wächter. Ich war glücklich und zufrieden. Leider dauerte dieses Glück immer nur kurz. Sobald es an der Haustür klingelte, musste ich den schönen Platz verlassen.

»Los, Pickdewick«, sagte Vati.

Ich kroch unter dem Schreibtisch hervor und trottete missmutig aus dem Zimmer, die Puppe schleifte hinterher. Zuerst, als ich die Höhlung unter dem Schreibtisch für mich entdeckte, wollte ich nicht weichen, wenn Besucher kamen. Ich verkroch mich und weinte.

»Wenn du ganz still bist, darfst du bleiben«, sagte Vati, »kein Muckser! Hörst du?«

Es ging alles gut. Ich rührte mich nicht und sass still dabei, wenn über Taufen, Trauungen und Beerdigungen gesprochen wurde. Bis dann dieser Hund kam. Eine Frau hatte ihn mitgebracht. Der Hund steckte seine Schnauze durch den Spalt unter der Rückwand des Schreibtisches. Es sah furchterregend aus. Solange Vatis Beine vor dem Schreibtisch standen, konnte nichts passieren. Dann aber wurde der Stuhl zurückgeschoben, Vati stand auf, die Beine entfernten sich. Dafür erschien der Hund im Eingang. Ich schrie vor Schreck und Angst, der Hund bellte, und die Dame war ärgerlich.

Seit diesem Zwischenfall musste ich verschwinden, wenn es an der Haustür klingelte. Einmal versteckte ich mich in dem Gebüsch vor dem Haus. Als der Besucher herauskam, murmelte ich böse Worte und warf ihm einen Stein nach. Der Stein war klein, er traf auch nicht, aber ich hatte meinem Zorn Luft gemacht.

Auch Manfred hatte nach einer Weile keine Zeit mehr für mich. Es schien, als würden wir in denselben Trott verfallen, den ich schon von Kindesbeinen an gewohnt war. Zuerst die Gemeinde zu jeder Tages- und Nachtzeit, dann lange nichts und dann ich. Es war höchste Zeit, ich mußte etwas unternehmen.

Ich zog den Mantel über, ging vor die Haustür und schellte. Manfred öffnete.

»Ja, hast du denn keinen Schlüssel?« fragte er.

»Ich möchte den Herrn Pfarrer sprechen«, sagte ich, »weil ich Probleme habe, die ich mit ihm überdenken muß.«

Er stutzte einen Augenblick, dann sagte er höflich: »Bitte, meine Dame, treten Sie ein.«

Er ging mir voran ins Studierzimmer. Ich klopfte erst an die offene Tür, sagte »dann bin ich halt so frei« – auf diese Weise pflegten nämlich unsere Besucher einzutreten – und kam ins Zimmer.

»Bitte nehmen Sie Platz«, sagte der Pfarrer. Er setzte sich hinter den Schreibtisch, ich davor.

»Wo drückt denn der Schuh?« fragte er.

»Mein Mann kümmert sich überhaupt nicht mehr um mich«, erwiderte ich. »Er hat für alle anderen Leute Zeit, nur nicht für mich! Morgens hält er Unterricht, mittags macht er Besuche, und abends hat er irgendeine Veranstaltung. Ich sitze allein zu Hause, schufte mich ab und komme mir vor wie eine Haushälterin, die kein Geld bekommt und nicht einmal auf Familienanschluß hoffen darf! Was sagen Sie dazu?«

»Ich bin sprachlos«, sagte der Pfarrer, »was haben Sie für einen fürchterlichen Mann. Ich muß mit ihm sprechen, denn so geht das ja nicht weiter. Übrigens kann ich Ihren Mann überhaupt nicht verstehen. Wenn man eine so reizende Frau hat, müßte man Gott auf Knien danken!«

»Das ist gar nicht nötig«, rief ich, »mir genügt es, wenn er mich reden läßt und zuhört, oder wenn er ab und zu mit mir ins Kino geht oder irgendwo einen Kaffee trinkt – vielleicht einmal in der Woche.«

»Es ist nicht zu fassen«, entgegnete der Pfarrer, »da gibt es soviel Gelegenheiten, eine Frau glücklich zu machen, und dieser unselige Mensch ergreift sie nicht. Übrigens, wie benimmt er sich denn nachts?«

»Nachts kann ich nicht klagen«, sagte ich, »aber vielleicht bleiben wir doch besser bei der Seele.«

»Leib und Seele gehören zusammen«, erklärte der Herr Pfarrer und kam hinter dem Schreibtisch hervor. Er half mir liebevoll aus dem Mantel und gab sich alle erdenkliche Mühe, mich zu trösten und zum Schweigen zu bringen. Schließlich artete das Seelenstündchen in ein Schäferstündchen aus. Ich konnte zufrieden sein, doch Zweifel nagten an meinem Herzen.

Hoffentlich gingen nicht auch andere weibliche Besucher derart getröstet von dannen!

Von nun an war ich ängstlich darauf bedacht, meinen lieben Mann vor eventuellen Versuchungen zu bewahren. Kamen reizvolle Besucherinnen und gewann ich den Eindruck, daß sie nun lange genug ihre Seele erleichtert hatten, dann klingelte ich mehrere Male an der Haustür. Manchmal setzte ich mich auch ans Klavier im Zimmer nebenan und übte Tonleitern und Etüden, wobei ich immer an denselben Stellen die gleichen Fehler machte. So etwas wirkt zermürbend und störend. Es dauerte nicht lange, bis sich der Besuch verabschiedete und die Haustür hinter ihm ins Schloß fiel.

Übrigens hatte das »Seelenstündchen« bemerkenswerte Folgen. Am nächsten Tag gingen wir ins Kino. Nachmittags war auf einmal Zeit zu gemütlichen Kaffee, und während ich das Geschirr abwusch, saß Manfred auf dem Küchentisch und lauschte geduldig meinen Eingebungen. –

Sobald wir wieder in den alten Schlendrian verfielen, wiederholte ich das Spielchen. »Hab' ich mir's doch gedacht!« rief der Pfarrer. »Ihr Mann hat einen Rückschlag erlitten! Haben Sie Geduld mit ihm!«

Frostbeulen und Ewigkeitsreis

Ich konnte nicht kochen. Von wem hätte ich es lernen sollen? Nach der kurzen Schreckenszeit, in der Mutti den Kochlöffel schwang, war unsere alte Köchin aus Polen wieder zu uns gekommen.

»Ne, Frau Pfarrer, das ist nuscht für Ihnen«, hatte sie bei der ersten gemeinsamen Mahlzeit erklärt, und fortan unterstand die Küche ihrem Regiment. Weh dem, der, verlockt von Wohlgerüchen, in ihr Reich eindrang. Natürlich waren wir interessiert an all den Köstlichkeiten, die auf dem Herd schmurgelten. Also schoben wir Gitti vor, die, klein und dick, jedes Menschen Herz erweichen mußte. Christoph folgte, getrieben von Hunger und Neugier, wir anderen blieben vorsichtig in der Nähe der Tür.

»Mm, da riecht's aber gut!« Gitti schnupperte. »Else, du bist die allerliebste, ich mag dich so! Läßt du mich ein kleines bißchen probieren?«

Die also freundlich Angeredete drehte sich zornig um, schwenkte einen großen Kochlöffel und schrie: »Mei, bosche kochanje! Macht, daß ihr aus die Küche rauskommt! Ich werd' noch varrickt mit das viele Kroppzeug! Raus, oder es jibt nuscht zum Essen!« Wir flohen.

Auch Mutti wurde in der Küche nur ungern geduldet. Eines Vormittags erbot sie sich freundlich, Kartoffeln zu schälen. Else machte ein saures Gesicht. Sie maulte und knallte die Töpfe auf den Herd.

»Hat Frau Pfarrer nuscht Beßres zu tun?« Mit mißgünstigen Blicken betrachtete sie die Bemühungen der Hausfrau. »Ne, so wird das nie nuscht! Mich wird schwarz vor die Ojen, wie Frau Pfarrer das Messer hält! Mei bosche kochanje, Frau Pfarrer schneid't sich noch die Finger ab!«

So kommentierte sie. Mutti beherrschte sich mühsam und arbeitete weiter. Endlich klingelte es. Else verschwand, um die Türe aufzumachen. »Besuch für Ihnen«, rief sie triumphierend, und als Mutti die Küche verließ, sagte sie laut und deutlich: »Jott sei Lob und Dank!«

Seit dieser Zeit blieb Else in ihrem Reich von unliebsamen Besuchern verschont.

Eines Nachmittags erschien sie in meinem Zimmer, sah mich mißtrauisch an und fragte: »Kannst du Kartoffeln hinstellen?«

»Ja natürlich, Else, was denkst du!«

»Ich jeh mit die Frau Pfarrer einkaufen. Um sechs Uhr machst du das Jas unter die Kartoffeln an. Um sieben bin ich wieder da!«

Punkt sechs Uhr ging ich in die Küche. Auf dem Herd stand der Topf mit den geschälten Kartoffeln. Ich zündete das Gas an und überlegte. Es sollte ja keine Kartoffelsuppe geben, wieso war dann Wasser in dem Topf? Else hatte offensichtlich vergessen, es wegzuschütten. Gut, daß ich noch einmal nachgeschaut hatte! Ich goß das Wasser ab, stellte den Topf auf das Feuer und ging wieder an meine Aufgaben. Nach einer Weile roch es brenzlig. Von schlimmen Ahnungen erfüllt, eilte ich in die Küche. Sie war voller Qualm. Ich riß den Topf vom Feuer, verbrannte mir dabei die Finger und wußte nun, daß man Kartoffeln in Wasser kocht. Also hielt ich den rauchenden Topf unter den Wasserhahn. Das Ergebnis war unerfreulich. Die Brühe sah braun aus und stank. Ich sank auf einen Küchenstuhl und kühlte meine verbrannten Finger mit Tränen. Christoph kam herein.

»Im Haus riecht's«, sagte er, »was kochst du denn?«

Ich zeigte stumm auf den Topf.

»Bratkartoffeln!« rief er erfreut. »Die mag ich. Aber ein bißchen groß sind sie.«

Ich war gerettet! Bratkartoffeln pflegten braungebrannt zu sein, niemand würde etwas merken. Also machte ich mich an die Arbeit und versuchte, die halbgaren, heißen und glitschigen Kartoffeln zu zerschneiden. Sie glitten mir immer wieder aus den Händen. Christoph sammelte sie vom Boden auf und warf sie wieder in den Topf. Um sieben waren wir immer noch bei der Arbeit. Else kam. Sie schimpfte schon an der Haustür. Wir flohen durchs Fenster in den Garten. Nach dieser Misere wurde ich nicht mehr zu Küchendiensten herangezogen. »Das mecht vielleicht ein armes Aas sein, das wo dir einmal heiraten tut«, sagte Else, und damit hatte sie recht.

Ein halbes Jahr vor der Hochzeit wurde ich mir meiner Schwäche ängstlich bewußt und beschloß, eine Stelle als Haustochter anzunehmen. Ich durchforschte die Zeitungen nach Angeboten.

»Welches strebsame Mädchen möchte seine Kenntnisse in einem größeren christlichen Haushalt erweitern? Geregelte Freizeit und Familienanschluß ...«

Ich war ein strebsames Mädchen und wollte meine Kenntnisse erweitern, also schrieb ich zu.

»Wie kannst du nur!« rief Mutti. »Kochen ist kein Hexenwerk, ich habe es schließlich auch gelernt!« Vati bekam einen Hustenanfall.

»Wenn du kochen lernen willst, ist das eine gute Sache. Wir hatten nur gehofft, du bleibst das letzte halbe Jahr noch bei uns.«

Ich fuhr. Der größere Haushalt war ein riesiges eiskaltes Schloß mit vielen Zimmern, die zu putzen mir nun oblag. Das Kochen besorgte die Hausfrau, da sie mit Recht annahm, daß meine Mitwirkung den Gerichten wenig zuträglich sein würde. Dafür durfte ich Berge von Geschirr spülen, Gemüse putzen und Kartoffeln schälen. Da der Hausherr eine Jagd besaß, lernte ich auch, Hasen zu häuten und Rehrücken zu spicken. Kenntnisse, die mir später wenig zugute kamen. Der Familienanschluß bestand darin, daß die Kinder der Familie während der geregelten Freizeit in meinem Zimmer ihre Schularbeiten machten. Daß der Haushalt »christlich« war, erkannte ich bei den Tischgebeten. Meine Hände streikten zuerst. An niedere Temperaturen und scharfe Seifenlaugen nicht gewöhnt, erwuchsen ihnen juckende Frostbeulen und tiefe Schrunden. Also arbeitete ich mit Gummihandschuhen, doch fand dieser Anblick wenig Wohlgefallen bei der Schloßherrin.

»Gelobt sei, was hart macht«, sagte sie, »in meinem Haus hat noch niemand Gummihandschuhe getragen.«

Nachts, wenn die Frostbeulen so juckten, daß ich nicht einschlafen konnte, überlegte ich mir, was alles ich morgen meiner Gebieterin ins Gesicht schleudern würde.

»Frau von Gütig«, würde ich sagen, »ich bin nicht hier, um Ihre vergammelten Treppen zu scheuern, denn das kann ich schon! Ich will auch keine Hasen mehr häuten, ich will sie kochen! Und Ihren Schnee können Sie selber schippen, sonst packe ich meine Koffer, denn dieser christliche Haushalt stinkt mir!«

Jawohl, so würde ich sprechen, sie würde bekennen, daß sie ein widerlicher Mensch sei, sich aber bessern wolle mit meiner Hilfe, und dann würden wir uns weinend in die Arme sinken. Am nächsten Morgen schippte ich brav Schnee, scheuerte Treppen, häutete Hasen und sprach kein einzig Wörtlein.

Sechs Wochen nach meinem Amtsantritt als Putzfrau bekam ich Besuch. Ich fegte gerade den Schnee von der großen Freitreppe, da tippte mir jemand auf die Schulter.

»Na, Pickdewick, wie geht's denn so?« Da stand mein Vater, neben ihm wie ein Gartenzwerg die kleine Gitti.

»Deine Briefe sind lang, aber nichtssagend«, meinte Vati und betrachtete meine wunden Finger. »Wir sind gerade unterwegs, und da dachten wir ...«

»Was hasch denn du für wüschte Hände?« fragte Gitti.

Es war genug. Der Krug meiner Leiden floß über, ich auch.

»Herrlich, so ein Schloß, und hübsch kalt«, sagte Vati. »Kannst du schon kochen? Nein? Dann wirst du es hier auch nicht mehr lernen. Else ist willens, dich in ihre Künste einzuweihen, wenn du heimkommst.«

Gitti half mir fröhlich plaudernd, die Koffer zu packen. Vati führte ein Gespräch mit der Schloßherrin. Eine Stunde später verließen wir die Stätte meines Wirkens.

»Ich hätte durchhalten müssen«, klagte ich im Zug, »nie werde ich mir diese Flucht verzeihen!«

»Es war keine Flucht«, sagte Vati, »es war ein elterlicher Gewaltakt! Deine Mutter hat eine Gallenkolik und liegt im Bett. Deine Geschwister brauchen Aufsicht. Böden gibt's genug zu putzen.«

»Und du hast versprochen, du bringst mir Flötenspielen bei!« ergänzte Gitti.

Else betrachtete meine Hände. »Mei bosche kochanje! Was ham se mit dir jemacht!« schrie sie. »Biste in Sibirien jewesen? Aber keene Sorje nich, ich kenn' mich aus mit Frostbeulen! Da jibt's zwei Mechlichkeiten. Die erste ist einfacher, aber da biste zu fein dazu, wie ich dir kenne. Also werd' ich dir mit Zwiebeln behandeln. Setz dir hintern Küchentisch und halt den Mund!«

Sie schnitt Zwiebeln und briet sie goldbraun. Christoph erschien.

»Hm, da duftet's, was gibt's Gutes?« fragte er hoffnungsfroh.

»Nuscht für kleine Kinder, raus aus die Küche!« knurrte Else. Sie holte Tücher, schüttete die Zwiebeln darauf. »Her mit die Finger!« befahl sie und wickelte die dampfenden Zwiebeltücher um meine Hände. Ich jaulte. »Jut so«, sagte Else zufrieden, »schrei du nur! Aber die erste Mechlichkeit mechte vielleicht doch besser jewesen sein.«

»Was für eine Möglichkeit, Else?«

»Du müßtest darüber pinkeln«, sagte Else, »das zieht den Frost raus, aber du machst das ja nicht.«

»O Mensch, bist du vielleicht ein Schwein!« rief Christoph von der Türe her und verschwand eilig.

Nahrhaft duftend zog ich durchs Haus, nahm wieder Besitz von meinem Mädchenzimmer, fragte Stefan Vokabeln ab, bis ihm der Zwiebelgeruch zu lästig wurde, und saß am Bett meiner Mutter, die nach einer Gallenkolik wieder einmal zu der Einsicht gelangt war, daß ihr Bohnenkaffee nicht guttue.

»Ach Kind, ich kann machen, was ich will, er bekommt mir nicht!« klagte sie. »Ich habe den Eindruck, daß ich nicht mehr lange leben werde. Gott sei Dank, daß du da bist!« Sie ging mit ihren Todesdrohungen nicht zimperlich um. »Laß sie noch eine Woche leben!« pflegte ich in angstvollen Stunden zu beten. »Laß sie noch leben bis Weihnachten ... bis ich mein Abitur habe ... bis ich verheiratet bin ...« Sie starb lange nach Vati. Wir hatten soviel Angst um sie, daß wir gar nicht merkten, wie krank er war.

Zum Kochen kam ich nicht mehr im elterlichen Haus. Die Frostbeulenbehandlung hatte Elses Geduld völlig erschöpft. Mich nun auch noch als Kochelevin in der Küche dulden zu müssen ging trotz aller Versprechungen über ihre Kräfte.

»Kartoffeln kannste ja nun kochen, mecht ich hoffen«, sagte sie, »und wenn er Hunger hat, ißt er alles!« Damit schloß sie die Küchentüre hinter mir zu.

Fünf Tage lang ging in Weiden alles gut, jedenfalls was meine Kochkünste betraf. Wir aßen Maultaschen. Als aber die letzte verzehrt war, blieb mir nichts anderes übrig, als selber etwas zusammenzubrauen. Manfred war so völlig ahnungslos über meine nichtvorhandenen Kochkenntnisse, daß er sich beim Frühstück zu der Bemerkung verstieg, er freue sich, nun endlich etwas Köstliches aus meiner Küche essen zu dürfen. Ich dachte mir gleich, daß er diese Bemerkung noch bereuen würde, aber ich wollte ihm die Vorfreude nicht nehmen.

Schon um neun Uhr verschwand ich in der Küche, um auch gewiß bis zur Mittagszeit mit dem Menü fertig zu sein. Zur Hochzeit hatte ich ein Kochbuch ›Für die feine Küche‹ geschenkt bekommen. Ich setzte mich an den Küchentisch, legte einen Zettel bereit zum Notieren von in Frage kommenden Gerichten und begann zu blättern. »Rebhühner im Topf mit Gemüse« las ich, »Schnepfe in Rotweinsoße«, »Cordon bleu« und »Schinken im Brotlaib«. Es gab in diesem Buch keine einfache Hausmannskost, nur lauter extravagante Gerichte. Dazu kamen unverständliche Beschreibungen. Was war ein Eischwer Zucker? Wie und warum stößt man Mandeln? »Pürieren« sollte man, »blanchieren« und »frittieren«, ich hatte noch nie etwas dergleichen gemacht. Die Abbildung eines roten Puddings stach mir in die Augen. Er sollte mit Kognak übergossen, dann angezündet und brennend auf die Tafel getragen werden. Was für ein flammender Auftakt zu vielen köstlichen Mahlzeiten, bereitet von meiner kundigen Hand! Wie würden Manfreds Augen leuchten! Ich geriet ins Träumen. Dann las ich das Rezept von vorne. Zwei bis drei Stunden sollte der Pudding im Wasserbad kochen. Wir hatten kein Bad, wo sollte ich ihn kochen? Aus der Traum! Ich legte das Buch beiseite und beschloß, es nur an Festtagen zu benutzen. Fang mit einfachen Gerichten an, sagte ich mir, dann kannst du dich steigern. Also würde ich Gulasch machen und Spätzle. Gulasch hatte ich mir schon als Studentin gekocht. Spätzle kannte ich von Manfreds Elternhaus her. Manfred möge sie besonders gern, hatte mir die liebe Schwiegermutter erklärt, man müsse sie nur von Hand schaben, und der Teig solle schwer sein. Er geriet mir sehr schwer, denn ich sparte nicht an Mehl. Das Schaben war schwierig, obwohl ich den größten Wassertopf und das schärfste Messer nahm. Das Gulasch brodelte, das Wasser kochte, hochrot und schwitzend kämpfte ich mit dem zähen Teig.

Manfred kam mehrmals in die Küche und fragte, wie lange es noch gehen werde, und ob er vielleicht helfen könne? Nein, ich konnte niemanden gebrauchen, ich war auch so schon am Ende meiner Kraft, und in einer Stunde spätestens könnten wir essen, wenn er mich nicht dauernd stören würde. Eigentlich hatte ich noch einen Salat machen wollen, aber die Zeit reichte nicht mehr dazu und die Zwiebeln auch nicht, die waren alle im Gulasch. Den Tisch hatte ich zum Glück gleich nach dem Frühstück gedeckt. Um zwei Uhr bediente ich den Gong, den wir zur Hochzeit geschenkt bekommen hatten. Manfred eilte herbei. Er sagte, er hätte einen furchtbaren Hunger, und darüber war ich froh. Aber meine Spätzle schmeckten ihm nicht. Er biß und kaute darauf herum und nahm sich auch nur einmal, obwohl er doch gesagt hatte, daß er einen großen Hunger hätte. Mir schmeckte es auch nicht so recht, aber ich hatte schließlich gekocht.

»Ißt man solche Mehlklöße in deiner Heimat?« wurde ich gefragt. Ich hörte wohl nicht recht.

»Mehlklöße? Das sind Spätzle!« sagte ich empört. »Ich habe sie nach dem Rezept deiner Mutter gemacht!«

»Ach, du lieber Himmel!« rief er, bekam einen Hustenanfall und erstickte schier an einem Spätzle.

Das war die erste Mahlzeit, und es standen uns noch viele derartige Genüsse bevor.

Am nächsten Tag entschied ich mich für Reis, ein problemloses Gericht, sogar meine Mutter hatte es hier und da fertiggebracht. Die Reiskörner wirkten klein, also nahm ich gleich zwei Tüten. Der Reis quoll und quoll. Als der erste Topf überlief, nahm ich den nächstgrößeren. Schließlich brodelten drei Reistöpfe auf dem Feuer. Wir aßen die ganze Woche Reis. Einmal mit Gulasch, dann mit Tomatensoße und schließlich mit Zimt und Zucker. Es gab viele Kombinationsmöglichkeiten, aber Manfred streikte und sagte, er könne keinen Reis mehr sehen, geschweige denn essen.

Zuerst war ich etwas betrübt. Ich dachte an meinen lieben Vater, der ohne mit der Wimper zu zucken, alles gegessen hatte, was meine Mutter auf den Tisch brachte, und das war weiß Gott schlimmer gewesen. Ich sagte das auch zu Manfred und fügte noch hinzu, daß meine Eltern sich sehr geliebt hätten. Schließlich brachte ich den übrigen Reis zu unserer Nachbarin. Sie hatte auch die Spätzle in Empfang genommen. Ihre Schweine gediehen prächtig bei meiner Kost, was man von Manfred leider nicht sagen konnte. Er kaufte mir einen Dampfkochtopf, dessen wildes Fauchen mich an den Rand eines Nervenzusammenbruchs brachte. Entweder war das Gemüse zu weich oder zu hart geraten. Ein schönes Mittelmaß schien es für den Topf und mich nicht zu geben.

»Wie wäre es, wenn du die Rezepte lesen und die Kochzeiten einhalten würdest?« sagte Manfred. »Für eine intelligente Frau sollte das eigentlich möglich sein!«

Wir hatten viel Ärger wegen des leidigen Essens.

Besondere Schwierigkeiten bereiteten mir die schwäbischen Hefespezialitäten: Hefezopf, Dampfnudeln und Gugelhopf. Das Backen mit Hefe sei die einfachste Sache der Welt, jede Bauersfrau könne es, behauptete Manfred, man müsse den Teig nur tüchtig kneten und schlagen und hinterher gehen lassen. Ich knetete und schlug, bis mir die Hände erlahmten. Doch die Zeit, die der Teig zum Gehen benötigte, stimmte nie mit der Zeit überein, die ich ihm dazu bewilligte. War ich in Eile, dann tat sich nichts mit dem Hefeteig. Er dachte nicht daran, in die Höhe zu gehen, und blieb wie ein schwerer Klumpen in der Schüssel liegen. Wollte ich aber in der Zeit, wo der Teig ruhte, noch dieses oder jenes besorgen, dann kam der heimtückische Klumpen in Bewegung. Er dehnte sich und quoll aus der Schüssel, er mußte unbedingt gleich auf der Stelle bearbeitet werden. Wehe, wenn ich meiner Wege ging und nicht tat, was er wollte. Dann kam nachher ein genauso unansehnliches und hartes Backwerk aus dem Ofen wie beim nicht gegangenen Teig.

Am Anfang meiner Backtätigkeit hatte ich die Marotte, allen Gästen selbstgemachte Hefespezialitäten aufzutischen. Selbst unsere besten Freunde ließen sich nach einer solchen Kaffeetafel lange nicht mehr blicken und klagten in Briefen über Magengeschwüre. Andere leidgeprüfte Besucher brachten ihre Kuchen selber mit. Was mich verdroß und in meiner Hausfrauenehre kränkte.

Als meine Eltern mich zum ersten Mal im neuen Heim besuchten, beschloß ich, einen Zwiebelkuchen zu backen. Dieses Gebäck war mir bei einem Pfarrkranz serviert worden. Nach anfänglichem Widerwillen hatte ich Wohlgefallen daran gefunden.

»Kind«, sagte meine Mutter, als ich sie an der Haustüre empfing, »Kind, du hast recht gehabt, bei euch riecht es wirklich merkwürdig!«

Je weiter wir die Treppe hinaufstiegen, desto besorgter hob sie die Nase. »Ihr müßt etwas dagegen tun«, sagte sie. »Ich weiß ja, wie alte Pfarrhäuser riechen, aber dieser Geruch geht über die Grenze des Erträglichen.«

Ich zeigte ihnen voller Stolz die Zimmer. Mutti versprühte Eau de Cologne um sich, Vati war besonders an der Aussicht interessiert. Er lehnte sich zu jedem Fenster hinaus und schöpfte tief Atem. Dann öffnete ich die Küchentür. »Himmel!« rief meine Mutter und preßte das Taschentuch an die Nase. »Kind, du mußt ab und zu den Abfalleimer ausleeren!« Ich schaute in den Backofen.

»Gleich ist er fertig«, sagte ich, »dann können wir essen!«

»Was ist das?« fragte Vati und zog sich ans Fenster zurück.

»Ich habe einen Zwiebelkuchen für euch gebacken!« rief ich voller Stolz.

»Oh, meine Galle!« stöhnte Mutti. »Ich spüre schon den ganzen Tag, daß ich am Rande einer Kolik stehe!«

Auch Vati betrachtete das Backwerk voller Abneigung. »Kuchen hat süß zu sein«, erklärte er, »ich kann unmöglich einen Kuchen mit Zwiebelfüllung essen! Wenn du darauf bestehst, werden wir den Kuchen essen, aber ich kann mir nicht vorstellen, daß etwas, was so fürchterlich stinkt, noch eßbar ist. Denke an die Galle deiner Mutter und habe Erbarmen mit uns.«

Auch mein Schwiegervater, der die schwäbische Küche schätzt und liebt, stocherte unzufrieden in seinem Zwiebelkuchen herum. »Irgend etwas stimmt da nicht«, erklärte er und zerbiß geräuschvoll eine Zwiebel, »ich weiß nicht, was es ist, aber Mutters Kuchen schmeckt anders.«

»Ja«, sagte meine Schwiegermutter vorsichtig, »vielleicht solltest du die Zwiebeln dämpfen, bevor du sie auf den Kuchen legst. Sie sind ein wenig hart, findest du nicht? Ich kann mir natürlich vorstellen, daß sie roh gesünder sind, aber weißt du, wir sind nicht mehr die Jüngsten.«

Die rechte Lust zum Kochen kam mir erst nach einer Entschlackungskur. In einer Illustrierten hatte ich von dieser Kur und ihrer Notwendigkeit gelesen. Alle Symptome des völlig verschlackten Menschen trafen auf mich zu. Ich fühlte meinen Puls und wunderte mich, daß ich überhaupt noch lebte. Auch Manfred war durch und durch vergiftet. Erst wehrte er sich gegen diese Erkenntnis, gab dann aber zu, daß er oft nach dem Essen unter Sodbrennen und starken Magenschmerzen litte, besonders wenn ich ihn mit neuen Gerichten beglückte.

Wir mußten uns entgiften, wollten wir nicht eines jähen Todes sterben. So beschlossen wir, eine Weizengel-Entschlackkungskur zu machen. Die Verkäuferin im Reformhaus riet uns, zuerst nur ein Paket zu kaufen, da der Chef nichts zurücknehme. Aber wir bestanden auf der Ration für zwei Wochen. Diese Kur sollte richtig durchgeführt werden, und was wir bezahlt hatten, würden wir auch essen – dachten wir.

Am ersten Morgen der Kur waren wir noch vergnügt. Ich kochte die Weizengele genau nach dem Rezept auf der Pakkung. Wir freuten uns auf das gesunde Mahl, denn wir hatten Hunger. Der Hunger verging uns aber auf der Stelle, als wir das dünne Süppchen kosteten. Es schmeckte widerwärtig, und der Geschmack ließ sich weder durch Salz noch durch Honigzusatz verbessern. Die Mahlzeiten wurden uns zum Greuel. Wir sahen die beiden riesigen Packungen, die wir noch leer essen mußten, und verstanden auf einmal nicht mehr, warum wir uns entschlacken sollten. Eine Woche hielten wir durch. In dieser Zeit sprachen wir so viel vom Essen wie sonst noch nie in unserem Leben. Wir malten uns aus, was wir alles essen wollten, wenn diese Kur überstanden wäre.

Am Sonntag predigte Manfred über die Speisung der Fünftausend. Liebevoll schilderte er die vielen Körbe mit Brot und Fischen. Mir lief das Wasser im Munde zusammen. Ach, wie gerne hätte ich einen sauren Hering gegessen! Diese Predigt war so anschaulich und zu Herzen gehend, daß unsere Gemeinde den Eindruck gewann, Pfarrers nagten am Hungertuch. Tags darauf kamen mehrere Besucher aus dem Dorf. Sie hinterließen Körbe mit nahrhaften Sachen. In der Küche roch es nach Schinken und frischem Bauernbrot. Da war es um unsere Kur geschehen. Wir setzten uns am Küchentisch nieder, griffen herzhaft zu und kauten.

»Man kann es nicht umkommen lassen«, sagte Manfred, »es wäre ein Unrecht den Leuten gegenüber. Die Weizengele können wir immer noch essen, wenn wir wollen.« Aber wir wollten nicht mehr. Ich brachte das volle Paket zu Nachbars Schweinen.

»Ja, was isch en au des?« fragte die Nachbarin und beäugte das Paket mißtrauisch. »Ob des mei Säu fresse, woiß i net.« Ich erklärte ihr, daß wir es eine Woche lang gegessen hätten und immer noch lebten und daß es sehr gesund wäre. Nein, sie wollte die Schenkung nicht annehmen, ihre Säu wären ihr zu kostbar. Wir haben das Paket dann als Sonderpreis für einen Bazar genommen. Soviel ich weiß, verwendeten es die Gewinner mit gutem Erfolg als Düngemittel.

Am Tag nach der Kur begab ich mich freudig in die Küche. Ich brutzelte und schmorte, ich bereitete den ersten Braten meines Lebens. Der Metzger war hocherfreut, als ich zum ersten Mal »ehrliches« Fleisch bei ihm einkaufte und kein Gulasch.

»I han's scho am Sondich in der Predigt denkt, daß 's Herr Pfarrers amol en rechte Brode esse müßtet.«

Hundert Flaschen Birnenmost und Kleinkrieg mit Hühnern

Wir kamen im Juni nach Weiden, und der Garten lag um das Haus wie eine grüne Wildnis. Aus dem wuchernden Dickicht ragten Obstbäume, am Zaun entlang standen Flieder und Spiräen. Über allem aber erhob sich ein riesiger Birnbaum. Im Frühjahr stand er wie eine gewaltige weiße Fahne über dem Haus. Es schneite Blütenblätter in alle Zimmer, und wir waren überwältigt von solcher Pracht. In dem Garten meiner Kindheit, im Bromberger Pfarrgarten, hatte es auch Birnbäume gegeben. Sie spendeten uns im Herbst goldgelbe Birnen. Die halbe Gemeinde kam mit Körben. Es langte für alle und noch für viele Gläser Birnenkompott. Genau wie meine Mutter würde ich nun auch an der Gartentüre stehen und huldvoll Birnen austeilen. »Nehmen Sie nur, soviel Sie wollen! Es kostet nichts! Ja, es ist ein rechter Segen!«

Der Herbst kam, und mit ihm prasselten die Birnen vom Baum. Wir luden alle Leute ein, sich mit unseren Birnen zu bedienen. Aber vom Dorf war niemand interessiert.

»Des send bloß Mooschtbiere«, sagte die Mesnerin. Ein paar davon könne sie gebrauchen für ihren Most, aber ja nicht zuviel, sonst würde der Most zu sauer. Ich biß in eine unserer Birnen und spuckte sofort wieder aus. Es zog mir den Mund zusammen. Sie waren nicht nur sauer, sie waren auch hart und bitter. Aufsammeln mußten wir sie aber trotzdem, denn kaum lagen sie unten, dann kamen die Wespen und ließen sich in Scharen darauf nieder, ihnen schmeckten sie. Wir sammelten morgens, wir sammelten abends. Wir erstickten in Mostbirnen.

»Machet doch Mooscht!« schlug der Nachbar vor. Er pries die lebensspendende Kraft des Mostes. Jeder rechte Pfarrer hier im Ort hätte sein Fäßchen Most im Keller gehabt. Nur einige wenige hätten die edle Gottesgabe verschmäht, aber die seien auch danach gewesen, halblebige Geschöpfe in schwarzen Anzügen, saft- und kraftlos! Der Pfarrmost wäre ein wenig sauer durch die vielen Birnen, das gäbe er zu, aber mit einer guten Mahlzeit im Magen, könnte man ihn ohne weiteres vertragen. Er hätte auch schon von diesem Most getrunken, früher in guten alten Zeiten, wo die Pfarrer noch Männer gewesen seien, und er lebe immer noch.

Manfred und ich sahen uns betreten an und schwiegen. Was

würde der Nachbar wohl denken, wenn er hörte, daß wir auch zu der saft- und kraftlosen Sippschaft gehörten, die Most nicht mochten? Bei jedem Besuch wurde uns Most vorgesetzt und Kuchen. Die Zusammenstellung von süß und sauer verursachte bei uns nur Unbehagen und Sodbrennen. Wenn uns Most geschenkt wurde, verarbeitete ich ihn zu Weinsoßen. Trotz reichlichen Zuckerzusatzes waren diese Soßen aber immer noch so sauer, daß uns beim Verzehr das Wasser in die Augen schoß.

Auch kannten wir uns in der alkoholischen Gärung nicht aus. Sollten wir uns in diesen unsicheren Zeiten ein privates Pulverfaß in den Keller legen, das jeden Augenblick explodieren konnte. Sollten wir das tun, nur um den Leuten zu gefallen? Nein, da sei Gott vor! Gut, wir würden Most machen, damit die Birnen nicht umkamen, aber es würde kein gegorener, sondern ein süßer Most sein. Einer, den man in Flaschen füllt, sterilisiert und dann säuberlich in Regale ordnet. Übrigens brauchte kein Mensch zu wissen, wes Geistes Kind unser Most war.

Als genug Säcke voller Birnen bereitstanden, borgte sich Manfred einen Leiterwagen und karrte die ganze Pracht zur Obstpresse. Ich sollte in der Zeit ein Feuer unter dem großen Waschkessel anzünden, möglichst viele Flaschen waschen und ein gutes Vesper für den geplagten Hausherrn bereithalten.

Frohgemut machte ich mich an die Arbeit. Ich ging in die Waschküche und steckte zerknülltes Papier und Kienspäne in die Feuerung des alten Waschkessels. Dann hielt ich ein Streichholz daran, und schon brannte das Feuer. Gleichzeitig aber begann es zu rauchen. Ganze Wolken quollen aus jeder Ritze des Ofens und füllten die Waschküche mit beißendem Qualm. Hochrot und tränenden Auges lief ich zur Mostpresse, um Rat zu holen. Manfred stand, umschwirrt von Wespen, vor der Presse und wartete, bis die Reihe an unsere Birnen kam.

»Du siehst aus wie ein Schornsteinfeger«, sagte er und verteilte mit seinem Taschentuch den Ruß gleichmäßig über mein ganzes Gesicht.

»Was soll ich denn bloß machen?« fragte ich.

»Nichts«, sagte er, »bleib hier bei den Birnen, ich bringe das schon in Ordnung.«

Einige Männer, die auch mit ihren Obstkarren herumstanden, erboten sich, mitzugehen und zu helfen. Ich müsse nur auf ihr Obst achtgeben. Sie langweilten sich offensichtlich sehr und waren dankbar für die Abwechslung. So stand ich denn in einer

Wagenburg von Obstkarren und hatte genügend Zeit, mir auszumalen, was die Männer jetzt alles in unserer Waschküche anstellen würden. Um den quälenden Gedanken zu entrinnen, richtete ich freundliche Worte an die Frau hinter mir. Ich tat das im Dialekt, um leutselig zu erscheinen, sie aber antwortete in einem gespreizten Hochdeutsch. Dadurch wurde unser Gespräch etwas mühsam. Sie hatte Schwierigkeiten mit dem Hochdeutsch, ich mit dem Dialekt. Trotzdem verstand ich, daß sie in ihren Säcken nur Äpfel hatte. Wir redeten hin und her. Ich pries die Vorzüge unserer Birnen, sie lobte die Süße ihrer Äpfel, und schon tauschten wir einen Sack Birnen gegen einen Sack Äpfel aus. Ich schämte mich fast, daß ich dieser gutgläubigen Frau unsere sauren Birnen aufgeschwatzt hatte, hoffentlich würde ihr Most keinen Schaden nehmen. Leider zeigte es sich nachher beim Pressen, daß diese Äpfel schon ziemlich verfault waren, so daß unser Most einen leichten Fäulnisgeschmack davontrug.

Nach langer Zeit, ich stand schon fast am Kopf der Schlange und hatte unendlich Mühe, all die vielen Karren immer ein Stück weiter zu schieben, also nach langer Zeit kam eine Gruppe von Negern den Berg heraufgetrottet. Die schwarzen Männer strahlten, daß die weißen Zähne nur so blitzten, und unterhielten sich angeregt. Sie hatten den Ofen gereinigt, die Rohre aus der Wand gerissen und entrußt. Sie erzählten allen Umstehenden, wie grausam verstopft, verrußt und verdreckt der Ofen in Pfarrers Waschküche gewesen sei. Sie wollten gar nicht verraten, was sie da alles drin gefunden hätten. Einer der Schwarzen legte vertraulich den Arm um mich, woraus ich schloß, daß es Manfred sei, und flüsterte mir zu, daß der Ofen brenne. Ich eilte nach Hause. Was mußte ich da erblicken? Der Boden der Waschküche war schwarz von Ruß und Asche. Auf mehreren Haufen lag halbverbranntes Papier. Wie es schien, hatte der Vorgänger versucht, hier im Ofen seine gesamte Korrespondenz samt den Kirchenbüchern zu verbrennen. Ich arbeitete hart, um die Waschküche wieder zu säubern. Der Zorn auf die Ofenreiniger und Waschküchenverschmutzer verlieh mir ungeahnte Kräfte. Das Feuer brannte, der Waschkessel knackte. Ich hob den Deckel, um nachzuschauen, ob das Wasser bald koche. Der Kessel war leer und glühend heiß. Schnell leerte ich einen Eimer Wasser hinein. Es zischte, brodelte, krachte und dampfte.

Ich riß das Fenster auf und füllte den Kessel vollends mit

Wasser. Hoffentlich blieb Manfred noch eine Weile fort! Er kam früher als erwünscht, wunderte sich, daß das Wasser noch nicht kochte, und fragte, was ich denn bloss die liebe lange Zeit getan hätte. Kein kochendes Wasser, keine sauberen Flaschen und auch kein Vesper, er war enttäuscht. Vielleicht hätte ich ohne seine Vorwürfe meine Wut zurückhalten können. Nun aber entlud sie sich fürchterlich über seinem ahnungslosen Haupt. Ja, was hatte er sich denn vorgestellt? Erst die ganze Waschküche verdrecken, dann Feuer anmachen und kein Wasser in den Kessel füllen! Explodieren hätte ich können mitsamt der Waschküche!

Bis das Wasser kochte, waren wir vollauf damit beschäftigt, uns die Meinung zu sagen. Erst als der Dampf den Deckel hob, sanken wir uns versöhnt in die Arme. Glücklich vereint luden wir das grosse Mostfaß vom Leiterwagen und schleppten es an den Ort unseres Wirkens. Ich wusch Flaschen. Manfred steckte einen Schlauch in die Öffnung des Fasses und saugte daran. Als Saft kam, nahm er den Schlauch aus seinem Mund, schrie nach einer Flasche, spritzte mir Saft ins Gesicht und hielt das mostsprudelnde Schlauchende in einen Flaschenhals. Wir wateten im Most. Wir klebten von den Füßen bis zu den Haaren. Als es Manfred schlecht wurde, mußte ich saugen. Hundert Flaschen hatten wir schon in dem großen Kessel eingekocht, und immer noch sprudelte Most aus dem Faß.

Da klingelte es. Die Pfarrfamilie vom Nachbarort kam auf Besuch. Zwei Erwachsene und zwei Kinder. Ich klebte meine Mosthand an die ihre und sagte, daß ich mich freue. Auch Manfred erschien mit bleichem Gesicht und nassem Overall. Wir nötigten die Gäste, einzutreten, und boten als Willkommenstrunk frischen Süßmost an. Sie tranken und waren begeistert. Die Kinder schütteten den Most auf unsere guten Polstermöbel, und die Eltern sagten, daß wir doch einen rechten Segen an unserem Birnbaum hätten. Da gaben wir ihnen zwei große Kannen als Abschiedsgeschenk mit. Sie bedankten sich sehr und hatten bei der Heimfahrt viel Ärger. Die Kannen schwappten über, das Auto klebte, und die ganze Familie mußte hinterher baden, obwohl nicht Samstag war.

Nach der kurzen Erholungspause schleppten wir uns wieder in die Waschküche, um weiter zu mosten. Aber siehe da, das Faß war leer. Wir hatten vergessen, den Schlauch aus dem Spundloch zu ziehen. Der Most war ins Abflußloch geflossen, wir weinten ihm keine Träne nach.

Im Sommer, noch bevor uns der Birnbaum mit seinem Segen beglückte, kauften wir im Städtchen Gartengeräte: Hacke, Spaten, Rechen und eine funkelnde Sense. Als wir mit diesen sperrigen Errungenschaften durch das Dorf fuhren, sahen uns unsere Gemeindeglieder wohlgefällig nach. »'s Pfarrers wollet schaffe!«

Früh im Morgengrauen stand Manfred auf und mähte im Obstgarten die Wiese. Die Gräser standen so hoch, daß seine Sense sausend in einen Stachelbeerbusch fuhr. Er schimpfte, weil die Sense verbogen war, die Zuschauer am Gartenzaun aber lachten und klatschten in die Hände.

»Gell, Herr Pfarrer, jetzt sött mer fluche könne?« meinte der Nachbar. Manfred knirschte mit den Zähnen und mähte verbissen weiter. Als das Werk vollendet war, hielt er mir schweigend seine Hände hin. Sie waren voller Blasen.

»Ach, du Armer! Tut's weh?« fragte ich.

»Die Hände sind nicht so schlimm«, sagte er grimmig, »aber daß die Leute mich ausgelacht haben, das ärgert mich!« Dann zeigte er mir die Reichtümer, die in der Wiese versteckt gelegen hatten. Da gab es einen verrotteten Sandkasten, »ich baue einen neuen für unsere Kinder«, sagte Manfred. Da waren Maulwurfshaufen und Mauselöcher in stattlicher Anzahl, aber auch einige Beerenbüsche. Viele Früchte hingen nicht daran, aber wir würden sie schneiden und düngen und im nächsten Jahr durch eine gute Ernte belohnt werden, so hofften wir.

Unter dem Birnbaum, in einem Haselnußgebüsch, stand eine kleine verfallene Holzlaube. Die Kinder des Vorgängers hatten sie offensichtlich als Räuberhöhle benützt. Altes Gerümpel lag herum, halbvermoderte Säcke und Kleidungsstücke. In der Mitte stand ein steinerner Tisch. Mir gefiel diese Laube, Manfred fand sie scheußlich. Ich malte ihm aus, wie romantisch es sein würde, hier Kaffee zu trinken.

»Hier trinke ich nie Kaffee«, sagte er. »Ja, riechst du denn nichts?«

Hinter dem Zaun begann Nachbars Hühnerauslauf, es stank. Die Hühner hätten mir nichts ausgemacht, aber über den Tisch kroch eine dicke behaarte Raupe. Ich schüttelte mich vor Entsetzen.

»Pickdewick, eine Raupe!« – Der Raupenbaum. – Großmamas Raupe. – »Manfred, mir wird schlecht«, sagte ich und ließ mich ins Gras fallen – »bitte tu die Raupe weg!« – Ich sah den Bromberger Garten vor mir:

Michael und Beate hatten sich in der großen Trauerweide einen Sitz eingerichtet. Da saßen sie oben, baumelten mit den Beinen und lachten mich aus.

»Komm rauf, Pickdewick!« riefen sie. Ich stand unten auf den Zehenspitzen und versuchte, mit den Händen den untersten Ast zu erreichen. Es ging nicht, ich war zu klein und zu ungeschickt. Es war immer dasselbe, sie saßen oben, ich stand unten. Ich weinte vor Wut. Dann holte ich einen Hocker und stieg hinauf. Jetzt konnte ich den ersten Ast erreichen. Das andere war ein Kinderspiel, gleich würde ich bei ihnen sein.

»Pickdewick, eine Raupe!« schrie Michael. Der Hocker fiel um. Ich hing am Ast und fühlte, wie die Raupe über meinen Arm kroch. Starr vor Entsetzen ließ ich los und lag unten. »Wie ein Mehlsack«, sagte Beate. Der Arm war gebrochen. Ich mußte zu dem Doktor, dem gräßlichen Doktor, der immer lachte und mir Kalkspritzen gab, weil ich Fingernägel kaute. Ich versuchte nie wieder den Hochsitz zu erklimmen.

»Komm, Pickdewick, wir steigen auf den Raupenbaum!« und »Pickdewick, paß auf, eine Raupe!«, so riefen die beiden und lachten sich halb tot, wenn ich, wo ich ging und stand, zu Boden fiel.

»Mach keine Geschichten!« sagte Manfred. »Wem wird denn schon schlecht von einer harmlosen kleinen Raupe!«

»Mir«, sagte ich und stand wieder auf. »Weißt du, ich hab' da mal was erlebt...«

In der anderen Ecke des Weidener Pfarrgartens gab es ein Fliedergebüsch. Es umrahmte ein hübsches kleines Fleckchen, in das niemand hineinsehen konnte und das, wenn der Flieder blühte, von den angenehmsten Düften erfüllt war. Hierhin schleppten wir zwei ausgediente Kirchenbänke und einen Gartentisch. Es sah recht wohnlich aus, wenn auch nicht so romantisch wie die kleine Laube. Kaffee tranken wir im Fliedergebüsch jedoch nur einmal. Wir kamen uns auf den langen Kirchenbänken ganz verloren vor. Für diesen harten Genuß lohnte es sich wirklich nicht, das ganze Kaffeegeschirr in den Garten zu tragen.

Aber als wir an der Reihe waren, die Pfarrer der Umgebung zu uns zum Kaffee einzuladen, scheuerte ich Tisch und Bänke, breitete meine schönste Tafeldecke – von Mutti bestickt – über den Tisch und rannte viele Male vom Haus in den Garten, treppauf und treppab. Ich deckte so festlich, daß ich mich von dem Anblick der Tafel fast nicht losreißen konnte. Doch blieb mir keine Zeit zu ruhiger Betrachtung. Ich mußte Kaffee kochen und Brezeln mit Butter bestreichen. Den Kuchen brachten die Gäste selber mit, das war so Sitte. Jetzt, als Gastgeberin war ich froh darüber, nicht so als Gast. Dann fühlte ich mich genötigt, einen ganz besonders köstlichen Kuchen zu backen, und gerade das gelang mir meistens nicht. Da mußte ich denn mit wehem Herzen zuschauen, wie mein »Prachtstück« unberührt auf dem Tisch stand, während die Kuchen der anderen blitzschnell von den Platten verschwanden. Selbst mein eigener Mann bediente sich lieber mit fremden Kuchen. Hinterher rächte ich mich, indem ich den Kuchen bei den ahnungslosen Gastgebern stehenließ. Etwa nach einer Woche, wenn sich ihre Magenverstimmung gelegt hatte, bedankten sie sich grämlich für diese Gabe und brachten mir die Tortenplatte wieder.

Unsere Gäste kamen. Es waren fünf Pfarrherren und die dazugehörigen Gattinnen. Stolz trugen sie ihre Backwerke die Treppe hinauf. Ach so, der Kaffee sollte im Garten stattfinden. Was für eine gute Idee! Wirklich ganz reizend! Sie trugen die Kuchen wieder hinunter, die Brezeln auch und den Kaffee. Es war ein heißer Sommertag, aber die Laube lag im Halbschatten.

»Was für ein schönes Plätzchen!« sagten die Gäste und zwängten sich auf die Kirchenbänke. Es war uns vorher nicht aufgefallen, daß die Bänke keinen guten Stand hatten. Die Erde im Gebüsch war weich, und als sich nun auf der einen Seite fünf Damen und auf der anderen fünf stattliche Herren niederließen, da kippte die Frauenbank nach vorn und die Herrenbank nach hinten.

Die Damen ahnten sofort die Gefahr. Sie drückten sich am Tisch ab und rammten unter Kreischen und Lachen die Bank fest in die Erde. Nicht so die Herren. Sie räkelten sich genüßlich nach hinten, und ehe sie überhaupt merkten, was vorging, schwebten ihre Beine bereits nach oben. Trotz heftigen Strampelns konnten sie keinen Boden mehr gewinnen und sanken unter Protestgeschrei nach hinten ins Fliedergebüsch. Ihr Fall war nicht gefährlich. Er ging langsam und ohne heftigen Stoß vor sich, aber der Fliederstrauch wurde sehr in Mitleidenschaft gezogen. Er streute Blüten und Blätter, Läuse und Ameisen auf unsere festliche Kaffeetafel. Unter dem schadenfrohen Gelächter ihrer Ehefrauen rappelten die Herren sich wieder hoch. Zum Glück waren sie nicht im schwarzen Berufsanzug, sondern trugen weltliche Kleidung, so daß sie sich freier bewegen konnten.

»Man muß diese Bank unterlegen«, riet einer. So machten sie

sich denn daran, den Stand der Bank zu sichern. Auch beschlossen sie, sich nicht mehr anzulehnen.

Während die Herren in dieser Art beschäftigt waren, lasen die Damen das Ungeziefer von Kuchen, Tassen und Tellern. Ich goß Kaffee ein, die Stimmung ließ nichts zu wünschen übrig. Aber nicht lange war uns Ruhe beschert. Die Wespen interessierten sich auch für den Kuchen, und bald umschwirrten sie uns mit bedrohlichem Summen. Der Genuß war gestört, die Unterhaltung stockte oder drehte sich nur noch um Wespen.

»Egon, benimm dich nicht so hysterisch«, mahnte eine Pfarrschwester ihren Mann. »Wenn du nach den Wespen schlägst, werden sie noch wilder.«

»Wie du willst, meine Liebe«, erwiderte der Gatte, »aber ich denke mit Grauen an das Theater, das du beim letzten Wespenstich gemacht hast.«

Unsere Gäste wurden nervös, betrachteten einander und die Wespen mit unfreundlichen Blicken und trauten sich nicht mehr an die Kuchen heran. Nebenan im Nachbarhof machte sich Herr Meyer daran, seinen friedlich vor sich hin duftenden Misthaufen auf den Wagen zu gabeln. Die aufsteigenden Duftwellen stanken uns empfindlich in die Nasen.

»Sollten wir nicht lieber ...«, fing Manfred an. »Ja«, rief alles begeistert. So packte jeder seinen Kuchen und was er sonst noch tragen konnte und eilte damit ins Haus.

Die Herren liefen unermüdlich hin und her, vom Garten ins Haus und zurück, die Damen deckten im Eßzimmer den Tisch. Nach einer guten halben Stunde saßen wir endlich wieder in trauter Runde und tranken erschöpft, aber unbehelligt unseren kalten Kaffee.

»Nein, Wilhelm, wenn ich denke, wie du die Beine in die Luft gestreckt hast«, sagte Frau Pfarrer Specht und kicherte, »also, das war irrsinnig komisch!«

Wilhelm stocherte in seinem Kuchen. »Die Damenbank werdet ihr wohl nie mehr aus dem Boden kriegen«, sagte er dann zu Manfred, »das gewaltige Gewicht hat sie ja mindestens einen halben Meter tief in den Boden gerammt.«

»Das war keine gute Idee mit der Gartenparty«, sagte Manfred, als wir später das Geschirr wuschen, »wer hatte sie eigentlich?«

Der Obstgarten lag rechts vom Haus, der Gemüse- und Blumengarten links. Dieser linke Teil verschlang unsere Zeit und unser Geld. Er hatte eine große Rabatte, auf der im Frühjahr

Schneeglöckchen und Unkraut, im Sommer Ringelblumen und Unkraut und im Herbst Goldraute und Unkraut wuchsen. Der Gemüseteil lag brach, das heißt, er brachte kein richtiges Gemüse hervor, dafür aber wilde Möhren, wilden Rettich und allerlei nicht eßbare Kräuter in üppiger Fülle.

»Ich mähe alles ab«, sagte Manfred. Er arbeitete, daß ihm der Schweiß in die Augen lief. Ich stand daneben, gab gute Ratschläge und paßte auf, daß er nichts Wertvolles vernichtete. Wir fanden aber nur einen Maggistrauch, Zitronenmelisse und samtigen Borretsch, andere Reichtümer gab es nicht. Die Gemeinde verfolgte unsere Bemühungen mit Wohlwollen und Spott.

»So, send er fleißig?« sagten die Leute, wenn sie uns im Garten schaffen sahen. Sie rieten Manfred, den schweren Boden mit Torf aufzulockern und mit Mist zu bereichern. Eine ganze Fuhre voll lieferte der Nachbar. Manfred grub sie unter, umschwirrt von Fliegen und eingehüllt in Wohlgerüche. Man schenkte uns Blumenableger, Salatpflanzen und Gurkenkerne. Aber der Garten widersetzte sich unseren Bemühungen. Soviel wir auch hackten und pflanzten, er wollte sich nicht in das von uns ersehnte Paradies verwandeln lassen. Den Salat fraßen die Schnecken, den Kohl die Raupen, und die Rosen waren schwarz von Läusen. Ein Vorgänger hatte im Garten Schnecken gezüchtet und sie für viel Geld an Feinschmeckerlokale verkauft. Nun mußten wir uns mit der rachsüchtigen Nachkommenschaft herumärgern. Sie zog ihre schleimigen Spuren kreuz und quer über alle Beete, und auch nach vielem Waschen fand sich oft bei Tisch noch eine Schnecke im Salat. Wir streuten Schneckenkorn aus, eine Maßnahme, die wir bald wieder ließen, weil statt lebendiger Schnecken nun halbtote im Garten herumkrochen. Erbsen und Bohnen aber fielen in großen Mengen an. Wir konnten nicht alle essen, die edle Gottesgabe verkam auf den Beeten. Also kauften wir für teures Geld Weckapparat und Weckgläser und betrieben Vorratswirtschaft. Nach Schwiegermutters Rezept legte ich in einem großen Topf saure Bohnen ein. Während der Gärung stanken sie fürchterlich, aber in unserem Haus fiel das nicht weiter auf. Der hauseigene Gestank bekam nur eine andere Note. Wenn man diese Bohnen lang genug wässerte und kochte, konnte man sie hinterher auch essen. Besonders als Salat schmeckten sie interessant. »Wie Heu mit Essig«, sagte Christoph, als er auf Besuch kam, »wirklich ganz toll! Nur schade, daß ich es nicht mag.« Zum Erbsenauspellen stellte ich meinen Mädchenkreis an. Ich las vor, und die

Mädchen pellten, es war sehr gemütlich. Zu dem Bohnentopf gesellte sich noch einer mit Sauerkraut und einer mit polnischen Gurken. Voll stolzer Freude ertrugen wir die neue Duftkomposition.

Besonders aufreibend aber war der Kleinkrieg mit den Hühnern der anliegenden Bauernhöfe. Die Hühner betrachteten den Pfarrgarten als ihr angestammtes Territorium. Sie krochen ohne Scheu durch den kaputten Zaun, kratzten und scharrten in unseren sauberen Beeten und fraßen leider nicht die Schnecken, sondern den Salat. Wenn wir mit erhobener Hacke hinter ihnen herrannten, flohen sie mit empörtem Gegacker, liefen hysterisch glucksend eine Weile um den Zaun herum und erschienen nach kurzer Zeit wieder. Von den Nachbarn wurde uns keine Hilfe zuteil. Sie ergriffen sofort Partei für ihr Geflügel, schauten scheel, wenn wir die Eindringlinge jagten, und wurden zornig, wenn wir mit Steinen nach ihnen warfen.

»Paßet no uff, daß er net amol ois verwischt!« drohte der Nachbar zur Rechten.

»Wenn er se jaget, leget se koine Oier«, sagte der Nachbar zur Linken und schenkte mir kein einziges Ei, als ich seine kranke Frau besuchte.

»Ihr müsset euren Zaun flicke«, meinte Frau Walter. Also machte sich Manfred daran, den Zaun in Ordnung zu bringen. Es war eine harte Arbeit, die sich über eine Woche hinzog und viel Schweiß und Draht kostete.

»Jetzt sind wir sie für ewig los!« sagte Manfred. »Zwischen den Latten kommen sie nicht mehr durch, und unten habe ich alles mit Draht abgesichert.«

Von da an flogen die Hühner über den Zaun.

Rattenbekämpfung und eine neurotische Tür

Hätte uns Gott vor diesem Haus bewahrt, wir wären freudiger in seinem Weinberg tätig gewesen. Dabei will ich nicht behaupten, daß uns das Haus nur Mühe und Ärger bereitet hätte. Es bot auch zwei wesentliche Vorteile: Sogar an sommerlich heißen Tagen blieb es in dem alten Gemäuer angenehm kühl, so daß wir unsere Winterkleidung das ganze Jahr hindurch benutzen konnten; und die Müllgrube lag im Hof sehr geschickt unterhalb der Küche. Ich warf die Abfälle einfach aus dem Fenster, und schon waren sie versorgt.

Nach einer ersten Betrachtung des Kellers mit seinen weiten Gewölben dachten wir, auch er werde uns Vorteile bieten. Ich hatte nämlich ein Buch über Champignonzucht im Keller gelesen, und unser Keller schien hervorragend für einen solchen Zweck geeignet. Also beschlossen wir, unsere unterirdischen Räumlichkeiten wirtschaftlich zu nutzen. Das Wichtigste sei ein feuchter Keller und Pferdemist, so stand es in meiner Anleitung. Der Keller war da, an Pferdemist dürfte es in einem Dorf nicht fehlen. Da ich aber zu Recht befürchtete, nur Hohn und Spott zu ernten, wenn ich im Dorf von unseren Plänen berichtete, wollte ich nicht einfach eine Fuhre Pferdemist in den Keller schaufeln lassen. In mühsamer Kleinarbeit fegte ich auf, was Pferde vor unserem Haus fallen ließen, und trug es in den Keller, wo ich es in einer Ecke anhäufte. So hoffte ich, langsam, aber stetig den Nährboden für unsere Kultur zusammenzutragen. Ich ging sogar so weit, daß ich beim Herannahen eines Pferdefuhrwerkes auf die Straße trat und dem Bauern freundliche Worte zurief, bis er anhielt. Dann verwickelte ich ihn listig in ein längeres Gespräch. Meistens waren die Pferde dankbar für die unverhoffte Ruhepause und zollten mir den gewünschten Tribut.

Bald stank es in unserem Keller unangenehm nach Pferdemist, auf dem Boden wurde es lebendig. Da krabbelten schillernde Käfer und Fliegen, Manfred betrachtete sie mit Widerwillen. Ihm gefiel das Projekt schon lange nicht mehr. Ich dachte an die blühende Schneckenzucht des Vorgängers, an klingende Münze und Körbe voller Pilze. Nein, ich wollte nicht aufgeben!

Dann, eines Tages, als ich gerade eine Schaufel mit Pferdemist bergen wollte, traf ich auf die Ratte. Sie kam aus dem Keller, ich strebte hinein. Wir quietschten beide und rannten in entgegengesetzten Richtungen davon. Sie in den Keller, ich die Treppe hoch in Manfreds Zimmer. Heulend suchte ich auf seinem Schoß Zuflucht. Mein schöner Plan! Meine blühende Pilzzucht! Alles dahin! Wie sollte ich in Ruhe Champignons ernten, wenn mich jederzeit eine Ratte anfallen und beißen konnte? Was überhaupt wollte ich ernten? Ratten fraßen doch alles, sicher würden sie meine köstlichen Pilze mit Hut und Stiel vertilgen!

»Laß fahren dahin!« sagte Manfred. »Wir hätten sowieso nur wenig Gewinn gehabt.«

Ratten gäbe es im Pfarrhaus, solange sie denken könne, belehrte uns die Mesnerin, es wären friedliche Tierchen, wenn man sie in Ruhe ließe. Alle unsere Vorgänger hätten sich nach anfänglichen Schwierigkeiten an sie gewöhnt, warum in aller Welt machten wir ein solches Geschrei?

»Weil ich Ratten nicht leiden mag!« schrie ich. »Schon gar nicht die Ratten der Vorgänger! Sie müssen weg! Sie fressen Pilze und Kinder!«

»O je, ihr hent jo no koine«, sagte die Mesnerin, »aber wenn er se obedingt los sei wellet, no müeßter halt zerscht amol butze.«

»Jawohl, der Mist muß raus! Das ist meine Rede schon seit Tagen«, erklärte Manfred, »nun siehst du endlich, wohin das führt! Sonst ist der Keller sauber, da gibt's nichts zu putzen.«

»Daß er euch do net deischet«, sagte die Mesnerin und verschwand.

Ich fand Manfreds Ausführungen gemein, jedenfalls was den mühsam zusammengekratzten Mist betraf, und ich sagte ihm das auch. Daß es im Keller nichts zu putzen gab, wußte ich. Er war absolut sauber. Der Boden bestand aus Lehm oder festem Erdreich, naß aufwischen konnte man also nicht. Weckgläser abzustauben hielt ich nicht für sinnvoll im Kampf gegen die Ratten. Die einzige Arbeit, die verblieb, war ein gründliches Fegen des Bodens.

Angetan mit Gummistiefeln, Gummihandschuhen und alten Hosen gingen wir daran, den Mist in den Garten zu schaffen. Das Rosenbeet nahm ihn dankbar auf. Manfred schimpfte über die Sauerei, ich über seine schlechte Laune und die Ratten. Ich hatte mir eine Trillerpfeife umgebunden. Sobald ich allein im Keller war, stieß ich schrille Pfeiftöne aus, um den Ratten kundzutun, daß hier jemand im Keller sei und daß sie sich in acht nehmen sollten. Der Mist war bald entfernt, aber die Ecke, in der er gelegen hatte, stank unvermindert weiter.

»Riech nur, was du angerichtet hast«, sagte Manfred grimmig, »wie kann ein denkender Mensch einen Misthaufen im Keller anlegen? Der ganze Boden ist durchgeweicht und vollgesogen mit Gülle. Der stinkt in alle Ewigkeit! Das kannst du mir glauben!«

»Schrei nicht so!« erwiderte ich in gleicher Lautstärke. »In einer halben Stunde riechst du nichts mehr, das kann ich dir schriftlich geben!«

Auf dem obersten Sims in der Küche stand die Flasche mit Sagrotan. Wenn es im Klo zu unerträglich stank, goß ich Sagrotan in die Schüssel. Dann stank es zwar immer noch, aber nicht mehr nach Klo, sondern nach Krankenhaus. Ein Geruch, der mir anständiger dünkte. Also schüttete ich einen Eimer mit heißem Wasser und viel Sagrotan auf die bewußte Stelle. Das Wasser verschwand im Boden, der Gestank wurde unerträglich. Jetzt schleppte auch Manfred, ärgerlich schimpfend, einen Eimer mit Wasser heran, um das Sagrotan wieder abzuspülen.

»Do werdet er ebbes erlebe«, sagte der Nachbar. Er stand oben auf der Kellertreppe, schwarz vor dem hellen Tageslicht, und rief uns dunkle Prophezeiungen hinunter. »Der isch noch nia naß butzt worde, seit des Haus stoht!«

Wir würdigten ihn keiner Antwort, sondern schütteten weiter Wasser in die Ecke. Der Lehm wurde zum stinkenden Morast. Wir kratzten ihn mit einer Schaufel in den Eimer. Dann stieß die Schaufel auf etwas Hartes.

»Vielleicht ist es ein Schatz«, rief ich hoffnungsfroh – sollte uns dieser Keller doch noch klingende Münze bescheren?

»Schatz! Daß ich nicht lache!« Manfred knirschte mit den Zähnen, eine unangenehme Eigenschaft, die ich ihm noch nicht hatte abgewöhnen können. »Es ist der Steinfußboden, mein Kind!«

Die Entdeckung war überwältigend, mir standen die Haare zu Berge. Zehn Zentimeter festgebackener Dreck von hundert Jahren in unserem sauberen Keller! Hatten sich die Vorgänger denn nie die Füße abgewischt, wenn sie in den Keller stiegen? Waren die Kartoffeln mitsamt dem halben Acker in den Keller geschaufelt worden?

»Ohne meinen Mist hätten wir weiter auf all diesem Dreck gehaust!« rief ich triumphierend, aber dieser Triumph konnte mein Herz nicht erfreuen.

»I han's jo g'sagt!« rief der Nachbar schadenfroh. Neben ihm erschien die Mesnerin auf der Treppe. Sie trug Gummistiefel, einen uralten Kleiderschurz, zwei Eimer und eine Hacke.

»Wenner wollet, no helf i«, sagte sie und stieg beherzt in unser Modderloch.

»Was sollen wir tun?« stöhnte Manfred. »Wo fangen wir an? Sollten wir es nicht einfach bleiben lassen? Wer schaut schon in den Keller?«

»Noi«, sagte die Mesnerin, »jetzt wird gschafft!«

Wir ordneten uns ihrer Autorität unter. Unsere Willenskräfte waren gebrochen, eine Herkulesarbeit wartete auf uns, und wir hatten nicht damit gerechnet.

»Wasser!« befahl unsere Vorarbeiterin, und schon schleppten wir Eimer um Eimer die Treppe hinunter. Wir setzten den Keller unter Wasser. Es entstand allerdings keine Überschwemmung, vielmehr ein Sumpf. Die Stiefel klebten am Boden, nur ungern und mit schmatzenden Geräuschen gab der Morast sie frei. Wir schaufelten den Dreck in Eimer, trugen sie hoch und leerten sie oben auf den Abfallhaufen. »Dend's in de Garde«, riet die Mesnerin, »des isch so guat wie Mischt!«

Wir gehorchten ihr nicht. Mit Vorgängers Schnecken hatten wir uns abgefunden, seine Ratten bekämpften wir, sein Dreck aber sollte unsere Finger fürderhin nie wieder beschmutzen. Immer größer wurde die Fläche des sauberen, mattglänzenden Fußbodens. Es stank zwar immer noch im Keller, aber wir hofften zuversichtlich, daß sich dieser Geruch bald verflüchtigen werde, denn Stein stinkt nicht! Als wir die eine Seite des Kellerbodens freigelegt und gesäubert hatten, stießen wir auf eine Rinne, die an der Mauer entlanglief bis zu einem Loch in der äußeren Kellerwand. Diese Rinne war gefüllt mit stinkendem Schlamm, sie war die eigentliche Duftquelle, nicht meine Mistecke. Wahrscheinlich führte das Loch in der Wand zu einem Abflußgraben. Dies war auch der Privateingang der Ratten. Wir putzen die Rinne. Es wurde uns abwechselnd schlecht dabei, so daß wir Schicht arbeiten mußten. Einer war immer draußen, um sich an der frischen Luft zu erholen, die beiden anderen arbeiteten Rücken an Rücken, um einen Angriff der Ratten zurückschlagen zu können. Das Loch müßten wir mit einem Eisengitter versperren, meinte die kluge Mesnerin, dann hätten wir vielleicht Ruhe vor den Ratten. Sie hatte recht. Mochten die bösen Nagetiere auch noch so verzweifelt an den Gitterstäben rütteln, sie kamen nicht mehr in unseren Keller hinein. Ihr jahrhundertealtes Vorrecht war gebrochen. Das Haus gehörte uns ganz allein, vom Speicher bis zum Keller. Auch die Treppe kratzten wir ab, Stufe um Stufe. Ich hatte es bisher immer für eine der unangenehmen Überraschungen dieses Hauses gehalten, daß man bei feuchter Witterung die Kellertreppe nicht begehen, sondern nur berutschen konnte. Darum hatten wir ein starkes Seil an der Kellerwand entlang gezogen. Daran hielten wir uns, wenn wir die Treppe hinunterglitten. Nun aber war unsere Treppe aus grauem Stein trocken und rutschfest. Wir arbeiteten von morgens bis abends mit einer kurzen Mittagspause, in der wir über der Abfallgrube hingen und uns übergaben, doch unser Keller strahlte in jungfräulicher Sauberkeit.

»Jetzt könnet er vom Bode esse«, sagte die Mesnerin, als sie ging, und sie fügte nicht ohne Anerkennung hinzu: »Heut hent er gschafft!«

Unsere Säuberungsaktion war Tagesgespräch im Dorf. Der Nachbar brachte einen Sack Kartoffeln. »Für euern Keller«, sagte er und trug die milde Gabe gleich selbst hinunter, um unser Werk in Augenschein zu nehmen. Er war kein Freund von vielen Worten. Sein Lob äußerte er in dem Satz: »Jo, wenn d'Frieda schafft, no gibt's a Stück!« Frieda war die Mesnerin.

Die Ratten hatten wir endgültig vergrault. Ab und zu erschien noch eine Maus, die sich im Haus geirrt hatte und durch die offene Hintertür in unseren Keller gelangt war. Sie blieb nie lange. Die Kellergewölbe waren sauber und öde, die Vorratshaltung begrenzt. Außer Kartoffeln gab es nichts zu holen, Büchsen und Gläser waren fest verschlossen. Auch die genügsamste Maus wurde schließlich vom sanftsäuerlichen Geruch aus den Bohnen- und Gurkentöpfen wieder die Treppe hinaufgetrieben.

»Jetzt hen mir die Sauerei«, knurrte der Nachbar, »jetzt hokket au no eure Mäus bei ons im Keller. Mer kennt se glei, weil se so mager sen und verheulte Auge hen!«

Von der Kellertreppe aus gelangte man mit zwei großen Schritten in den Garten – sofern die Hintertür offenstand. War sie geschlossen, mußte man sich auf längere Mühe und auf schlimme Verletzungen gefaßt machen. Nicht, daß wir je den rostigen Schlüssel gedreht hätten! Er ließ sich nicht drehen. Er stak fest im Schloß und war auch nicht mehr herauszuziehen, so daß wir schließlich annahmen, der selige Schlossermeister von Anno 1850 habe ihn mit dem Schloß zusammen aus einem

Stück Eisen gearbeitet. Vielleicht sollte er ein Zierat sein, vielleicht aber auch nur ein heimtückischer Stachel zum Zerreissen der Schürzen und Kleider von Pfarrfrauen.

Es war auch nicht nötig, diese Hintertür durch einen Schlüssel zu verschliessen, denn sie klemmte zu jeder Jahreszeit. Im Sommer war sie durch die Hitze verzogen. Im Frühling und Herbst durch die Nässe, und im Winter durch die Kälte. Wie und an welcher Stelle auch immer Manfred dieser permanenten Verklemmung zu Leibe rückte, die Tür war in keinen Normalzustand zu bringen. Feilte er oben ein Stückchen weg, dann senkte sie sich in der Nacht heimtückisch nach unten, so dass ich mich und Manfred am nächsten Tag fragen musste, wie denn ein denkender Mensch eine Tür, die so offensichtlich unten klemmte, oben abfeilen konnte? Tat man ihr Gutes und ölte die alten rostigen Scharniere und das Schloss, so stiess sie das Öl boshaft von sich und lohnte alle diesbezügliche Mühe mit grossen Fettflecken auf dem Boden und mit einer öligen Klinke.

Es war eine abartig veranlagte Tür, die weder berührt noch bewegt werden wollte. Am liebsten stand sie weit offen oder blieb fest verschlossen. Suchten wir sie aus diesen Ruhezuständen zu bringen, reagierte sie mit fast menschlicher Hinterlist. Beim ersten Versuch, sie sanft von innen aufzuziehen, rührte sie sich nicht von der Stelle. Erst nach heftigem Ziehen und Zerren öffnete sie sich unmutig knarrend einen Spaltbreit. Stemmten wir nun aber unsere Füsse in den Boden und boten unsere ganze Kraft auf, um sie mit einem Ruck zu bezwingen, dann flog sie mitunter weit auf, schlug uns heftig an die Nase, rammte den Schlüssel zwischen unsere Rippen und warf uns gegen die hintere Wand, so dass wir dort unsanft mit dem Kopf aufschlugen. All dies begleitete sie mit hysterischem Quietschen.

Das Öffnen von aussen war nicht weniger schwierig. Bei einem ersten zarten Herunterdrücken der Klinke und gleichzeitigem Drücken gegen die Tür zeigte sich keine Reaktion. Stemmten wir uns gegen sie und drückten aus Leibeskräften, so wich sie widerwillig um Millimeterbreite nach innen, klemmte dann aber wieder fest. Packte uns endlich der Zorn, so dass wir einen Anlauf nahmen und uns in voller Wucht gegen die Widerspenstige warfen, so flog sie weit auf und bot uns freien Raum, wie abgeschossene Raketen ins Haus zu zischen und uns an den drei Stufen, die aufwärts zur grossen Diele führten, die Nasen blutig zu stossen.

Beim Schliessen der Tür erlitten wir zwar anfangs noch

schwere Verletzungen an den Händen, doch schon nach einigen Wochen durchschauten wir die feindliche Taktik und lernten, uns zu schützen.

So hatten wir bald erkannt, daß die Tür sich niemals von innen ins Schloß drücken oder von außen hineinzerren ließ. Sie klemmte und blieb einen Spaltbreit offenstehen. Sobald aber einer von uns seine Hand oder auch nur einen Finger in die Türöffnung legte, vielleicht, um zu erfühlen, wo es denn klemme, dann schlug sie zu, als hätte eine Sturmbö sie erfaßt.

Sie hatte offensichtlich einen ähnlichen Tick wie die beiden Felsen, denen Odysseus auf seinen Irrfahrten begegnete. Diese Meeresfelsen, sonst friedlich voneinander getrennt, konnten kein lebendes Wesen zwischen sich erdulden. Geriet ein Unglückswurm in diese absonderliche Zweierbeziehung, so schwammen die beiden Kolosse eilends aufeinander zu und zermalmten den Störenfried. Dann trennten sie sich wieder voneinander und schwammen ihrer Wege. Ähnlich, und wie mir scheint besonders abartig, reagierte unsere Tür, deren Sinn und Zweck es ja eigentlich sein sollte, Menschen aus und ein zu lassen. Sie konnte keine tastenden Finger und keine streichelnden Hände an ihrer Türöffnung ertragen. Dann schlug sie zu, um das zu vernichten, was ihr doch eigentlich nur wohl tun wollte. Sie benahm sich wie eine prüde alte Jungfer. Vielleicht war sie aber auch nur kitzlig. Die großen Schmerzen an gequetschten Fingerspitzen und gebrochenen Handknochen lehrten uns mit der Zeit, blitzschnell und präzise zu reagieren. Manchmal entkam ein Finger zwar nur um Haaresbreite, aber wirklich ernste Verletzungen entstanden nur noch, wenn wir nicht recht auf der Höhe waren oder aber die gefährliche Verklemmung der Tür unterschätzten.

Sie war nicht so schön und wohlproportioniert wie die Vordertür. Klein, gedrungen, aus unedlem, wenn auch festem Holz, mochte sie wohl unter Komplexen leiden, soweit das bei Türen möglich ist. Wäre uns ein Türenpsychiater bekannt gewesen, wir hätten sie aus den Angeln gehoben und zu ihm auf die Couch getragen. So aber konnten wir ihr nicht helfen und litten trotz allen Verständnisses sehr unter ihren Launen.

Bald bröckelte der Kalk von den Wänden des kleinen Vorraums. Die ständigen Erschütterungen, das Auf- und Zuknallen der Tür, brachten der Decke große Risse ein. Jeden Abend fegte ich den Kalk vom Boden, und jedes Mal bekam die Tür dabei einen wohlgezielten Fußtritt.

Ein einziges Mal reagierte sie normal. Das war, als wir, zermürbt von den wochenlangen Kämpfen mit geschwollenen Nasen und verbeulten Köpfen, beim Bauamt anriefen und weinend um eine neue Tür flehten. Der Bauamtmann kam. Er wollte selber sehen, was es mit dieser Tür auf sich habe. Nun, er war unser Freund nicht. Einen Schlag auf seinen Hinterkopf, einen scharfen Stoß gegen seine Nase würden wir als Gottesurteil hinnehmen. Trotzdem warnten wir ihn, als er forsch die Treppe hinunterschritt, um die Tür erst einmal von innen zu öffnen. Er legte seine Hand sanft auf die Klinke, drückte und zog. Siehe da, sie öffnete sich leicht und willig, klemmte und quietschte nicht. Sie folgte den Bewegungen des Bauamtmannes, der sie mehrfach öffnete und schloß und uns dabei triumphierend musterte.

»Sie müssen es unbedingt noch von außen probieren!« Er tat's. Die Tür öffnete sich weit und einladend.

Dieser Bauamtmann war nicht besonders attraktiv. Er hatte eine Glatze, war klein und dick und schielte, aber uns erschien er wie ein überirdisches Wesen. Er aber strebte seinem Auto zu und sagte, er hätte noch wichtigere Dinge zu tun. Wir sollten nicht glauben, daß wir mit faulen Tricks zu einer neuen Tür kämen. Wir baten ihn händeringend, noch einen Moment zu bleiben und mit anzusehen, wie die Tür sich bei uns benähme. Gut, sagte er, er wolle fair sein, aber wir sollten uns bitte beeilen.

Manfred kam zuerst an die Reihe. Er nahm die Klinke wie jeden Morgen, er drückte, zog, und das Wunder geschah, die Türe öffnete sich. Kopfschüttelnd setzte er sich auf die Treppe. Ich packte das Biest nach alter Art und riß an der Klinke. Es kam zu keinem Fall und keinem Nasenstüber. Die Tür folgte mir und hielt mich trotzdem mit sanftem Druck zurück, als wolle sie verhindern, daß ich mich an der Wand stöße.

Ich setzte mich neben Manfred auf die Treppe und wackelte wie er ungläubig lächelnd mit dem Kopf. Der Amtmann schaute mitleidig zu uns herunter.

»Das Dorf liegt sehr abgeschieden«, sagte er, »manche Menschen können das schwer ertragen. Ich weiß da einen Arzt, Sie sollten ihn unbedingt konsultieren!«

Er half uns auf die Beine und klopfte mir zart auf die Schulter. »Kopf hoch!« sagte er, »es kann alles noch gut werden.«

Wir brachten ihn zum Auto, empfingen die Adresse des Arztes und sahen mit glasigen Augen zu, wie dieser unansehnliche

Übermensch in seinen Volkswagen stieg, viel zuviel Gas gab und davonfuhr. Dann wandten wir uns zurück zum Haus. Die vordere Tür war zugefallen, wir hatten keinen Schlüssel dabei. Also schleppten wir uns mit bösen Ahnungen zum Hintereingang. Irgendwie mußten wir ja ins Haus. Erst versuchte Manfred es nach Art des Amtmannes, liebevoll und herrisch, dann tat ich's nach Art des Hauses, zornig und ängstlich. Die Türe bewegte sich nicht. Da sahen wir rot. Wir nahmen einen Anlauf und warfen uns gegen sie. Der Anprall war so gewaltig, daß wir erst am Abend wieder das Bewußtsein erlangten. Wir lagen im Garten vor der geschlossenen Tür mit blutenden Nasen, brummenden Köpfen und zitternden Knien. Zum Glück war das Waschküchenfenster offen, so daß wir in unser Haus einsteigen konnten.

Doch überlassen wir die mißratene Hintertür nun ihren krankhaften Launen und wenden wir uns dem Haupteingang zu. Auch von hier kam man nicht direkt in die Diele, sondern erst in einen schmalen Flur. Rechts und links befanden sich Türen.

Die Tür zur Rechten führte in den Gemeinderaum, auch kurz »das Räumle« genannt. Hier herrschte allabendlich reges Leben. Der Kirchenchor sang, der Posaunenchor blies, die Jugend spielte Tischtennis, der Kirchengemeinderat tagte, ich hielt Frauen- und Mädchenkreis, und im Winter wurden noch Bibelstunden und Missionsabende abgehalten.

Hier traf sich die Gemeinde. Und hätten wir nicht immer dabeisein müssen, wir wären von der dauernden Lärmbelästigung schwer geschädigt worden. Das Räumle bot etwa vierzig Personen Platz. Es war mit zusammenklappbaren Tischen und unbequemen Stühlen ausgestattet, außerdem verbrachte ein uraltes Harmonium dort seinen Lebensabend.

Nach jeder Gemeindeveranstaltung roch das Räumle nach Stall und Mief, so daß wir alle Fenster aufsperrten und über Nacht offenließen. Wir hegten im stillen die Hoffnung, jemand werde das Harmonium stehlen. Es blieb uns erhalten, dafür drangen die Dorfkatzen ins Räumle ein und lärmten noch mehr als die Gemeinde, worauf wir sie zornig vertrieben und die Fenster im Räumle schlossen.

Links vom Eingang lag die Tür zur Registratur. In diesem Raum moderten fünf alte Schränke vor sich hin. In stillen Nächten konnte man den Holzwurm ticken und den Staub rieseln hören. Es waren keine richtigen Aktenschränke, sondern besonders häßliche Schenkungen aus Privatbesitz. Dankbare

Gemeindeglieder hatten sie dem Pfarramt vermacht in der berechtigten Hoffnung, auf diese Weise die Kosten für die Sperrmüllabfuhr zu sparen.

Vermutlich hatte die jeweilige Pfarrfrau die Anfuhr des Möbelstückes vom Fenster aus beobachtet, war entsetzt hinuntergestürzt und hatte mit allen möglichen Schrecknissen wie Scheidung, Auszug oder Hungerstreik gedroht, falls dieses Ärgernis weiter als bis zur Registratur ins Haus käme. So landeten alle fünf Schränke in eben diesem Zimmer. Jeder Schrank stammte aus einer anderen Epoche, und doch boten sie durch ihre gemeinsame Häßlichkeit ein einheitliches Bild. Man tat gut daran, diese Kolosse in Ruhe zu lassen.

Das wurde mir klar, nachdem ich mit unendlicher Mühe den ersten Schrank zur Seite gezerrt hatte, um darunter aufzuputzen. Er rutschte von den geschweiften Füßen und brach in die Knie wie eine verwundete Elefantenkuh. Nach langen vergeblichen Versuchen, den gefallenen Schrank wieder aufzurichten, schloß ich die Registratur ab und begab mich in die Küche.

Dort verbrachte ich drei Stunden in rastloser Tätigkeit. Ich stellte Maultaschen her, ein besonders arbeitsreiches, aber von Manfred sehr geliebtes Gericht. Er kam spät aus dem Religionsunterricht.

»Was?« rief er erfreut. »Maultaschen am hellen Werktag! Ist irgendwas los?«

»Nein«, sagte ich, »ich wollte dir bloß eine Freude machen. Du bist doch sicher völlig erledigt nach dem Religionsunterricht.«

»Ja, weiß Gott, ich bin erschöpft, aber nun fühle ich mich wie neu geboren. Was für eine Freude!«

Ich servierte ihm die Maultaschen in der Brühe und geschmälzt mit Salat. Er aß mit gutem Appetit, ich hatte keinen Hunger.

»Was ist?« fragte er. »Warum ißt du nichts?«

»Ich bin auch erschöpft«, sagte ich, »die Registratur war entsetzlich dreckig, ich habe sie geputzt.«

»Und dann machst du mir auch noch Maultaschen, das ist wirklich nett von dir. Weißt du, heute nachmittag habe ich nicht viel vor, wir gehen in die Stadt und trinken Kaffee.«

»Nein, nicht in die Stadt«, sagte ich und rührte in der Brühe, »vielleicht könnten wir in die Registratur gehen.« Er legte den Löffel nieder und sah mich aufmerksam an.

»Was ist passiert?«

»Ein Schrank ist umgefallen, fast von alleine.«

»Hab' ich mir's doch gedacht«, sagte er grimmig und ging auch gleich mit mir hinunter.

Es wurde ein interessanter Nachmittag. Wir räumten die staubigen Kirchenbücher aus den Fächern und entdeckten dabei Eintragungen, die schon über hundert Jahre alt waren. Da gab es Tauf-, Trauungs- und Sterberegister, von den verschiedenen Pfarrern handschriftlich eingetragen. Verschnörkelte Buchstaben, liebevoll hingemalt, folgten auf krakelig steile Schriftzüge, die so ungeduldig auf das Papier gekratzt waren, daß Tintenspritzer das Blatt blau garniert hatten. Wir lasen bei einem Familienvater von zehn Kindern, daß er Räuber gewesen sei und nach einem harten Leben »gehenkt« worden wäre. Manche Jungfrau brachte fünf Kinder in die Ehe ein, eine Frau war viermal Witwe geworden. Viele Eheleute hatten ihr möglichstes getan, das Dorf mit Nachkommenschaft zu bevölkern.

Als es dunkelte und die ersten eifrigen Sänger zum Kirchenchor anrückten, hatten wir den Schrank geleert und wollten ihn nun auf die Füße stellen. Er hatte aber durch das Ausräumen so wenig an Gewicht verloren, daß wir nur mit Hilfe der starken Männer aus dem Chor unser Werk vollenden konnten. Einem der Herren fuhr es dabei ins Kreuz, sein Stöhnen untermalte die ganze Chorprobe.

»Daß du dich unterstehst, noch einmal hier zu putzen!« sagte Manfred. »Es ist nichts als Arbeitsbeschaffung, und wir haben genug zu tun.«

Seit der Zeit öffnete ich die Registratur nur noch, um mit zugehaltener Nase ein Fenster aufzureißen. Der Mief der Jahrhunderte kroch aus den Schränken. Vielleicht lag auch eine vermoderte Maus zwischen den vergilbten Akten oder die Leiche eines Kirchenpflegers, der dem Arbeitsansturm oder dem Gestank erlegen war.

Dem Eingang gegenüber führte eine Tür in die untere Diele. Der Boden war mit düsteren grauen Fliesen belegt. Diese Fliesen hatten eine unangenehme menschliche Eigenschaft, sie schwitzten. Bei hoher Luftfeuchtigkeit war unser Haus gleich doppelt in Mitleidenschaft gezogen: das Klo stank, und der Boden schwitzte. Am Samstag pflegte ich die Diele naß aufzuwischen. Wehe, wenn an den Samstagen hohe Luftfeuchtigkeit herrschte. Dann wurde nämlich die Diele nach dem Aufwischen nicht mehr trocken, es bildeten sich sogar kleine Wasserlachen. Im Winter entstand eine glitzernde Eislauffläche.

Wünschelrutengänger und Holzarbeiter

Im Dorf lebte ein Bauer, der sich nebenbei als Wünschelrutengänger betätigte. Er erntete durch diese Begabung viel Lob und klingende Münze. Dieser begnadete Mensch predigte unermüdlich, man dürfe auf keinen Fall über einer Wasserader schlafen, weil man dann an gar vielen Übeln, von Hämorrhoiden bis zum Kindbettfieber, zu leiden habe. Man müsse entweder sein Bett wegrücken oder, was entschieden hilfreicher sei, bei ihm eine Kiste mit hochwirksamen Abwehrkräften kaufen und sie unter das Bett stellen. Diese Kiste, gefüllt mit Magneten und anderen geheimnisvollen Dingen, würde die Wasserader ihrer bösen Kräfte berauben. Die Kisten kosteten viel Geld, und man munkelte im Dorf, daß nur alte Nägel und Schrauben drin wären, trotzdem wurden sie eifrig gekauft.

Eben dieser übersinnlich begabte Bauer kam einmal zu uns ins Haus, um eine Taufe anzumelden. Schon beim ersten Schritt über die Schwelle befiel ihn die böse Ahnung, daß das Pfarrhaus über einem Wasseraderknotenpunkt liege. Er sah uns düster an und meinte, es sei kein Wunder, daß wir beide so bleich und mager seien. Er wolle schnell seine Rute holen, um zu beweisen, wie schlecht es um uns stünde. Tatsächlich kam er nach kurzer Zeit wieder und brachte seine Rute mit. In der unteren Diele, auf die er sich noch gar nicht konzentriert hatte, schlug die Rute derartig aus, daß es ihm schier den Arm aus den Gelenken riß und er einen lauten Schmerzensschrei ausstieß. Auch die Treppe hinauf blieb sie in nervöser Bewegung. Kaum aber betraten wir das Schlafzimmer, da war sie nicht mehr zu halten. Über meinem Bett schlug sie aus, daß es nur so pfiff. Der Bauer keuchte, ließ sich auf einen Stuhl fallen und sah uns traurig an.

»Jetzt hent er's gseha!« sagte er, mehr nicht.

Wir waren erschüttert. Da lag nun dieses Haus auf einer Unmenge von Wasseradern, und wir hatten nicht einmal ein Klo mit Wasserspülung und kein Bad! Hätte man diese Fülle nicht ganz anders nützen können, als sie unter meinem Bett zu konzentrieren und die Diele zu überschwemmen? Der Bauer erkundigte sich nach meinen Beschwerden. Ja nun, auf Anhieb wußte ich gerade keine, aber dann fiel mir doch etwas ein. Immer wenn ich im Garten gearbeitet hatte, konnte ich nachts nicht schlafen vor Rückenschmerzen.

»Des kommt fei net vom Garde«, sagte der Wünschelrutengänger, »des kommt vom Wasser! Ja, was machet mer jetzt? Wellet er die Kischt mit dene hochwirksame Abwehrmagnet, oder wellet er des Bett wegschtelle?«

Wir wollten lieber das Bett wegstellen. Leider zeigte es sich aber, daß unser Schlafzimmer völlig verseucht, das heißt, von unterirdischen Wasseradern förmlich unterflutet war. Überall schlug die Rute aus.

»Guet«, sagte der kluge Bauer, »Frau Pfarrer, no miaßet Se woanders schlofe oder die Kischt mit dene hochwirksame Abwehrmagnet kaufe. Was wellet Se?«

Wir wollten es uns noch überlegen. Er ging mit der dringlichen Bitte, nicht mehr lange zu überlegen, nachher könne es leicht zu spät sein! »Nex für oguat, Frau Pfarrer«, sagte er beim Abschied, »i han scho oft denke miaße, daß mit der Frau Pfarrer ebbes net schtemmt.«

Bevor wir zu einem Entschluß kamen, wurde so allerhand über den Inhalt der hochwirksamen und gar teuren Kiste gemunkelt. Das Gerücht drang sogar an die Ohren der Obrigkeit. Der sensible Bauer ließ sich nicht mehr bei uns blicken.

Von der unteren Diele führte die Treppe neun Stufen hoch zu einem Absatz, dann um die Ecke herum und noch einmal neun Stufen bis zur Wohnungstür. Eine große Diele, vier Zimmer, Küche und Klo. Alle Böden, sogar die von Klo und Treppenabsatz, waren mit Parkett belegt. Als wir kamen, glänzte dieses Parkett mattschwarz. Die Vorgänger hatten es geölt und damit eine einheitliche Schmutz- und Schutzschicht erzeugt. Parkett mag menschenfreundlich sein, wenn es versiegelt ist oder wenn man es mit Teppichen belegen kann. Unser Parkett war nicht versiegelt, und zu einem Teppicheinkauf reichte unser Geld noch nicht. Trotzdem wollten wir dem Boden zu neuem Glanz verhelfen. Der Drogist im Städtchen gab uns nicht, wie ich gehofft hatte, ein schnellreinigendes Wundermittel, sondern einige Pakete Stahlwolle mit. Wir sollten das Parkett spänen, riet er, kassierte das Geld, drückte uns mitleidig die Hand und wünschte viel Glück.

Ich hatte noch nie gespänt, darum war ich frohen Mutes. Manfred dagegen war mißmutig, knurrte und murrte, daß er sich für nichts und wieder nichts kaputtmachen solle, und wußte offenbar Bescheid, was Spänen bedeutete.

Zu Hause angekommen, machten wir uns gleich an die Arbeit. Wir legten die Stahlwolle auf den Boden und rieben mit dem Fuß ein Parkettbrettchen nach dem anderen ab, bis es goldgelb und der Fuß völlig verkrampft war. Ich hatte mit ungleich größeren Schwierigkeiten zu kämpfen als Manfred, denn zu all der körperlichen Belastung mußte ich auch noch Freundlichkeit ausstrahlen, um meinen widerspenstigen Mann arbeitswillig zu halten. Ich lobte die von ihm gespänten Brettchen, tadelte dagegen meine unzulängliche Arbeit, rannte zum Bäkker, um Kuchen zu holen, und war auf diese Weise derart überfordert, daß ich Durchfall bekam und lange Zeit im Klo verbringen mußte. So spänten wir vier Zimmer und die Diele. Das Klo ließen wir schwarz, um interessierten und anderen Besuchern den gewaltigen Unterschied zu zeigen. Der Boden war tatsächlich nicht wiederzuerkennen. Er strahlte in warmem Honigton.

»Wirklich, es hat sich gelohnt!« sagte Manfred. Unser Herz lachte. Es lachte nur kurz, bis nämlich der erste Besucher mit nassen Stiefeln in die Wohnung kam. Wo er hintrat, wurde das Parkett grau und unansehnlich. Da half kein Trocknen und kein Fegen, da mußte man wieder zur Stahlwolle greifen und alle Fußtritte fein säuberlich abspänen. Auf dem Schuhschränkchen in der Diele stand das Telefon. An dieses Telefon eilten die Bauern der Umgebung zu jeder Tages- und Nachtzeit, um den Viehdoktor anzurufen. Bei nasser Witterung legte ich einen kleinen Läufer vor das Schränkchen mit dem Telefon, damit die Leute sich darauf stellen konnten und das Parkett trocken blieb. Das aber war verlorene Liebesmüh. Kein anständiger Mensch im Dorf stellte sich mit nassen, schmutzigen Schuhen auf einen Läufer. Das tat man einfach nicht! Man schob das gute Stück zur Seite, vorsichtig, um es nicht zu beschmutzen, und stellte sich auf den Boden. Eine feine Art von Höflichkeit, gegen die ich nicht angehen mochte. Am liebsten hätte ich unten an der Treppe eine Anzahl Galoschen deponiert und die Leute gebeten, hineinzusteigen. Bei Schloßbesichtigungen nahm man so etwas als Selbstverständlichkeit hin und fand es lustig. Ob die Leute es im Pfarrhaus auch lustig gefunden hätten? Ich fragte Manfred.

»Laß es lieber bleiben«, sagte er, »sie könnten es falsch verstehen und außerdem auf der Treppe ausrutschen. Dann hätten wir viel Ärger.«

Das zweite Stockwerk bot wenig Annehmlichkeiten und außer der schönen Aussicht auch nichts Sehenswertes. Der Dielenboden bestand aus einfachen Brettern, die so rauh waren, daß ich mir mehrfach beim Aufwischen Splitter in die Finger zog.

Zwei Zimmer, klein, nicht heizbar und mit schrägen Wänden, hatten wir als Gästezimmer eingerichtet. Fließendes Wasser und ein Klo gab es hier oben nicht. Dafür aber eine altmodische Waschkommode mit einer Marmorplatte und eine buntbemalte Waschschüssel.

Der dritte Raum war der Speicher, unser Holzstall.

Wir kamen im Sommer und dachten nicht an Winterkälte und Heizmaterial.

»Hent er scho euer Holz bschtellt?« fragte die Mesnerin eines Tages. Nein, das hatten wir nicht. »Ja, mit was wellet er heize?«

Im Keller lagen noch ein paar Kohlen, die hatte uns der Vorgänger vermacht. Briketts würden wir gleich bestellen, aber wozu Holz? Sie ging mit mir in die Küche und zeigte auf den Herd, der ungenützt stand, denn ich hatte ja meinen Elektroherd mit vier Platten.

»Ja, was moinet er denn, wie des do kalt isch im Winter? Des friert jo elles ei! Do muaß mit Holz gfeuert werde!« Wir waren ratlos. Wo bestellt man Holz, beim Kohlenhändler in der Stadt? »Lent's! I sag's am Gottliab!« war die Antwort.

Auf gut deutsch hieß das: »Laßt die Finger davon! Ihr macht ja doch alles falsch! Ich sage es meinem Mann Gottlieb!«

Der Gottlieb brachte wenige Tage später eine Fuhre Holz. Mit seinem Traktor fuhr er auf den Hof, lud die zwei Raummeter ab und sagte, daß die Säge für die nächste Woche bestellt sei. Da lagen sie nun vor unserem hinteren Hauseingang, etwa ein Meter lange Stämme, Buche und Fichte. Ich betrachtete sie ärgerlich, vermutete ich doch ganz richtig, daß sie uns neue Arbeit bescheren würden.

Die Säge fuhr durchs Dorf. Ihr hohes Kreischen gellte uns von Sonnenaufgang bis zum Dunkelwerden in den Ohren. Es kam uns von Tag zu Tag näher. Eines Morgens, wir waren gerade aufgestanden, kreischte es in unserem Hof. Wir kamen eilends, um zu helfen. Mich musterte der Sägenbesitzer nur einen Augenblick, dann stellte er die Säge ab und brüllte – denn leise sprechen konnte er nicht mehr –, ich solle ja die Finger von seiner Säge lassen, am besten wäre es, ich würde gleich wieder ins Haus gehen. Manfred wurde gnädigst erlaubt, mitanzufassen, die schweren Stämme hochzuhieven und auf den Sägetisch zu legen. Die Säge fraß sich durch das Holz. Es kreischte und gellte etwa eine Stunde lang, dann lagen die Stämme als kleine

Klötze vor unserer Hintertür. Die Säge verstummte. Ihr Herr und Meister trank einige Schnäpse, nahm das Geld in Empfang, rülpste dankbar und verließ unseren Hof mitsamt seiner Säge. Nun kam die schlimmste Arbeit. Gott sei Dank war ich zu schwach und zu ungeschickt dazu. Die Klötze mußten in Scheite geschlagen werden. Manfred kaufte eine Axt und schlug zu, daß ihm das Holz nur so um die Ohren flog. An diesen Tagen wurde im Dorf vor jedem Haus Holz zerkleinert. Meistens machten es die Frauen oder die alten Leute. Die Männer hatten Besseres zu tun. Auch hier nahm der Pfarrer eine Sonderstellung ein. Ihm gestand man es zu, daß er als Mann diese unwürdige Arbeit verrichtete. Trug er nicht sonntags in der Kirche auch einen Weiberrock? Saß er nicht schwächlich den halben Tag am Schreibtisch? Las er nicht an hellen Werktagen in Büchern, wie es nur alte oder kranke Leute zu tun pflegen! Und war er nicht zu allem dem noch mit einer Frau geschlagen, die von rechter Arbeit nichts verstand, aber überall mitreden wollte? Sie sahen ihn Holz spalten, wenn sie zur Arbeit aufs Feld fuhren, und dachten in ihres Herzens Sinn: »Er wär scho recht, aber sui!«

Als das Holz gespalten war, kamen wir auf die wahnwitzige Idee, es zum Trocknen vier Treppen hoch in den Speicher zu tragen. Ich schleppte einen kleinen Korb, Manfred einen großen. Als schon ein ansehnlicher Haufen oben lag, zeigte mir Manfred, wie man die Scheite kunstvoll stapelt. Ich baute eine schmucke Holzbeige entlang der Speichermauer. Es bereitete mir großes Vergnügen zu sehen, wie sie immer höher und länger wurde.

»Sprieß sie ja gut ab!« mahnte Manfred. »Kein Scheit darf abrutschen, sonst fällt dir alles zusammen!«

Manfred liebt es, andere Leute zu belehren, darum hörte ich ihm freundlich zu, auch wenn ich wußte, daß meine Beige fest und sicher stand.

Eines Nachts erbebte das Haus von einem dumpfen Donnergepolter. Ich fuhr aus dem Bett und dachte an ein Erdbeben oder das Jüngste Gericht. Nach einer Weile rumpelte es nur noch vereinzelt, die Lampe an der Decke hörte auf zu schaukeln.

»Das war deine todsichere Holzbeige!« knurrte Manfred. Am nächsten Morgen sah ich die Bescherung. Alles war eingestürzt, die ganze schöne Mauer.

»Hab' ich nicht gesagt, du sollst aufpassen?« Manfred stand

hinter mir in der Speichertür, der Triumph in seiner Stimme war unüberhörbar. »Leider, leider muss ich jetzt zum Unterricht und kann dir nicht helfen. Aber, wer nicht hören kann...«

»Hau ab!« schrie ich. Ich baute die Beige wieder auf, brummend und schimpfend. Vorsichtig legte ich Scheit auf Scheit, stützte hier und unterlegte dort. Diese Mauer sollte mir keine Schande mehr machen. Leider stellte sich beim nächsten Regen heraus, dass ich sie genau unter der Stelle aufgebaut hatte, wo das Dach undicht war und es hereinregnete. Ein guter Trocknungsprozess war dadurch nicht gegeben, doch reichte das Holz länger, weil es nicht so gut brannte. »Du bist eben doch ein kluges Mädchen«, sagte Manfred, »und eine sparsame Pfarrerstochter.«

Wir waren für den Winter gerüstet und mussten das Holz nur noch zwei Treppen nach unten tragen, wenn wir heizen wollten.

Vom Speicher führte eine schmale Stiege hinauf in den höchsten Raum des Hauses. Hier gab es Fledermäuse. Hier hing im Winter meine Wäsche, hier staubten im Sommer die Vorfenster ein.

Ich sah die grossen Fenster unter dem schrägen Dach liegen und betrachtete sie mit Abscheu. Wie schmutzig und voller Spinnweben sie waren! Mochten sie in Frieden ruhen. Ich wollte sie auf keinen Fall putzen und in der Wohnung haben.

Der Herbst kam, und eines Tages sagte die Mesnerin zu mir: »Ihr miasset au eure Vorfenster neido!«

Sie hatte recht. Die Fenster klapperten. Es zog so sehr, dass sich die Gardinen im Luftzug bauschten. Die Kälte kroch ins Haus. Also wehrte ich mich nur schwach und ohne rechte Überzeugung. Manfred schleifte die sperrigen Dinger vom Speicher in die Küche, legte sie über zwei Hocker, und ich putzte sie. Es waren dreizehn zweiflügelige Fenster für das Wohngeschoss.

Die Putzerei war ärgerlich, aber das Einsetzen hinterher lebensgefährlich. Manfred balancierte das Monstrum zur Fensteröffnung hinaus, um es von aussen in die Angeln zu heben. Ich hielt ihn krampfhaft fest, damit er nicht das Gleichgewicht verlöre und mitsamt dem Fenster unten zerschellte. Nach dem Einsetzen des ersten Fensters zitterten wir beide so sehr, dass wir uns erst ein Weilchen setzen mussten, bevor das nächste an die Reihe kam. Als das Werk vollendet war, zog es nicht mehr im Haus. Statt der inneren Fenster klapperten nun die äusseren.

Eisgang im Pfarrhaus und das Bad am Montag morgen

Unser erster Winter in Weiden war der kälteste Winter seit Jahren. Es begann ganz harmlos mit ein paar milden, feuchten Tagen. Unsere Diele und die Wände des Treppenhauses glänzten vor Nässe. Also sorgten wir für offene Fenster und Durchzug. Am nächsten Morgen war unser Haus zum Eispalast geworden. Es hatte gefroren, und zwar so sehr, daß auch im Hause Kältegrade herrschten. Wir standen frierend in der kalten Pracht. Die Wände des Treppenhauses glitzerten in der Sonne, sie trugen eine dicke Reifschicht. Die untere Diele war spiegelglatt, wir hätten Schlittschuh laufen können, wenn uns danach zumute gewesen wäre. Die Tropfen an der Decke hingen nun als Eiszapfen herunter. Sie wurden von Tag zu Tag länger. Auch vom Boden wuchsen Eiszapfen in die Höhe. Wir kamen uns vor wie in einer Tropfsteinhöhle mit Stalaktiten und Stalagmiten. Die Fenster waren verziert mit den schönsten Eisblumen der Saison. Manfred schleppte Kohlen aus dem Keller nach oben, ich Holz aus dem Speicher nach unten, um die gierigen Mäuler unserer Öfen zu füllen. Mehr als zwei Zimmer konnten wir nicht heizen, sonst wären wir dauernd unterwegs gewesen.

Eines Morgens kamen wir schlotternd zur Wasserstelle in der Küche, um die tägliche Waschung vorzunehmen. Es gurgelte aber nur ein bißchen Wasser aus der Röhre, dann kam nichts mehr. Wir sahen uns erschreckt an. Was war jetzt wieder passiert, wer hatte uns den Wasserhahn abgedreht?

»Himmel!« stöhnte Manfred. »Auch das noch! Das Wasser ist eingefroren!«

Unter dem Fenster zum Spülstein hin lief eine Röhre. Sie war mit Reif bedeckt und eiskalt. Ich brach in Tränen aus. Da mußte ich nun in aller Herrgottsfrühe aus dem Bett kriechen, dem einzig warmen Ort im ganzen Haus, und dann gab es nicht einmal Wasser zum Waschen und zum Kaffeekochen!

»Hör auf zu heulen!« sagte Manfred. »Wärst du nicht so sparsam, dann hätten wir das Feuer im Herd angelassen!«

»Hör auf zu schreien!« sagte ich. »Wärst du ein treusorgender Hausvater, dann hättest du gestern abend das Wasser abgestellt! Ach, wenn ich an meinen Vater denke, wie er abends durch das Haus ging, alle Lichter ausmachte und das Wasser abdrehte! Ach ja, auf ihn konnte man sich verlassen!«

Manfred nahm einen Eimer und entfloh. Wenn er im Schlafanzug Wasser beim Nachbarn holen wollte, bitte, mir sollte es recht sein. Ich brachte inzwischen das Feuer im Küchenherd wieder in Gang. Eine Arbeit, die mir lange Zeit hindurch nur Schmutz und rußige Hände, aber kein Feuer eingetragen hatte. Jetzt beherrschte ich die hohe Kunst.

Der beleidigte Hausvater kam wieder, den Eimer voll Schnee. Wortlos füllte er den Schnee in einen Wassertopf, um ihn zu schmelzen. Der viele weiße Schnee ergab aber nur wenig und noch dazu schmutziges Wasser.

»Du wirst hoffentlich nicht denken, daß ich mich mit diesem Wasser wasche«, sagte ich.

»Von Waschen kann nicht die Rede sein«, schnaubte er zurück, »wir müssen das Rohr auftauen, sonst platzt es!«

Wir wickelten Tücher um die kalte Röhre und gossen heißes Wasser darüber. Wir hielten brennende Holzscheite an die kalten Stellen. Wir verbrannten uns die Finger. Eine Feuersbrunst war nicht zu befürchten, die ganze Küche troff von heißem Schneewasser. Ich glaubte nicht an einen Erfolg unserer Bemühungen. Den ganzen Winter hindurch würde ich mit einem Eimer zum Nachbarn gehen, um Wasser zu holen! Wir würden das teure Naß rationieren müssen. »Mit einem Eimer Wasser putzt sie das ganze Haus, und was davon noch übrigbleibt, da macht sie Kaffee draus!« All dies dachte ich nicht nur. Ich sprach es auch laut und klagend aus.

Unsere Küche wurde zum römischen Dampfbad. Der Herd glühte, die Wasserkessel zischten. Nur das Rohr blieb kalt. Aber lange hielt es der anstürmenden Hitze nicht mehr stand. Es tröpfelte aus dem Wasserhahn, dann lief ein dünnes Rinnsal, und schließlich rauschte ein sauberer Strahl in die Spüle. Wir fielen uns in die Arme. Das Wunder war geschehen. Wir hatten Wasser, und wir liebten uns wieder. Dies war der richtige Augenblick, ein Badefest zu feiern! Wir hatten es verdient und auch nötig.

Im allgemeinen pflegten wir samstags zu baden, wenn die Predigt fertig war und ein langer Abend vor uns lag, denn dies Vergnügen kostete viel Zeit und Mühe. Der große Zuber mußte aus der Waschküche nach oben in die Küche geschleift werden, denn unten war es zu ungemütlich. Heißes Wasser mußte bereitet, der Zuber gefüllt und hinterher wieder entleert, die Küche aufgewischt werden. All dies diente nicht dazu, unsere Badewilligkeit zu heben.

An diesem Montagmorgen aber waren wir freudig bei der Sache. Heisses Wasser sprudelte genug auf dem Herd, warm war es auch in der Küche. Der Zuber bot Raum für zwei Personen, wenn die Füsse beider hinaushingen. Stand einer auf, um sich abzuseifen, dann konnte der andere mit einiger Geschicklichkeit fast alle Körperteile unter Wasser bringen. O, wie genossen wir die Stille nach dem Sturm, die traute Zweisamkeit im warmen Wasser!

Nun hatte Manfred aber bei all der Aufregung den allmontäglichen Besuch des Kirchenpflegers vergessen. Am Montagmorgen wurde das Opfer vom Sonntagsgottesdienst gezählt und auch das, was sich so in der Woche zusammengeläppert hatte.

Pünktlich um neun Uhr also stand der Kirchenpfleger vor der Haustür, bepackt mit Opferbüchsen und Kassenbüchern. Er stellte alles auf den Boden, um zu klingeln, sammelte dann seine Siebensachen wieder auf, stand da und wartete, dass ihm geöffnet werde. Aber kein Summer ertönte, die Türe ging nicht auf, so heftig er auch dagegen drückte.

Wir oben in der Küche hörten kein Klingeln. Wir hatten das Radio laut aufgedreht, gossen heisses Wasser nach, wuschen uns und waren sehr beschäftigt.

Mittlerweile hatte der Kirchenpfleger die Büchsen wieder in den Schnee gestellt, die Kassenbücher darauf gelegt, um ein zweites Mal zu klingeln. So stand er lange vor der Tür, fror, und dachte sich gleich, dass hier irgend etwas nicht stimmen könne. Er trat zurück. Aus dem Schornstein stiegen dicke Rauchwolken. Der Kirchenpfleger sah es mit Befremden. Er stiess das Hoftor auf und ging, Böses ahnend, um das Haus herum. Was musste er erblicken? Das Küchenfenster stand einen Spalt auf, und durch diesen Spalt quoll Dampf. Dazu hörte er klagende Menschenstimmen und plätschernde Geräusche. Er hatte es geahnt – in Pfarrers Küche war Feuer ausgebrochen. Sie versuchten zu löschen und schrien dabei um Hilfe.

»Ich komme!« rief er, warf alle Opferbüchsen und Kassenbücher in den Schnee und hastete zur Hintertür, die noch vom Schneeholen offenstand.

Wir hatten das Fenster geöffnet, weil wir vor lauter Dampf nichts mehr sehen konnten und weil uns sehr warm war. Im Schulfunk lief eine Sendung über den Ausbruch der Pest in Venedig.

Da wurde die Küchentür aufgerissen.

»Wo send er?« schrie jemand durch den Dampf. Manfred, der

gerade aufrecht stand und sich abseifte, wurde von hinten gepackt und aus der Wanne gezerrt. Ich war so kunstvoll und tief in den Zuber gerutscht, daß man nur Unwesentliches von mir sah. Außerdem trug der Kirchenpfleger zu Amtsgeschäften eine Brille, die sich dermaßen beschlagen hatte, daß er halbblind herumtappte. Er schnappte sich einen Eimer Wasser, an den er gestoßen war, und wollte ihn unbedingt über den glühenden Herd gießen. Manfred hielt ihn von hinten fest.

»Herr Stetig!« rief er mit lauter Stimme, um das Pestgeschrei im Radio zu übertönen. »Herr Stetig, es ist nichts! Wir baden nur!«

Nun war der Kirchenpfleger ein beherrschter und humorvoller Mann. Sein einziger Kommentar lautete: »Was denn? Am Mondichmorge?« Dann putzte er seine Brille, schaute noch einmal sorglich um sich, ob auch alles stimme, und verschwand aus der Küche. Er sammelte Opferbüchsen und Kassenbücher aus dem Schnee und begab sich ins Amtszimmer, wohin ihm Manfred nach kurzer Zeit folgte. Die Begebenheit war mir etwas peinlich, aber ich hörte die Herren so laut lachen, daß meine Besorgnis verflog. Seitdem zwinkerte mir Herr Stetig hin und wieder zu und fragte: »Kenne mer am Mondich Opfer zähle, oder dent er bade?«

Das Wasser in der Küche fror uns nicht mehr ein. Wir umwickelten die Röhre kunstvoll mit Mullbinden und ließen das Feuer im Herd nicht mehr ausgehen.

Eines kalten Wintertages aber staute sich das Wasser im Ausguß, es lief nicht mehr ab.

Manfred machte sich schimpfend daran, den Siphon zu reinigen, eine Arbeit, die bei uns öfters anfiel. Aber siehe da, der Siphon war nicht verstopft! Es fanden sich weder Gemüsereste noch Kirschkerne darin. Auch hatten keine langen Frauenhaare das Malheur verschuldet.

Das Abflußrohr an der äußeren Hauswand war zugefroren. Mit heißem Wasser und Mullbinden war da leider nichts zu machen.

Der Klempner kam mit dem Schweißbrenner und einer langen Leiter. Er war schlechter Laune, weil – wie er sagte – alle zugefrorenen Rohre des Dorfes auf seinen schwachen Schultern lägen und er sie gar nicht so schnell auftauen könne, wie sie wieder zufrören. Zum Essen käme er überhaupt nicht mehr. Zum Trinken aber hatte es offensichtlich gereicht, denn er schwankte so bedrohlich auf der Leiter, daß man das Schlimmste befürchten mußte. Wir wollten die Leiter unten festhalten, aber das kränkte ihn in seiner Berufsehre.

»Lent's!« rief er herunter, »i ka's alloi!« Erst nach vielen Bemühungen, begleitet von Knurren und Fluchen, gelang es dem Meister, das Rohr aufzutauen und von der Leiter zu klettern.

Von da an goß ich mehrere Male am Tag heißes Wasser ins Klo. Auch dieses Abflußrohr ging an der äußeren Hauswand entlang. Es durfte auf keinen Fall einfrieren, denn dies, so ahnte ich, würde den Höhepunkt der winterlichen Schrecknisse bedeuten. Dank meiner Umsicht blieb uns wenigstens dieses Ärgernis erspart.

Aber der Winter brachte uns nicht nur Kälte und böse Überraschungen. Er brachte auch das Weihnachtsfest und mit ihm die Gelegenheit, ein Krippenspiel einzuüben. Endlich konnte ich meine Begabung einsetzen, die Dorfbewohner und mich selbst zu beglücken. Theaterspielen war schon als Kind für mich das höchste Vergnügen.

»Ach Pickdewick, dich erkennt man gleich«, sagte Beate, als ich mich im Gewand einer Prinzessin vor ihr zeigte, »du müßtest dein Gesicht auch verkleiden!«

Als junges Mädchen hatten es mir die tragischen Frauenrollen angetan. Medea, Penthesilea, Maria Stuart und Jeanne d'Arc, ich spielte sie mit solcher Hingabe, daß die Zuschauer vor Lachen schier von den Bänken fielen. Das verletzte mich sehr. Ich verstand nicht, warum das dumme Volk so lachte, wenn mir vor Rührung die Tränen über das Gesicht liefen. Jetzt, in reiferem Alter, kann ich mir ungefähr vorstellen, wie ich damals als Tragödin gewirkt haben muß. Dürr wie eine Bohnenstange, ohne jede ansprechende Rundung, auf der Nase die Brille in ewig rutschender Bewegung.

Bei einer Schüleraufführung des Urfaust durfte ich das Gretchen spielen. Die Deutschlehrerin hatte ein besonderes Faible für mich, weil sie meine Aufsätze am besten entziffern konnte.

Ich ging so völlig in meiner Rolle auf, daß ich gar nicht merkte, wie das Publikum sich amüsierte. Nach Schluß der Vorstellung gingen die Zuschauer nicht, wie ich gehofft hatte, still und ergriffen aus der Turnhalle. Sie klatschten wie die Wilden, und ich mußte mich viele Male verneigen. Dies tat ich mit großer Anmut, denn nach jeder Verneigung schwoll das Gelächter erneut an. Schließlich war mir ganz schwindlig, und ich setzte mich erschöpft in die Garderobe. Die Tür öffnete sich, ein rundlicher Herr kam herein, das Gesicht von Tränen naß. Er gluckste und kicherte, albern wie ein Backfisch. Er sei der Direktor des Schauspielhauses, keuchte er und ließ sich neben mir auf die Bank plumpsen, und er hätte noch nie in seinem Leben so gelacht. Ihm wäre nichts Menschliches fremd, das könne ich ihm glauben, aber solch eine komische Nummer, wie ich sie eben abgezogen hätte, also so etwas wäre ihm noch nicht vorgekommen. Goethe würde sich ja im Grabe umgedreht haben, wenn er mich als Gretchen erlebt hätte, aber für ihn als Schauspieldirektor sei es ein Erlebnis gewesen. »Mädchen!« prustete er, »hör auf mit der Schule! Ich engagiere dich auf der Stelle als komische Alte!«

Diese Bemerkung verletzte mich sehr, doch verzieh ich ihm seine Verblendung, da er offensichtlich ernste Absichten mit mir hatte. Ob ich ihm vielleicht noch den Prolog der Johanna aus der Jungfrau von Orleans vorsprechen solle, fragte ich. Dieser Prolog war mein dramatisches Glanzstück. Ich hoffte, den Direktor zu bekehren und ihm meine wahre Begabung zu zeigen. Ja, sagte er, ihm täte zwar jetzt schon alles weh vom Lachen, aber er würde den Prolog wohl noch überstehen. Ich schloß die Augen, um mich zu sammeln, und legte los. Das Gesicht meines Zuhörers wurde immer röter. Erst schien er noch ergriffen, dann aber schlug er sich auf die Schenkel, prustete und quietschte. Bei dem gewaltigen Finale...

»Den Feldruf hör ich mächtig zu mir dringen,
Das Schlachtroß steigt, und die Trompeten klingen!«

vergaß er sich so weit, daß er unsere altjüngferliche Deutschlehrerin an sich riß und ihr einen Kuß gegeben hätte, wäre sie nicht schreiend entwichen. Er faßte sich wieder und sagte, ich solle ihn so bald wie möglich in seinem Büro aufsuchen. Mir wurde schwindlig vor Glück. War ich erst einmal beim Theater, dann würde ich bald vom komischen in das tragische Fach überwechseln. Doch stand mir erst ein Kampf mit meinem Vater bevor, der andere Pläne mit mir hatte. Zwei Tage lang wüteten wir gegeneinander. Dann wechselte er die Taktik und wurde betrübt. Seinem Zorn war ich gewachsen, seiner Traurigkeit nicht. Die Theaterpläne wurden begraben.

Bei Aufführungen in Schule und Gemeinde vertraute man mir künftig nur noch komische Rollen an. Ich spielte sie ungern, aber mit Erfolg.

Die großen, tragischen Rollen bekam Beate. Sie war klein und zart, hatte ein Gesicht wie eine Madonna und eine sanfte Stimme. Zuckte ein wehes Lächeln über ihre Züge, dann ging ein Schluchzen durch die Menge. Tat ich dasselbe, dann brüllten die Zuschauer vor Vergnügen.

Krippenspiele – mit und ohne Brille

Besonders schmerzhaft wurde mir der schwesterliche Gegensatz beim Krippenspiel bewußt. Mutti hatte es selber verfaßt und übte es alljährlich zu Weihnachten ein. Da gab es haufenweise Engel, Hirten und Volk, aber nur eine Maria, und diese Maria darstellen zu dürfen war der Traum meiner schlaflosen Nächte. Es war keine große Rolle. Maria spielte nicht und sprach nicht, sie sang und sah schön aus. Also bekam Beate die ersehnte Rolle. Sie kniete im blauen Gewand vor der Krippe, wurde von allen Seiten zart angeleuchtet und war unbeschreiblich schön. Ich lehnte als Verkündigungsengel an einem Pfeiler, schielte neidisch durch meine Brille zu dem trauten Bild hinüber und dachte, daß sich der liebe Gott mit meiner äußeren Gestaltung ruhig etwas mehr Mühe hätte geben können.

Die Schwierigkeit der Marienrolle bestand nun darin, daß die Darstellerin zugleich schön aussehen und auch gut singen mußte. Doch waren beide Vorzüge selten in einer Person vereint. Es ging nur um ein einziges Lied »Schlaf wohl, du Himmelsknäblein du, schlaf wohl, du süßes Kind ...« Kein schwieriges Lied, ich konnte es schön und innig singen. Beate aber, wohl um ihrer Stimme mehr Volumen zu geben, veränderte beim Singen die Vokale und gebrauchte nur solche, die ihr besonders rund und voll gelangen. Das waren die Vokale o und ö. Sie sang: »Schlof wohl, do Hömmölsknöblein do, schlof wohl, do sößes Könd ...«

So gesungen, brachte das Lied nicht die erhoffte Wirkung bei den Zuhörern hervor. Meine Mutter beschloß, im nächsten Jahr mich als Maria zu verwenden.

Auch ich besaß nur eine der beiden Eignungen für diese Rolle. Ich konnte singen. Mit dem Aussehen stand es schlecht. Mutti aber gedachte mit Hilfe von Schminke, schöner Gewandung und mildem Licht hier einiges zum Guten zu wenden. Ein besonderes Ärgernis war jedoch die Brille.

Diese Brille hatte mich nur wenige Stunden glücklich gemacht. So lange nämlich, bis meine Geschwister und Klassenkameraden sie auf meiner Nase sahen. »Brillenschlange« und »Gouvernante« waren noch die feineren Ausdrücke, die ich zu hören bekam. Dabei war ich so stolz, als ich mit der neuen Errungenschaft aus dem Laden des Optikers kam. Ich fand, daß ich mit der Brille schön und klug wirkte. Nun mußte ich in der Schule nicht mehr bis zur Tafel vorlaufen, um dort die Wörter lesen zu können. Ich sah alles ganz genau von meinem Platz aus. Aber die anderen Kinder fanden mich nicht schön. Sie lachten, wenn mir die Brille von der Nase rutschte. Nachmittags beim Spielen durfte ich nie mehr Prinzessin sein. Nach der Meinung meiner Spielkameraden gab es auf der ganzen weiten Welt keine Prinzessin mit einer Brille. Also war ich dazu verurteilt, immer die undankbaren Parts der Gouvernante, Stiefmutter oder Hexe zu übernehmen.

Als ich beim Turnen einen Purzelbaum machte, fiel die Brille herunter und zerbrach. Ich wollte keine neue mehr haben und weinte, als ich wieder zum Optiker mußte. Die Welt war schöner, wenn man sie nicht so genau sah. Ohne Brille betrachtet, wirkten die meisten Leute freundlich und heiter, allerdings nur solange sie nicht redeten. Mit der Brille schien mir die Welt mit lauter unfreundlichen und traurigen Menschen bevölkert. Beate trug natürlich keine Brille. Ein Onkel, der sich gerne geistreich gebärdete, prägte das Bonmot: »Beate hat scharfe Augen und Amei eine scharfe Zunge.«

»Die meisten Mädchen brechen leider ihr Studium ab, um zu heiraten«, sagte Tante Luischen, als ich zu ihr kam, um in Göttingen zu studieren. Sie betrachtete mich kurz und fügte dann hinzu: »Aber mit dieser Brille brauchen wir diesbezüglich keine Sorgen zu haben.«

Nun hatte ich mich während der jahrelangen Vernachlässigung durch die Männer in eine Art Männerfeindschaft hineingesteigert. Ich wollte nicht heiraten, sondern studieren und große Dinge für die Menschheit vollbringen. Trotzdem verletzte mich Tante Luischens Bemerkung. Die alte Wunde blutete wieder. Ich legte die Brille ins Futteral.

Von da an stiegen meine Chancen bei den Herren, zugleich aber verwandelte ich mich für sie in ein rätselhaftes Wesen. Kam ich, wie üblich, zu spät in die Vorlesung, so hatte mir der oder jener einen Platz neben sich reserviert und winkte. Ich blickte freundlich lächelnd in die Runde, ignorierte die Winkenden und drückte mich irgendwo in eine Bank hinein. Das ärgerte die Herren, das fanden sie gemein. Auch grüßte ich nicht zurück, wenn sich ein Bekannter auf der anderen Straßenseite schier umbrachte, um meine Aufmerksamkeit zu erregen. Man hielt mich für kapriziös und schwierig. Dabei war ich nichts von alledem, sondern nur kurzsichtig. Ich sah die Leute einfach nicht. Erst wenn sich ein beleidigter Mensch direkt vor mir aufpflanzte und Genugtuung forderte, weil ich ihn geschnitten hatte, wurde ich seiner freudig gewahr.

Einmal lud mich ein Student in die Oper ein. Wir saßen ganz oben im billigen dritten Rang und sahen die ›Zauberflöte‹. Ich erblickte allerdings unten auf der Bühne nur ein Kaleidoskop von ineinanderfließenden Farben, aber ich hörte die Musik und war zufrieden. Dann sang die Königin der Nacht ihre Koloraturen. Der Student neben mir seufzte. Ich nahm an, er seufze aus Entzücken über die Schönheit der Dame. Bis jetzt hatte ich nur unbeschreiblich schöne Königinnen der Nacht gesehen. »Sie ist wunderschön«, sagte ich deshalb zustimmend, damit er merkte, daß neben ihm eine mitfühlende Seele und vor allem ein sehender Mensch saß.

»Was, du siehst sie?« rief er und drückte sich ungeniert zu mir auf meinen Platz. Er drehte den Kopf hierhin und dorthin und rückte dann wieder beiseite. »Was gibt's denn da Schönes?« sagte er mürrisch. »Du siehst doch auch bloß die Beine. Warum muß die blöde Person auf einer Treppe stehen? Diese gemeinen Regisseure denken immer nur an die reichen Leute im Parkett!«

»Aber der Gesang ist herrlich«, sagte ich.

»Gesang, Gesang!« schimpfte er. »Geh' ich dazu in die Oper!«

Auch als Maria im heimatlichen Krippenspiel mußte ich ohne Brille auftreten, denn eine bebrillte Maria war undenkbar. Ich fand mich ganz hübsch mit dem blauen Gewand und dem weißen Kopftuch. Mein Traum hatte sich erfüllt, und ich war fest entschlossen, die Gemeinde mit meinem Spiel zu rühren. Das Krippenspiel fand in der Kirche statt. Während die Engel mit ihren wallenden Gewändern eine Mauer bildeten, mußten dahinter Maria und Josef aus der Sakristei robben, die Krippe hinter sich herziehen, vor dem Altar Aufstellung nehmen, eine Kerze auf dem Krippenrand anzünden und dann still verharren. Das waren viele Aufgaben für die Zeitdauer von drei Versen ›Stille Nacht‹. Danach nämlich wich die Mauer der Engel zur Seite, um der Gemeinde das traute Bild zu enthüllen. In der Krippe, so hatte man mir gesagt, sollte die Streichholzschachtel liegen, mit der ich die Kerze anzünden konnte. Nun war der Junge, der den Josef spielen sollte, nicht gerade der klügste. Er hatte genug Mühe, einen langen Stab und eine Laterne ohne Unfall bis zum Altar zu bringen. Ich mußte die Krippe alleine schleppen. In großer Eile kroch ich von der Sakristei zum Altar und stieß dabei gegen den Taufstein. Die Krippe fiel um. Heu und Stroh, Kerze und Streichholzschachtel lagen auf dem Boden. Ich raffte zusammen, was ich ertasten konnte. Die Streichholzschachtel aber blieb verschwunden. Josef stand bereits auf seinem Platz und spähte ängstlich nach der Stelle, wo ich auf dem Boden herumkroch und nach den Streichhölzern suchte. Als die Mauer der Engel zur Seite wich, bot sich der Gemeinde ein ungewohntes Bild. Vor dem Altar stand Josef allein und hielt seinen Stab umklammert. Unterhalb der Altartreppen beim Taufstein aber kniete Maria, stopfte Heu und Stroh in die Krippe und sang dazu: »Schlaf wohl, du Himmelsknäblein du...«

Bei der zweiten Strophe war Josef zu dem Entschluß gelangt, sich zu Weib und Kind zu begeben. Er kam die Stufen herunter, bückte sich nach der Streichholzschachtel und entzündete die Kerze. Dabei glitt ihm der Stab aus der Hand und schlug Maria auf den Kopf. Sie sang eisern ihr Lied zu Ende, bis die Mauer der Engel sich wieder schloß, dann brach sie in Tränen aus.

Von da an spielten wir die Maria mit verteilten Rollen. Beate kniete vor der Krippe, sah schön aus und bewegte die Lippen. Ich hockte hinter dem Altar, war unsichtbar und sang. Eine Lösung, die uns beide nicht recht befriedigte, von der Gemeinde aber dankbar begrüßt wurde.

Dieses Krippenspiel brachte ich auch in Weiden zur Aufführung. Unsere Kirche mit dem tiefen Chorraum und dem goldenen Hochaltar im Hintergrund eignete sich trefflich für solch ein Spectaculum. Die Gemeindeglieder waren tief beeindruckt. Es wäre das erhebendste Erlebnis gewesen seit der Einweihung des Schwimmbades, sagten sie.

Im Mädchenkreis fand sich ein Mädchen namens Martha, welches hübsch aussah und einigermaßen singen konnte. Diese Martha wurde Maria. Als Josef erwählte ich ihr einen aufgeweckten Burschen aus dem Posaunenchor. Er spielte den Tiefbaß und erbot sich, »Schlaf wohl, du Himmelsknäblein du...« auf demselben zu begleiten. Der Gedanke war verlockend, aber wir konnten ihn nicht verwirklichen, weil Josef mit Stab und Laterne genug belastet war.

Am liebsten hätte ich die Marienrolle übernommen, aber ich befand mich in anderen Umständen. Martha übrigens auch, doch war sie, ebenso wie Maria, noch Jungfrau.

Es machte mir großen Spaß, Regie zu führen. Ich setzte ganze Menschenmassen in Bewegung, ließ Hirten von der Empore heruntertrampeln und Engelschöre aus jeder Kirchenecke singen. Die Zuschauer konnten gar nicht so schnell die Köpfe drehen, wie der Ort der Handlung wechselte. Auch trugen meine Engel bei der lebenden Mauer brennende Kerzen in den Händen, was überirdisch schön gewirkt haben soll.

Die Brille hätte mich übrigens bei einer Mariendarstellung nicht mehr gestört, denn seit ein paar Wochen trug ich keine Brille mehr. Dies war keinem Wunder zuzuschreiben, sondern Kontaktschalen. Wir hörten nämlich, daß im Städtchen ein Mann wohne, der Kontaktschalen herstellte. Manfred kannte meine tiefe Abneigung gegen die Brille, und so kauften wir Kontaktschalen. Die erste Zeit war hart. Die Augen tränten, die Nase lief, das Gesicht war rot und verquollen.

»I moin halt«, sagte die Mesnerin, »i moin halt, seit die Frau Pfarrer koi Brill mehr hat, muaß se immer heule!«

Im Dorf verbreitete sich das Gerücht, Frau Pfarrer leide im Winter an Heuschnupfen.

Aber nicht nur tagsüber machten die Kontaktschalen Schwierigkeiten. Abends mußten sie mit Hilfe eines kleinen Saugers aus den Augen gezogen und morgens wieder hineinfabriziert werden. Ich schaffte es nicht allein! Manfred half mir.

»Augen auf!« kommandierte er und näherte sich mit dem Sauger. Kaum sah ich das Ding, fiel das Auge auch schon zu. »Halt das Lid fest«, sagte er. Ich tat's, aber kurz vor seinem Zugriff drehte ich den Kopf weg. »Reiß dich zusammen«, knirschte mein Freund und Helfer, »ich will ins Bett!«

Wie oft fiel eines der Schälchen bei dieser Prozedur auf den Boden! Sofort erstarrten wir beide zu Salzsäulen. Dann ließ Manfred sich vorsichtig auf den Boden nieder, um zu suchen. Ich stand bewegungslos, denn mit einem unbedachten Schritt hätte ich das kleine, ach so teure Schälchen zertreten können. Welche Freude, wenn er es endlich gefunden hatte. In den Fugen des Parketts oder zwischen den Kissen der Couch oder im Küchenausguß. Das war eine besonders schreckliche Operation, weil man dazu den Siphon abschrauben und saubermachen mußte. Da gab es viel Unerfreuliches zu durchwühlen, bis endlich das Schälchen zum Vorschein kam. Doch ich dachte an die Frau, die ihren Goldzahn verschluckte und noch viel mehr Ärger hatte, bis sie ihn wieder einsetzen lassen konnte. Dies sagte ich auch zu Manfred, während er brummend im Siphon wühlte, doch wurde er davon nicht fröhlicher.

Eines Morgens waren wir beide ganz verzweifelt, weil ein Schälchen verschwunden war. Manfred behauptete zwar, er hätte mir beide eingesetzt, aber ich konnte nur auf einem Auge sehen. Wir suchten und suchten. Der Boden schien das kleine Ding verschluckt zu haben. Seltsamerweise tränte mein sehendes Auge und kratzte unerträglich. Die Kontaktschale mußte wieder entfernt werden. Und siehe da, beide Schälchen hatten auf einem Auge gesessen.

In diesem Winter fuhren wir oft zu dem Kontaktschalenhersteller ins Städtchen. Der Herr war ein Verdi-Verehrer. Wann immer wir auch kamen, immer drehte sich eine Verdi-Opernplatte auf dem Plattenteller.

»Nehmen Sie Platz, gnädige Frau«, sagte der Herr, »diese Arie liebe ich besonders. Das linke Auge weit auf, bitte!« Er setzte mir eine neue Schale ein und sang dabei: »Oft spielt ein Lähächeln um ihre Zühüge... Hände weg von den Augen! Oft fließen Tränen... Ja wieso tränt es denn wieder? Sie haben ganz besonders empfindliche Augen, gnädige Frau, oder weinen Sie wegen der herrlichen Musik?«

Nach drei Wochen Kopfweh, Tränen und eiserner Entschlossenheit hatte ich mich an den Fremdkörper im Auge gewöhnt. Nun konnte ich endgültig die ungeliebte Brille im Futteral begraben.

Dieser erste kalte Winter in Weiden brachte auch die erste schwere Prüfung für unsere junge Ehe. Im Sommer waren wir gekommen, hatten das Haus eingerichtet und wohnlich gemacht, hatten für dreizehn Fenster Vorhänge gekauft und den Garten gerodet. Im Herbst gefiel es der Weisheit des Oberkirchenrats, den Pfarrverweser Manfred Müller zu versetzen. Ich schrie Zeter und Mordio. Ich wollte nicht schon wieder umziehen, mich an einen neuen Geruch gewöhnen und in einer anderen Gemeinde anfangen. Mir wurde übel. Ich spuckte von morgens bis abends. Die Mesnerin meinte: »Des wird gwieß a Mädle, bei Buba isch's oim net so schlecht.«

Ob Bub oder Mädchen, als der Bescheid des Oberkirchenrates kam, wollte das kleine Wesen in mir nicht mehr dulden, daß ich irgendwelche Nahrung bei mir behielt. Leise klagend strich ich durch die Räume. Da fuhr Manfred nach Stuttgart, um vor seiner obersten Behörde vorstellig zu werden. Er schilderte in beredten Worten das Elend zu Hause, was die Behörde kaltließ. Dann berichtete er über die Gemeindearbeit, die Kreise und Bibelstunden und all das, was er bereits im Segen zu tun begonnen, und die Behörde hatte ein Einsehen und beließ uns an dem bisherigen Ort unseres Wirkens. Ich jubelte und hörte auf zu spucken. Wir hatten die Schlacht gewonnen. Ein anderer Pfarrer zog in die für uns bestimmte Gemeinde. Nach ein paar Wochen wurden wir zu einer Besichtigung in das neuerbaute Pfarrhaus eingeladen. Wir gingen durch Zimmer mit Zentralheizung. Wir sahen ein gut eingerichtetes Bad und ein WC. Ich brach schier zusammen. All diese Pracht wäre unser gewesen, hätte ich sie nicht für Ratten und Fledermäuse dahingegeben! Ich allein war schuld! Die Folgen der eigenen Dummheit sind besonders schwer zu ertragen. Damals nahm ich mir vor, den Weisungen des Oberkirchenrates treulich Folge zu leisten, wohin sie auch immer führen sollten. In diesem Vorsatz bin ich inzwischen aber wieder schwankend geworden.

Ich hielt mich nachträglich an den Grundsatz meines Vaters: »Der schwerste Weg ist der richtige.« Wir waren den schwereren Weg gegangen, auch wenn wir das eigentlich nicht vorgehabt hatten. Dies hielt mich einigermaßen aufrecht, als der schreckliche Winter hereinbrach und unser Haus jeden Tag eine neue unerfreuliche Überraschung für uns bereithielt. Fehlte mir sonst noch ein Halt, so hingen genug Eiszapfen von der Hausflurdecke, an die ich mich klammern konnte.

Der Frühling kam. Draußen wehte ein lindes Lüftchen. Wir rissen alle Fenster auf, damit die warme Luft auch unser kaltes Gemäuer durchdringe, und siehe da, es taute! Es tropfte von der Decke, es floß von den Wänden, über die Treppe lief ein Rinnsal. Das Pfarrhaus troff.

»Wir müssen etwas unternehmen«, sagte Manfred, »sonst bekommen wir Hochwasser und holen uns außerdem das Zipperlein.« Er drückte mir eine Schaufel in die Hand, nahm selber Pickel und Messer und fing an, die Wände abzukratzen. Wir hieben, stachen und schoben die kalte Pracht in den Badezuber. Fünf Zentimeter dick war die Eisschicht an den Wänden. Auch die Eiszapfen schlugen wir ab, soweit sie uns erreichbar waren. Durch diese Aktion entkamen wir zwar dem Hochwasser, doch löste sich auch der Kalk von den Wänden, so daß der Hausflur an Schönheit verlor.

Rings um das Haus blühten die Schneeglöckchen. Unter dem Fliedergebüsch war es blau von Szilla, und der Birnbaum strahlte so weiß und leuchtend, daß wir die Leiden des Winters vergaßen. Auch das Bild des Pfarrhauses mit Zentralheizung und WC verblaßte vor meinem inneren Auge, zumal ich hörte, daß der Pfarrer dort mit Schwierigkeiten in der Gemeinde zu kämpfen habe.

Haustöchter und Pfarrmägde

»Du hast zu viel Arbeit«, sagte Manfred, »willst du nicht eine Haustochter haben?« Ja, ich wollte und sah mich schon im Geiste geruhsam in der Sofaecke sitzen und lesen. Also machten wir zweimal den Versuch, mit Hilfe einer Haustochter besser über die Runden zu kommen.

Das erste dieser, wie ich damals noch annahm, hilfreichen Geschöpfe hieß Marie-Antoinette und kam aus Brasilien. Ich hatte in unserem Bekanntenkreis eine unbedachte Äußerung getan in der Richtung, daß mir die Arbeit über den Kopf wüchse und daß ich eine Haustochter suchte. Schon hatte ich Marie-Antoinette am Hals. Sie war bei einer Tante in Deutschland auf Besuch, schien aber dort das Familienleben empfindlich zu stören, so daß sie möglichst schnell aus dem Hause sollte. Uns wurde mitgeteilt, daß man der jungen Dame Gelegenheit geben wolle, in einer schlichten deutschen Familie den Haushalt zu erlernen.

Diese Marie-Antoinette war genau wie ihre königliche Namensschwester ein kapriziöses Persönchen. Sie lugte mit feurigen schwarzen Augen nach der männlichen Dorfjugend aus, trug kurze Röcke über gut geformten, langen Beinen und war keineswegs gewillt, sich eines derselben im Dienste der schlichten deutschen Familie auszureißen.

Schon das Zimmer im Dachgeschoß mißfiel ihr sehr. Am Morgen kam sie immer ganz gebrochen zum Frühstück herunter, klagte über Kreuzschmerzen und schwere Träume. »Warum bleiben Sie dann so lange im Bett?« fragte ich freundlich. »Sie könnten Ihre Leiden abkürzen, wenn Sie etwas früher aufstehen würden.«

Aber auf dem Ohr hörte sie nicht. Das »terrible thing«, über das sie so jammerte, war mein Jungmädchenbett. Wir hatten es nach der Flucht für wenig Geld bei einem Bastler gekauft. Er war so gerührt über unser Interesse an seiner Schöpfung, daß er uns noch ein zweites Bett dazu schenkte. Das stand nun bei uns im Gastzimmer. Die Rahmenteile dieser Betten waren so sinnvoll miteinander verbunden, daß das ganze Gestell zusammenfiel, wenn der Schläfer mit dem Fuß an die hintere Leiste schlug. Sprungfedern, Roste oder dergleichen luxuriöse Dinge gab es nicht. Eine Anzahl waagerecht gelegter Bretter bildete den Untergrund für Matratze und Laken. Als junges Mädchen hatte ich tief und ohne Beschwerden in diesem Bett geschlafen. An gelegentliche Zusammenbrüche gewöhnte ich mich schnell und tat mit geschlossenen Augen die notwendigen Handgriffe. War ich zu müde, schlief ich auf dem Boden weiter. In unserem Mädchenzimmer hatten wir das Bett so geschickt zwischen Wand und Schrank geklemmt, daß Marie-Antoinette keine nächtlichen Zusammenbrüche mehr erlebte. Trotzdem benahm sie sich wie eine Prinzessin auf der Erbse. Sie jammerte zum Steinerweichen und wollte uns schon am Frühstückstisch die blauen Flecken der vergangenen Schmerzensnacht an ihrem schmukken Körper vorweisen. Manfred zeigte sich interessiert, bei mir aber stieß sie auf wenig Verständnis. Ich wehrte heftig ab und spritzte zur Bekräftigung noch etwas Kaffee auf ihre nackten Schenkel. Diese Demonstration verstand sie. Sonst aber stand es mit unserer Verständigung denkbar schlecht. Sie war der deutschen Sprache nicht mächtig, und ich konnte kein Portugiesisch. Also einigten wir uns auf ein beiderseitig mangelhaftes Schulenglisch. Alles, was Marie-Antoinette ungern tat und hörte, verstand sie einfach nicht.

Auch sonst entsprach sie in keiner Weise meinen Vorstellungen von einer idealen »Pfarrmagd«. Mir schwebte ein sauberes ältliches Wesen vor, genügsam und treu, das des Morgens früh aufsteht, mit leisen Schritten durch das Haus eilt, Öfen schürt und Brötchen holt; das den Boden scheuert und den Garten umgräbt, und dies alles nur für ein huldvolles Lächeln der Pfarrfrau und für deren abgetragene Kleider. Nein, mit einer Pfarrmagd dieser Güte hatte Marie-Antoinette nichts gemein, und leider bin ich einem solchen Wesen auch nie begegnet. Es muß aber einmal existiert haben, denn ich habe davon gehört und gelesen.

Die dienstbaren Geister in meinem Elternhaus waren sehr beherrschende Persönlichkeiten. Ob sie nun Else, Genia, Lena oder Ilse hießen, es war klug, sich gut mit ihnen zu stellen und schleunigst zu verschwinden, wenn sie wütend waren.

Genia kochte wie ein französischer Küchenmeister. Sie zauberte sogar in Kriegszeiten noch köstliche Menüs auf den Tisch. Wir Kinder aber fürchteten sie wie den leibhaftigen Teufel. Sie hatte feuerrote Haare, eine gellende Stimme, hart zupackende Hände, und sie haßte Kinder in der Küche. Wollte oder mußte einer von uns Geschwistern seinen Mut beweisen, dann galt es als die gefährlichste Aufgabe, in die Küche zu schleichen und irgendein Beweisstück mitzubringen: einen Löffel vom Buffet, ein Glas vom Abwaschtisch oder, als großartigste Leistung, etwas Gutes aus der Speisekammer. Während dieser Mutprobe saßen wir anderen unter dem Küchenfenster und lauschten, irgend etwas Schrecklich-Schönes würde auf jeden Fall passieren. Genia fluchte. Sie konnte minutenlang auf polnisch fluchen, ohne sich ein einziges Mal zu wiederholen. Wir sprachen leise und andächtig mit.

Ich habe als Kind recht gut Polnisch gesprochen, aber das einzige, was ich heute noch wirklich beherrsche, ist die Nationalhymne und eine reichhaltige Kollektion von Flüchen. Von diesen beiden Fähigkeiten profitiere ich viel. Jeder Zuhörer ist begeistert, wenn ich die polnische Nationalhymne schmettere. Gastgeber von Parties bitten mich inständig, doch diese Nummer zum besten zu geben, um damit die müde Gesellschaft wieder anzukurbeln und dem ganzen Abend ein kosmopolitisches Gepräge zu geben. Bei diesen Vorführungen erscheine ich auf einmal in östlich-apartem Licht. Man rühmt sogar die mir verhaßten breiten Backenknochen. Ich höre beglückende Schmeicheleien und blühe dementsprechend auf. Auch die Fähigkeit, polnisch fluchen zu können, ist für mich von hohem Wert. Ich kann meinem Zorn jederzeit Luft machen, ohne befürchten zu müssen, eine Beleidigungsklage an den Hals zu bekommen. Nur muß ich hier mit Vorsicht zu Werke gehen.

Bei einer Gesellschaft wurde ich gebeten, etwas mehr von der polnischen Sprache zum besten zu geben. Nach der gesungenen Nationalhymne sollte ich noch ein paar Sätze sprechen, damit man den Klang der Sprache ins Ohr bekäme. Also ließ ich mit freundlichem Gesicht und höflichem Lächeln meine Flüche vom Stapel. Die Zuhörer waren fasziniert. Wie fremdartig und urwüchsig diese Sprache aus dem Osten doch klang! Ein Oberstaatsanwalt bat mich, ihm Polka beizubringen, einen Tanz, den er für typisch polnisch hielt. Auch die anderen Gäste wollten Polka tanzen, und so gab es viel Wirbel und Spaß. Als die Tänzer müde waren und erschöpft ins Freie strömten, setzte sich ein älterer Herr neben mich. Er stellte sich als Nikolas Dombrowsky vor und fragte so nebenbei, ob ich eigentlich wüßte, was ich da eben alles gesagt hätte. Ich antwortete nicht, sondern lächelte nur geheimnisvoll. Er eröffnete mir, daß er aus Warschau stamme und Polnisch spräche. Er würde mir meine

Worte gerne übersetzen, wenn er sie deutsch über die Lippen brächte.

»Passen Sie auf«, sagte er und hielt mir ein Glas Wodka an die bleichen Lippen, »Sie haben die Leute eben ganz fürchterlich beschimpft. Jeder hier könnte Sie wegen grober Beleidigung vor Gericht bringen!« Er lachte. »Von mir erfährt niemand etwas, aber Sie sollten sich vor dieser Darbietung immer erst erkundigen, ob Polnisch sprechende Mitbürger in der Nähe sind.« Diesen weisen Rat habe ich seither immer beherzigt.

Genias Fluchen war schön und schrecklich anzuhören. Weh aber dem Unglücklichen, den sie ohne triftige Gründe in der Küche erwischte! Sie riß ihn an den Haaren oder schlug ihm ein nasses Handtuch um die Ohren, daß es nur so klatschte und wir draußen vor dem Fenster schaudernd zusammenkrochen.

Ob es nun polnische oder deutsche Mädchen waren, uns Kindern erschienen sie alle barsch und gefährlich. Vor meiner Mutter aber machten sie die schönsten Knickse, verdrehten fromm die Augen und lasen ihr jeden Wunsch vom Gesicht ab. Wenn Mutti Kopfweh hatte, und das war oft der Fall, ging es uns auch schlecht.

»Ihr verdammtes Kroppzeug!« schrie Genia. »Da sitzt die Pastorka ins Zimmer und brummt ihr der Kopf, und ihr macht Radau. Wart nur, ich dreh' euch den Kragen um! Bande, elendigliche!« Ihr war alles zuzutrauen, wir verkrochen uns eilig.

Bei dem Polenaufstand 1939 aber wurde sie zu unserem Schutzengel. Sie versteckte uns bei ihrer polnischen Familie, was gefährlich für sie war, uns aber das Leben rettete. Wie meine Mutter es fertiggebracht hat, diesen Mädchen Kochen und Haushaltsführung beizubringen, ist mir schleierhaft. Sie hatte von diesen Künsten ja keine Ahnung. Jedenfalls waren alle Mädchen wohlausgebildete Hausfrauen, wenn sie weinend von uns Abschied nahmen, um zu heiraten. Ich vermute, sie waren es vorher schon. Vielleicht spielten die Gutsfrauen der Umgebung ihrer unerfahrenen Pfarrfrau nur angelernte Kräfte zu.

Im Pfarrgarten von Kuschlin arbeitete Mutter Wiesche. Sie ging so tief gebückt, daß man jederzeit damit rechnen mußte, ihren zahnlosen Mund aus der Staudenrabatte, wo sie Unkraut jätete, grinsen zu sehen. Manchmal kam sie morgens mit einem zugedeckten Korb ins Haus und stellte ihn in der Küche auf den Tisch. Mutti wurde geholt, und unter ihrem Schutz wagten auch wir uns in das verbotene Paradies. Sie hob das weiße Tuch vom Korb, und wir bestaunten die verkrumpelten braunen Kugeln, die darin lagen. Es waren Morcheln, die Mutter Wiesche gesammelt hatte. Sie bekam Geld und wir die Morcheln. Beim Mittagessen schnupperten alle Erwachsenen verzückt und taten so begeistert, als hätten sie etwas überaus Köstliches zwischen den Zähnen. Ich aber biß dauernd auf Sand, und wenn er zwischen meinen Zähnen knirschte, lief mir eine Gänsehaut über den Rücken. Mutter Wiesche war auch zu uns Kindern freundlich. Jeden Morgen kramte sie in ihrer Schürzentasche und brachte zerdrückte Mohrenköpfe und klebrige Bonbons zum Vorschein. Wir versuchten, sie möglichst oft zum Lachen zu bringen, um dann mit freudigem Grausen in ihren aufgesperrten zahnlosen Mund zu starren. Nur Hühner, die sich in unseren Garten verliefen, verfolgte sie mit grimmigem Zorn. Sie rannte hinter den verhaßten Tieren her, jagte sie mit schrillen Schreien bis zum Zaun, manchmal sogar noch weiter, und brachte dadurch einmal einen Hochzeitszug in arge Bedrängnis.

Dieser Hochzeitszug stand wartend vor dem Kirchentor, um beim ersten brausenden Orgelton seinen feierlichen Einzug zu halten. Da rannten ein paar Hühner ängstlich gackernd aus dem Pfarrgarten, und hinter ihnen mit hocherhobenem Stecken jagte Mutter Wiesche her. In ihren Augen flackerte Mordlust. Sie zischte und spuckte vor Wut. Der Hochzeitszug stob auseinander, die verfolgten Hühner suchten in der Kirche Schutz. Mutter Wiesche aber war nicht gewillt, sie entkommen zu lassen. Sie erschien im Portal des Gotteshauses, die Orgel brauste auf. Der hochgeschwungene Stecken verfing sich im Schleier der Braut. Die hielt beide Hände auf den Kopf gepreßt und rannte notgedrungen hinter Mutter Wiesche und ihrem Schleier her. Ihr folgte der Bräutigam. Auch die Hochzeitsgäste drängten in die Kirche hinein, teils aus Neugier, teils aus Jagdlust. Die Hühner flatterten in die Höhe und suchten auf der Kanzel Schutz. Da erschien mein Vater in der Sakristeitür. Er versperrte der zornigen alten Frau den Weg zur Kanzel. »Aber Mutter Wiesche!« sagte er mit sanftem Tadel, »wir sind im Gotteshaus!« Zerknirscht ließ sie den Stock fallen, worauf Schleier und Myrtenkranz vollends vom Haupt der Braut gerissen wurden. Dies hielten einige Gemeindeglieder für einen deutlichen Hinweis, daß sich der *Herr* nicht spotten lasse und daß einer Braut, deren Hochzeitskleid schon so deutlich über dem Bauch spanne, kein Schleier noch Myrtenkranz mehr gebühre.

Inzwischen hatte sich der Kirchendiener die Kanzeltreppe hinaufgeschlichen. Eines der flüchtigen Hühner konnte er pakken, das andere flog, wild gackernd, von der Kanzel herab, ließ in seiner Angst einen Klecks auf das wohlfrisierte Haupt der Brautmutter fallen und floh zur Kirche hinaus. Auch Mutter Wiesche schlich davon, klein und tief zu Boden gedrückt. Die Braut packte ihren Schleier und stülpte ihn wieder auf den Kopf. Die Brautmutter versuchte vergeblich, die stinkende Bescherung von ihrem Haupte zu schütteln. Der Hochzeitszug ordnete sich, und die feierliche Handlung konnte beginnen. Allerdings hatte der Bräutigam durch diese Geschehnisse einen solchen Schock erlitten, daß er, befragt, ob er die Jungfrau Auguste Müller zum Weibe nehmen wolle, mit »Nein« antwortete. Ein erstaunter Blick des Pfarrers und ein scharfer Knuff seiner Verlobten brachten ihn aber wieder soweit zur Räson, daß er sich räusperte, tief aufseufzte und sagte: »Doch, ja, ich tu's!« Im Dorf sprach man noch lange über die absonderliche Hochzeitsfeier; dies besonders, nachdem die junge Ehefrau nach fünf Monaten eine Frühgeburt erlitt und einem neun Pfund schweren wohlausgereiften Knäblein das Leben schenkte.

Nach diesem Vorfall kam Mutter Wiesche im schwarzen Sonntagsstaat zu meiner Mutter und bat um Verzeihung. Sie nuschelte, daß sie sich habe hinreißen lassen zu unchristlichem Zorn wegen dieser verdammten Satansbraten, daß sie aber nun ein neuer Mensch werden wolle. Sie bäte die Frau Pfarrer, doch bei dem Herrn Pfarrer ein gutes Wort für sie einzulegen, unter dessen Augen sie sich sonst nie mehr trauen werde. Mutti versprach ihr all dies und fügte noch einige wohltuende Worte hinzu, worauf Mutter Wiesche ihr dankbar die Hand küßte und am nächsten Tag einen Korb mit Blaubeeren brachte. Sie zierte sich lange, ehe sie das Geld dafür nahm.

Nach ein paar Wochen aber war sie gottlob wieder die alte und jagte wie eh und je hinter den Hühnern her.

Als wir Kuschlin verließen, nahm Mutter Wiesche nuschelnd und weinend von uns Abschied. Sie drückte mich so heftig an ihre harte Brust, daß ich vor Angst in Tränen ausbrach. Erst das Versprechen, daß wir beide in der Küche Kaffee und Kuchen bekämen, ließ unsere Tränen versiegen. Nicht, daß ich besonders scharf auf Kaffee und Kuchen gewesen wäre, aber die Vorstellung, zusammen mit Mutter Wiesche am Küchentisch zu sitzen und eintunken und schlürfen zu dürfen wie sie, konnte jeden Schmerz lindern.

In Bromberg besorgte Bruder Melbusch unseren Garten. Gegen ihn war Mutter Wiesche ein wahrer Engel an Sanftmut und Geduld. Bruder Melbusch war ein Trinker und gehörte dem Verein der Blau-Kreuzler an, den mein Großvater in Bromberg gegründet hatte. Dem schwachen Bruder zu Trost und Hilfe hatte Großvater das Trinken von alkoholischen Getränken aufgegeben. Er trank nur noch Milch, Saft und Tee und hielt bei Hochzeiten flammende Reden gegen den Alkohol und seine grauenhaften Folgen. Um den Herrn Pfarrer nicht zu kränken, klebten die Brautväter vorsorglich Saftetiketten auf die Weinflaschen und gossen den Schnaps aus Krügen in Wassergläser.

Als Großvater das Bromberger Pfarrhaus verließ und sein Sohn den Platz für ihn einnahm, legte der Ältere dem Jüngeren seine Sorgenkinder ans Herz. Unter diesen befand sich auch Bruder Melbusch, alt, arbeitsscheu, selten nüchtern, aber fromm. Vati nahm ihn als Gärtner in Dienst. Die meiste Zeit lag Bruder Melbusch, blau wie ein Veilchen, im Garten und schlief. In diesem Zustand war er ungefährlich. Wir konnten uns hinter ihm verstecken und neben ihm Fußball spielen, er wachte nicht auf. Schlimm wurde es nur, wenn er ein neues Enthaltsamkeitsgelübde abgelegt hatte und nüchtern war. Dann ärgerte ihn jede Birne, die vermostet, und jede Kartoffel, die verschnapst hätte werden können. Zornig riß er das Unkraut samt den Blumen aus den Rabatten. Er warf mit Erdklumpen nach allem Lebenden, besonders aber nach uns Kindern, die wir seine Ohren mit Lärm peinigten. Während der Abendandacht hockte er mürrisch auf der Ofenbank. Durfte er sich ein Lied wünschen, dann war es: ›Strafe, strafe, spricht der Herr...‹ oder ›Mit Ernst, o Menschenkinder‹.

Hatte er aber irgendwo ein Fläschchen Bier, Wein oder Schnaps erwischt, dann wurde er freundlich und sanft. Er unterbrach die Schriftlesung bei der Abendandacht und rief begeistert dazwischen: »Halleluja, Amen, Amen!« Er wünschte sich: ›O daß ich tausend Zungen hätte‹ und sang so donnernd, daß man glauben konnte, ein Teil dieser Zungen wäre ihm schon vom Herrn geschenkt worden. Auch stand er schwankend auf und erbot sich, das Wort auszulegen. Manchmal gelang es Vati, ihm zuvorzukommen und schnell das Schlußgebet zu sprechen. Zögerte er aber einen Augenblick, dann legte Bruder Melbusch los und pries die Schöpfung des Herrn in lauten Tönen. Er rülpste und lallte, weinte und lachte. Viel war nicht zu verstehen, aber wir saßen fasziniert da, bis er eine Pause machte, um Luft zu schöpfen. In diese Pause hinein sagte Vati: »Lasset uns beten!« Bruder Melbusch war nicht gekränkt. Er betete besonders laut und innig, und manchmal plumpste er sogar auf die Knie dabei.

Als ich im Pfingstgottesdienst von den Aposteln hörte, die »in Zungen« geredet hätten, worauf die Ungläubigen dachten, sie wären trunken, fiel mir sogleich Bruder Melbusch ein und sein unverständlich trunkenes und doch so begeistertes Lob Gottes.

Durch seine Trunkenheit hat er sogar dem Tod ein Schnippchen geschlagen. Als die Polen ihn bei dem Aufstand 1939 suchten, war er nirgends zu finden. Er lag volltrunken zwischen unseren Stachelbeerbüschen. Der Brand unseres Hauses weckte ihn auf. Er traute seinen Augen nicht, meinte, das Jüngste Gericht sei hereingebrochen, beschloß dann, mit seiner Fahne der Nase des Herrn noch ein Weilchen fernzubleiben, legte sich zurück, schlief wieder ein und torkelte nach Hause, als Weib und Kind bereits seine Ermordung beklagten.

Eine Zeitlang saß im Stübchen neben der Küche ein zartes Fräulein. Sie stopfte Strümpfe oder ratterte auf der Nähmaschine, und sie hieß Fräulein Martha. Ich liebte diese sanfte Näherin. Sie lächelte freundlich, wenn man hereinkam, hatte weiche, weiße Hände und eine wohllautende Stimme. Sooft ich nur konnte, schlich ich in das Nähzimmer und hockte mich neben Martha auf den Boden. Dann erzählte sie Geschichten oder sang traurige Lieder. Damals erkannte ich die Schönheit des Chorals ›Ich bete an die Macht der Liebe...‹ Wenn ich mir bei der Abendandacht ein Lied wünschen durfte, war es immer dieses. Was »die Macht der Liebe« sei, war mir damals noch nicht klar. Ich meinte, die Großen sängen falsch. Für mich hieß der Text: »Ich bete an die Martha liebe...« Daß auch der Herr Jesus in diesem Lied vorkam, nahm ich als Selbstverständlichkeit hin. Jede Geschichte, die Martha erzählte, handelte ja von ihm. So sang ich denn mit viel Gefühl und tiefem Einverständnis, denn ich betete sie wirklich an, die liebe Martha. Als sie heiratete, sollte ich vor dem Brautpaar hergehen und Blumen streuen. Aber am Hochzeitstag war ich krank, hatte Bauchweh und Fieber und lag im Bett. Sie besuchten mich in meinem Zimmer. Der Bräutigam hatte den Arm um sie gelegt, er war häßlich und dick. Ich drehte mich zur Wand.

Mit Marie-Antoinette war ich nicht so innig verbunden, obwohl wir viele gemeinsame Interessen hatten. Genau wie ich liebte sie es, lange zu schlafen, Klavier zu spielen und Mittelpunkt bei Gesellschaften zu sein. Sogar für meinen Mann zeigte sie eine besondere Vorliebe. Sie warf ihm verliebte Blicke zu, was ich auch getan hätte, wenn ich nicht schon seine Frau gewesen wäre. So war ihres Bleibens in unserem schlichten deutschen Haushalt nicht länger. Sie schied vergnügt nach einigen Wochen erholsamen Urlaubs auf dem Lande. Mich ließ sie als Nervenbündel und Pulverfaß zurück. Erst als sie auf dem Weg zu ihrer gar nicht erfreuten Tante war, kam es bei uns im Pfarrhaus zu der schon lange fälligen Explosion. Manfred setzte das Pulverfaß selbst in Brand. Er tat dies unbekümmert und ohne die geringste Ahnung von all dem aufgestauten Zündstoff. »Es ist schön, daß wir nun wieder alleine sind«, sagte ich und machte eine Pause, damit er freudig zustimmen könne. Er schwieg. »Diese Marie-Antoinette war ein schwieriger Mensch«, fing ich wieder an, »ihr Charakter ließ viel zu wünschen übrig. Findest du nicht auch?«

»Nun ja«, sagte er, »vielleicht ließ ihr Charakter zu wünschen übrig, aber sonst hatte sie doch einiges zu bieten. Ich meine, ihre äußere Erscheinung war durchaus erfreulich.«

Er lachte genüßlich und malte mit den Händen ihre ansprechenden Kurven in die Luft.

Das war zuviel. Ich schimpfte auf englisch, fluchte auf polnisch und weinte auf deutsch. Es war ein so lautstarker Ausbruch, daß die Mesnerin ihren Schürhaken ergriff und eilig herübergelaufen kam, weil sie meinte, wir seien in die Hände fremdländischer Banditen gefallen.

Die zweite Haustochter hieß Helene. Sie war das genaue Gegenteil von Marie-Antoinette. Hatte jene ihre Fingernägel sorgsam manikürt, so knabberte diese dauernd an ihnen herum. Faßte Marie-Antoinette nur ungern mit an, so packte Helene derart willig zu, daß Türen krachten, Scheiben klirrten und Gläser zerbrachen.

Sie fand das Mädchenzimmer schön und das Bett bequem. Wenn sie morgens aufstand, zitterte über uns die Decke, und die Lampe kam ins Schaukeln. Dann rauschte ein kleiner Wasserfall an unserem Fenster vorbei hinunter in den Garten. Helene pflegte nämlich den Nachttopf, mit dem ich das Mädchenzimmer versehen hatte, einfach aus dem Fenster zu leeren. Von dieser Praxis ließ sie trotz Gegenvorschlägen und Vorwürfen nicht ab. Sie schäme sich, so sagte sie, mit gefülltem Nachttopf einem menschlichen Auge entgegenzutreten. Also könne sie den Nachttopf nicht in unserem Wohnungsklo und auch nicht in dem unteren ausleeren. Als aber die Blumen in der so begossenen Rabatte zu welken begannen, hatte sie ein Einsehen. Sie schlug vor, wir sollten morgens für zehn Minuten das Haus verlassen, damit sie in Ruhe das Nötige verrichten könne. Dieser Vorschlag rief bei uns wenig Begeisterung hervor. Was sollten wir denn draußen tun zehn Minuten lang? Was würden die Leute denken? Wollte Helene, daß wir uns den Tod holten, wenn es regnete und stürmte? Nein, das wollte Helene nicht. Sie war ratlos und begoß weiterhin die Rabatte. Jetzt aber tat sie dieses mit schlechtem Gewissen wegen der Blumen. Schließlich verzichtete sie beim Nachtessen auf den geliebten Süßmost und meinte mit traurigem Lächeln, daß sie sich am Abend keine Flüssigkeit mehr leisten dürfe. Ihr Leiden schnitt uns ins Herz.

Nun war Helene ein Morgenmensch und sang dazu noch gern. Schon beim Aufstehen jubilierte sie wie eine Lerche und hörte beim Frühstück nur auf, weil sie nicht gleichzeitig singen und essen konnte. Mit gequältem Lächeln ertrug ich die morgendlichen Lobgesänge, aber ihre Aufforderung, doch mit einzustimmen, lehnte ich entsetzt ab. Das hatte mir gerade noch gefehlt! Niemals hatte ich morgens gesungen, ich würde es auch fürderhin nicht tun, und wenn Helene noch so vorwurfsvoll guckte.

Eines Morgens, als sie singend den Frühstückstisch deckte, kam mir die rettende Idee. »Helene«, sagte ich, »du hast eine so schöne Stimme. Wie wäre es, wenn du morgens singen würdest, sobald du mit dem Nachttopf nach unten kommst? Niemand von uns wird sich blicken lassen, solange wir dich singen hören.«

»Aber ich singe jetzt auch schon, ohne Topf«, sagte Helene.

»Richtig, aber wenn du meinen Vorschlag annimmst, dann wissen wir, warum du singst, und bleiben in unseren Zimmern. Natürlich darfst du erst zu singen anfangen, wenn du die Treppe herunterkommst, nicht schon beim Aufstehen. Weißt du, sonst müssen wir zu lange im Bett bleiben. Auch wird es gut sein, wenn du hinterher noch ein Weilchen still bist, damit wir nicht denken, du kommst schon wieder mit dem Topf.«

Gut, Helene war einverstanden. Sie wählte die Lieder am Abend vorher sorgsam aus, und so sang sie sich denn von ›All Morgen ist ganz frisch und neu...‹ bis ›Wach auf, mein Herz, und singe...‹ durch die Morgenlieder des Gesangbuches. Auch unsere Söhne wuchsen ganz selbstverständlich in dieses morgendliche Ritual hinein. Wenn sie in der Frühe durch die Wohnung geisterten, um sich Spielsachen ins Bett zu holen, und Helenes Gesang ertönte auf der Treppe, dann ließen sie alles stehen und liegen, schrien »Weg da! Topp tommt!« und schlüpften in ihr Zimmer. Die Tür ließen sie allerdings einen Spalt offen, um den geheimnisvollen Topfgang miterleben zu können.

»Diese Sau!« schrie Andreas eines Tages und stürmte wutentbrannt in die Küche. »Diese Sau hat mir meine Burg kaputtgemacht!« Mit der Sau meinte er seinen Bruder.

Helene putzte Salat. »Man sagt nicht Sau!« sprach sie. »Das ist ein ganz häßliches Wort!«

»So, so, aber du tusch singen!« schimpfte Andreas.

»Nie«, sagte Helene, »nie nehme ich ein so schmutziges Wort in den Mund!«

»Und was hasch mit dem Topp gsungen?« fragte Andreas. »Heute morgen?«

Helene überlegte. »›Morgenglanz der Ewigkeit‹ habe ich gesungen. Da gibt's kein häßliches Wort.«

»Sing's mal!« verlangte Andreas. Sie war freundlich zu den Kindern, also sang sie, und Andreas hörte gespannt zu. Die zweite Strophe kam.

»Halt!« rief Andreas, »jetzt, jetzt hast du's gsungen!«

Sie wiederholte: »Deiner Güte Morgentau fall auf unser matt Gewissen; laß die dürre Lebensau ...« Sie zog beim Singen das s hinüber zum au, und so wurde aus der dürren Lebens-au eine dürre Lebens-sau, wenigstens für Andreas. Helene schüttelte den Kopf.

»Ich werde dir das Lied heute abend erklären«, sagte sie. Am Abend saß sie eine Stunde an Andreas' Bett und erklärte. Völlig verwirrt kam sie wieder ins Wohnzimmer.

»Nun, hat er's verstanden?« fragte Manfred.

Helene griff sich an den Kopf. »Ich verstehe es selber nicht«, sprach sie, »aber es ist ein schönes Lied!«

Jedenfalls haben wir durch Helenes Topfgesänge die Morgenlieder sozusagen im Schlaf gelernt.

Helene hatte bei ihrer Ankunft noch weniger Ahnung von Kochen und Haushaltsführung als ich. Sie war aber ein fleißiges Mädchen. Während Manfred und ich im Städtchen einkauften, beschloß sie, die Wohnung gründlich zu putzen. Sie schleppte Eimer mit heißem Wasser heran, weichte den Boden gründlich auf und schrubbte das Parkett mit Schmierseife. Ihr Gesicht strahlte, als wir heimkehrten und durch die Wohnung wateten. An dem Parkett war nichts mehr zu verderben, ich konnte meine Tränen fließen lassen. Nach dem Trocknen klafften manche Hölzer auseinander, andere hatten sich gewellt. Zum Glück war es Helene nicht gelungen, das ganze Haus unter Wasser zu setzen. So mußten wir nur drei Zimmer und die Diele spänen. Wir schafften es in drei Tagen.

Helene kannte viele neue Tischgebete, und sie sprach sie gern und mit Betonung. Sie stammte aus einem frommen Elternhaus. Ihr Vater war Prediger bei einer Gemeinschaft. Jeden Tag las sie ein Kapitel aus der Bibel. Dazu setzte sie sich demonstrativ in eine Sofaecke im Wohnzimmer. Eine Zeitlang hielt ich ihrem vorwurfsvollen Blick stand. Dann holte ich meine Bibel und nahm in der anderen Ecke Platz. Meistens war ich mit dem Kapitel eher fertig als sie. Ich wagte aber nicht aufzustehen, sondern verharrte in einem andächtigen Nickerchen, bis sie auch soweit war. Sie stand auf, sagte, diese Stunde wäre für sie ein Lebensborn, und sie hoffe, es ginge mir ebenso. Ich pflichtete eifrig bei.

Jedes Jahr im Winter, wenn unsere Gemeinschaft eine Evangelisation hielt oder wenn Zeltmission war, bekehrte sich Helene. Sie war dann besonders gründlich bei der Arbeit und schwierig im Zusammenleben. Mit schmerzlicher Geduld ertrug sie meine Launen und sah mich nur traurig an, wenn ich schimpfte. Morgens sang sie Glaubenslieder. ›Harre, meine Seele ...‹ oder ›Bei dir, Jesu, will ich bleiben ...‹. Nach ein paar schweren Wochen legte sich ihr frommer Eifer, und sie wurde wieder menschlich.

Mit dem Essen war Helene nicht verwöhnt. Sie aß, was auf den Tisch kam, am liebsten Kartoffeln mit Soße. Dieses Gericht konnte ich recht gut zubereiten, wenn man von der Soße einmal absieht. Ich hatte mit der Zeit gelernt, zum Braten eine schmackhafte Soße herzustellen. Braten aber durfte es nach Helenes Meinung höchstens am Sonntag geben. Fleisch am Werktag hielt sie für sündhafte Völlerei. Ohne Bratensaft jedoch entbehrte meine Soße jeglicher Kraft und Würze. Was sie dafür reichlich enthielt, waren Mehlklumpen und verbrannte Zwiebeln. Manfred aß mit deutlichem Widerwillen. Helene aber langte freudig zu und sagte, dies Gericht erinnere sie an zu Hause.

Dann übergab ich ihr den Kochlöffel und lehrte sie, Kartoffeln, Gulasch und Reis zu kochen. Bald hatte sie mich in der Zubereitung dieser Speisen überflügelt und ging dazu über, schmackhafte Phantasiegerichte herzustellen. Wir wechselten uns ab.

»Wer kocht heute?« pflegte Manfred zu fragen. Wenn ich an der Reihe war, seufzte er.

So hätte Helene noch lange bei uns bleiben und im Segen wirken können, hätten ihre frommen Eltern nicht unseren schlechten Einfluß gefürchtet. Sie schied von uns mit schwerem Herzen und bat, nicht alles zu vergessen, was sie uns an Gutem beigebracht. Sie werde uns in ihr Gebet einschließen, sagte sie. Dann weinten wir gemeinsam. Wir hatten die kostbarste aller Perlen verloren.

Nach Helene nahmen wir keine Haustochter mehr in Dienst. Ich begnügte mich mit einer Putzfrau, die einmal in der Woche kam. Diese Frau erzählte mir gern von dem Schicksal ihrer zahlreichen Verwandtschaft. Sie hätte auch gerne geputzt, wäre sie dazu gekommen. Es war ihr nämlich nicht gegeben, zwei Dinge auf einmal zu verrichten, also zu reden und zu putzen. Da sie lieber sprach, verhielt es sich meistens so, daß sie plaudernd am Fenster lehnte und ich dabei putzte und zuhörte. Als mir diese Doppelbeanspruchung auf die Dauer zu anstrengend wurde, versah ich mein Hauswesen allein.

Großmutters Raupe und Genovevas Haar

Alles wollte ich werden: Missionarin, Schauspielerin, Juristin, aber ganz gewiß keine Pfarrfrau! Vom Pfarrleben hatte ich genug abbekommen:

Was werden die Leute denken, wenn du dieses Kleid anziehst?
Was wird die Gemeinde sagen, wenn du zur Tanzstunde gehst?
Du mußt in den Kirchenchor, in die Bibelstunde, in den Mädchenkreis! Sei freundlich zu den Leuten!

Herr Müller sagt, Vati ist nicht bekehrt...
Frau Maier sagt, Muttis Frauenstunden sind nicht mehr so gut wie früher.
Fräulein Schmid sagt, wir sind nicht fromm genug...
Vati hat keine Zeit! Mutti hat keine Zeit!

Wird die Predigt fertig? Wird sie den Leuten gefallen?
Wird Vati den Gottesdienst durchhalten? Werden Leute in die Kirche kommen?
Seid still, Mutti hat heute abend Frauenstunde!

Stellt das Radio ab, heute ist Kirchengemeinderatssitzung!
Geht ans Telefon. Macht die Tür auf!
In drei Wochen ist Bazar, ihr helft doch mit?
Spielst du bei der Hochzeit die Orgel?
Machst du ein Gedicht für den Gemeindeabend?

Am Sonntag ist Mädchentreffen, da kannst du nicht zum Schulausflug!
Leider können wir nicht zu deiner Abitursfeier kommen, der Männerkreis hat Jubiläumsfest, wir müssen dabeisein.
Vati sollte mehr Besuche machen, die Leute beschweren sich.
Der Kindergarten ist zu klein, ein neuer muß gebaut werden!
Der Kirchengemeinderat hat bestimmt, daß die Kirche renoviert wird!
Vati lacht nicht, er ist müde, er muß auf den Bauplatz, er hat Ärger.
Kommt schnell nach Hause, Vati hat einen Herzinfarkt!

Nein, alles, bloß keine Pfarrfrau!

Dann lernte ich den Theologiestudenten Manfred Müller kennen und liebte ihn, bevor mir aufging, daß er mich zur Pfarrfrau machen würde. Also schob ich die bösen Erinnerungen beiseite und beschloß, daß bei uns alles anders werden sollte. Das Ganze war im Grunde nur eine Frage der Generation!

Auf Wunsch des Oberkirchenrates fuhr ich zu einer Pfarrbräuterüstzeit. Bis zum Hals gefüllt mit hohen Idealen und guten Vorsätzen kam ich wieder zurück:

Eine Pfarrfrau muß großzügig sein!

Sie freut sich über jeden Besucher!

Schmutzige Schuhe nimmt sie nicht zur Kenntnis!

Bei Telefonaten zur Mittagszeit oder in der Nacht meckert sie nicht, sondern holt flugs den Ehemann herbei!

Eine Pfarrfrau muß zuhören können, auch wenn ihr in der Küche das Essen verbrennt!

Eine Pfarrfrau ist immer freundlich!!!

Eigentlich hätte ich eine gute Pfarrfrau werden müssen, denn eine lange Reihe von Pfarrfrauen, mütter- und väterlicherseits, marschierte mir voran. Alle waren sie besonders begnadete Menschen gewesen. Mütter ihrer Gemeinden, Stützen ihrer Pfarrherren, Muster an Opferbereitschaft und Frömmigkeit. Eine, die selige Pauline Wettstein, führte sogar den Spruch im Wappen: »Ich nütze mich ab, um zu nützen.« Eine wunderbare Frau! Es war viel von ihr die Rede in meinem Elternhaus. Früher hatte sie »von Wettstein« geheißen, aber, des weltlichen Tandes satt, vermochte sie ihren Mann zu bewegen, das eitle »von« aus seinem Namen zu streichen. Diese Tat trug ihr viel Ehre ein.

In meinem Schmuckkästchen liegt noch heute die sagenumwobene »Raupenbrosche« der Großmutter Lina-Maria. Nicht, daß ich diese Brosche, uralt und granatenverziert, jemals getragen hätte. Sie gefiel mir ebensowenig wie Großmutter Lina-Maria. Doch war sie das strahlende Zeichen der Selbstüberwindung dieser trefflichen Frau. Selten verging eine Gesellschaft in meinem Elternhaus, ohne daß die Brosche hervorgeholt und herumgereicht wurde. Man streichelte sie ehrfürchtig. Während die Reliquie von Hand zu Hand ging, erzählte ein Eingeweihter die Legende von »Großmutters Raupe«.

Da war sie also in Mannheim bei Hofe eingeladen, Lina-Maria, die Frau des würdigen Hofpfarrers. Mit illustren Gästen saß sie an fürstlicher Tafel. Lakaien servierten die Speisen, und der lieben Großmama spendierten sie als Beigabe eine Raupe. Entsetzt starrte die Gastgeberin auf Großmamas Teller. Dort lag das Tier, benommen von Öl und Essig, im Salat. An dieser Stelle ergingen sich die Erzähler in phantasievollen Beschreibungen. Sie schilderten die abstoßende Häßlichkeit der Raupe: grün, dick, behaart, oder sie ließen sie aus der Ohnmacht erwachen und mit schlängelnden Bewegungen durch den Salat kriechen. Sie berichteten von Großmamas innerem Kampf, aufsteigendem Ekel und einem Stoßgebet. Alle Erzähler aber waren sich einig, daß der Augenblick der Anfechtung nur kurz, die Tat jedoch groß und edel gewesen sei. Großmama wickelte die Raupe zierlich in ein Salatblatt, führte die Packung zum Munde und verspeiste sie. Befreit seufzte die Gastgeberin. Das Ärgernis war verschwunden. Die Küche des Hauses blieb frei von jedem Makel. Großmama hatte die fürstliche Ehre gerettet. Dafür wurde ihr nach dem Mahl von der dankbaren Fürstin diese Brosche überreicht.

Meine Mutter hatte sie geerbt und in hohen Ehren gehalten. Weil nun auch ich Pfarrfrau geworden war und weil ich dem Format der seligen Großmutter so wenig entsprach, hatte man mir die Brosche in der Hoffnung überreicht, sie werde durch ihr bloßes Dasein eine heilsame Wandlung in mir vollziehen.

Ich trug die Raupengeschichte auch zu Markte. Besonders meinem Sohn Andreas, der jeden Mehlklumpen aus der Soße fischte, erzählte ich sie in allen Einzelheiten und sparte nicht mit lehrreichen Nutzanwendungen. Er hörte die Geschichte immer wieder gern und voll frommem Schauder. Dann wurden wir einmal bei einer alten Dame zum Essen eingeladen. Sie war zwar nicht von fürstlichem Geblüt, aber sie hieß Frau Kaiser, bewohnte ein schloßähnliches Haus und war sehr vornehm. Andreas, damals fünf Jahre alt, hielt sie für eine wirkliche Kaiserin und hatte schon mehrfach verstohlen in die Schubladen der alten Schränke geschaut, um die Krone zu finden.

Nun saßen wir an festlich gedeckter Tafel. Der Salat wurde serviert, auf meinem Teller saß eine Schnecke. Verstohlen blickte ich in die Runde. Die Gastgeberin unterhielt sich mit Manfred, aber Andreas hatte die Gabel beiseite gelegt und schaute aufmerksam auf meinen Salatteller. Er sah die Schnecke, und er kannte die Geschichte von Großmutters Raupe.

Es half nichts, ich mußte das Tier essen, wollte ich dem Kind nicht das letzte bißchen Glauben an die Größe der Mutter nehmen. Ich mag Schnecken nicht einmal gekocht im Restaurant aus appetitlicher Pfanne. Diese hier war putzmunter und festverbunden mit ihrem Haus. Ich wünschte der seligen Großmutter dieses und jenes, aber bestimmt nichts Gutes, wickelte die Schnecke in ein Salatblatt und war bereit, sie zum Munde zu führen.

Da sagte Andreas laut und deutlich: »Mulchen, da ist 'ne Schnecke!«

Ich ließ die Gabel sinken, die Schnecke kroch wohlbehalten aus dem Blatt. »Du hättest sie fast gefressen!« sagte Andreas vorwurfsvoll. »Und sie ist doch noch lebendig!«

Die alte Dame unterbrach ihre Unterhaltung.

»Nein, so was!« rief sie. »Ich habe den Salat dreimal gewaschen. Was für ein Glück, daß Andreas so gute Augen hat!«

Mein Salatteller wurde fortgetragen, ich bekam einen neuen, und Frau Kaiser ermahnte uns, nur jedes Blättchen genau zu betrachten, bevor wir es zum Munde führten. Manfred erzählte wieder einmal, wie ich ihm eine Linsensuppe vorgesetzt habe, in der sich ein Stein befand, und wie ihm diese Suppe fast einen Zahn gekostet hätte. Es wurde ein vergnügtes Mittagessen. Als wir gingen, nahm die alte Dame Andreas beiseite und schob ihm ein Päckchen zu.

»Das Taschenmesser wollte ich eigentlich meinem Enkel schenken«, sagte sie, »aber weil du so ein aufgeweckter und gescheiter Bub bist, sollst du es haben.«

Auf dem Heimweg sprang Andreas voraus und schnippelte mit seinem Taschenmesser Blätter von den Büschen. Dann blieb er stehen und wartete auf uns. »Weißt, Mulchen«, sagte er, »die Geschichte von Großmutters Raupe find' ich richtig blöd!«

Hatte ich früher nur im Schatten der pfarrfräulichen Ahnenreihe gestanden, so hüllte mich in Weiden die Größe der Vorvorgängerin vollends in Dunkelheit. Wer konnte neben dieser Frau bestehen? Nicht einmal ihrem Mann war es gelungen. Er predigte zu lang, er war zu grob. Er fuhr zu oft in die Stadt, und er war außerdem kein Schwabe. Doch man ertrug ihn in Geduld, denn man hatte ja sie. Ihr Heiligenschein warf auch auf seine Mängel ein verklärendes Licht. Sie wirkte im Segen. Ging mit selbstgekochten Süppchen in die Häuser der Armen. Legte selbstgestrickte Höschen auf die Wiegen der Neugeborenen. Stellte selbstgezogene Blumen auf den Altar. Sie benutzte den Backofen in der Waschküche und teilte das Brot freigebig an Bedürftige aus, besonders wenn es schon einige Wochen alt und daher leicht verträglich war. Sie sorgte dafür, daß ein Fäßchen echten Birnenmostes im Keller lag, und auch der Garten war unter ihren fachkundigen Händen trefflich gediehen. Sie erntete die frühesten Rettiche und die dicksten Krautköpfe. Sie legte die Himbeerhecke unter der Linde an. Als wir uns daranmachten, die alten Stöcke auszugraben, ging ein Schrei der Entrüstung durch das Dorf. Die Mesnerin stürzte herbei und stellte sich schützend vor die Hecke.

»Des dürfet er fei net do!« jammerte sie. »Die hat d' Frau Pfarrer Weibel pflanzt!«

Diese Vorgängerin kam mindestens zweimal im Jahr und machte Besüchle in »ihrem« Dorf. Eine kleine, weißhaarige Frau mit einer großen Reisetasche. Sie ging von Haus zu Haus, und Herzen, Würste und Eier flogen ihr entgegen. Die Reisetasche war prallvoll, wenn sie abends noch bei uns hereinschaute. Offensichtlich lohnte es sich, eine Pfarrfrau nach dem Bild der Gemeinde zu sein.

Aber nicht nur die Herzen aller Frommen schlugen für sie, nein, auch die Augen ruhten mit Wohlgefallen auf dieser würdigen Vertreterin ihres Standes. Wie sie wieder angezogen war! Schlicht, »oifach« und doch adrett. Grad so, wie man es gerne sieht bei einer rechten Pfarrfrau. Sie kannte die Bekleidungswünsche des Dorfes und richtete sich danach. Diese Wünsche oder Vorschriften lauteten etwa folgendermaßen:

Eine Pfarrfrau glänzt nicht mit äußerem Prunk, sie wirkt durch innere Werte! Also trägt sie saubere Kleidung, unauffällig im Schnitt und gedeckt in der Farbe. Weiß ist außer ihrem Herzen nur der Kragen und die Schürze. Spitzen und modischen Tand lehnt sie ab. Die Bekleidung des Oberkörpers dient ausschließlich zur Verhüllung der weiblichen Geschlechtsmerkmale. Sie bevorzugt deshalb schlecht sitzende oder nicht formende BHs, zieht darüber wärmende Unterleibchen und flauschige Unterröcke.

Der sichtbare Teil der Garderobe umspielt bauschig die Büste, liegt nirgendwo stramm an und besteht aus derbem, keineswegs durchsichtigem Stoff.

Der Bekleidung unterhalb des Gürtels fehlt jede pikante Note. Langbeinige Mako- oder Strickschlüpfer schützen vor Blasen- und Nierenleiden in kalten Pfarrhäusern. Der Rock, gedämpft in der Farbe, gekräuselt in der Taille, fällt weit über die Knie und wirkt zeitlos, weil nicht der Mode unterworfen.

Die pfarrfraulichen Beine stecken in dicken Strümpfen, die Füße in derbem Schuhwerk.

Das Haupt aber ziert ein Knoten, auch Glaubensfrucht oder Hallelujazwiebel genannt. Widerspenstige Löckchen werden glattgebürstet oder mit Haarspangen festgeklemmt.

Die ganze äußere Erscheinung der Pfarrfrau strahlt Reinheit und Ruhe aus, eine würdige Verpackung des vielversprechenden Inhalts. Wobei unter Inhalt selbstverständlich die Seele zu verstehen ist!

Solchermaßen verpackt, wandelte die Vorvorgängerin durch die Straßen, und jedes fromme Auge folgte ihr mit Wohlgefallen. Nicht so bei meiner direkten Vorgängerin. Mit fünf Kindern, Haus und Garten hatte sie an anderes zu denken als an ihre äußere Erscheinung. Enttäuscht schlug man die Augen nieder, wenn sie durch das Dorf lief, abgehetzt und verstrubbelt wie jede andere Frau auch. Ich aber war eine rechte Augenweide für die Gemeinde, jedenfalls zu Anfang. Die Brille auf der Nase, den Knoten am Hinterhaupt, so hielt ich in Weiden Einzug. Um dem Knoten mehr Fülle zu verleihen, schlang ich die Haare um eine »Prothese«. Es sah sehr brav und haarreich aus. Mit den Löckchen verfuhr ich so, wie es dem Wunsch der Frommen entsprach.

»Mensch, Mulchen«, sagen meine Söhne heute, wenn sie die Bilder von früher betrachten, »du hast vielleicht ausgesehen damals. Ein Wunder, daß dich der Vati behalten hat!« Behalten hat! Ihm zuliebe hatte ich die Haare ja wachsen lassen! Der »Bubikopf« war mir lieber gewesen. Mühsam genug hatte ich ihn meinen Eltern abgetrotzt. Vorher plagte ich mich mit Zöpfen herum, legte sie als Schnecken über die Ohren, ließ sie als Affenschaukeln hängen, wand einen Gretchenkranz um den Kopf. In Kombination mit der Brille sah alles gleich altjüngferlich aus. Beate ließ sich die Haare schneiden, uneingedenk des Protestes der Gemeinde, und war nun noch schöner als vorher. Neid und Selbstmitleid nagten an meiner Seele. Ich wurde unausstehlich. Dann drückte mir Vati Geld in die Hand.

»Kind«, sagte er, »die Gemeinde ist eh schon verärgert. Geh zum Friseur, laß dir auch die Haare schneiden.« Ich ging und wagte hinterher nicht, in den Spiegel zu schauen. Aber die Geschwister empfingen mich schon an der Tür mit Begeisterungsschreien.

»Schön! Herrlich! Prima! Toll!« riefen sie und waren so hektisch bemüht, meine Schönheit zu preisen, daß ich den Eindruck gewann, die lieben Eltern hätten hier einiges vorprogrammiert. Ich kam auf die Universität, nahm die Brille ab und gewann sogleich einen Mann. Ihm, dem angehenden Pfarrer zuliebe ließ ich die Haare wieder wachsen und züchtete eine »Glaubensfrucht« heran. Auch die Brille setzte ich wieder auf, allerdings erst, nachdem mir Manfred viele Male versichert hatte, er liebe mich mit Brille genauso wie ohne, und er freue sich, wenn ich ihn auch aus der Ferne erkennen könne. Auch Großmama hatte einen Zwicker getragen und Mutti eine Brille, beiden wuchsen Knoten am Hinterhaupt, und beide waren vorbildliche Pfarrfrauen.

Manfred äußerte sich nicht über meine neue Frisur. Er seufzte nur manchmal und zupfte die Löckchen aus dem Knoten, so daß ich mich mehrmals am Tage frisieren mußte, um wieder häßlich genug auszusehen.

Im ersten gemeinsamen Urlaub, fern vom Dorf und seinen Frommen, kam uns plötzlich die Idee, wenigstens einen Teil meiner Haare zu kürzen. Wir gingen zu einem Friseur und ersuchten ihn, mir vorne Ponys zu schneiden.

Durch das straffe Zurückziehen gingen mir nämlich vorne die Haare aus, es zeigten sich bereits leichte Geheimratsecken. Der Friseur tat, wie ihm geheißen, aber er war nicht zufrieden mit dem Ergebnis. Wir auch nicht. Vorne die kurzen Fransen, hinten der dicke Knoten – mein Kopf sah irgendwie schizophren aus.

Wir kamen in die Gemeinde zurück, niemand sagte etwas. Man betrachtete mich verstohlen und schwieg. Nur eine unserer ganz Frommen konnte sich bei einem Besuch die Bemerkung nicht verkneifen: »Von hinten sehen Sie immer noch wie unsere liebe Frau Pfarrer aus.« Was sie von meiner Voderansicht hielt, sagte sie nicht, aber ihrem verkniffenen Gesicht nach zu schließen, war der Eindruck nicht günstig.

Der liebe Schwiegervater dagegen hielt mit seiner Meinung nicht zurück: »Vorne ein Luder, hinten eine Gans«, sagte er in Abwandlung des Spruches, den er bereits nach meinem Antrittsbesuch gegenüber seinem Sohn getan hatte. »Na ja«, meinte er damals, »lieber ein Luder als 'ne Gans!«

Ein paar Wochen nach dem ersten mißglückten Haarschnitt

fuhren wir ins Städtchen, bummelten durch die Straßen und standen plötzlich vor einem Friseurgeschäft. Ich betrachtete die Preistabelle im Schaufenster. Manfred meinen Kopf. Dann betraten wir den Laden. Die »Glaubensfrucht« war reif zur Ernte und der Friseur kein Meister seines Faches, wie sich später herausstellte. Ungern machte er sich an die Aufgabe, eine neue Frisur zu kreieren und endgültige Schnitte zu tun. Er schnippelte unentschlossen mal hier, mal da ein Büschelchen Haare weg, und erschreckt durch mein Angstgeschrei: »Nicht so viel! Vorsichtig, vorsichtig!«, schnitt seine zitternde Hand eine breite Schneise in die noch vorhandene Haarpracht. Gelockt und gewellt wirkte die Frisur am Ende der Prozedur doch recht ansprechend. Vorne und hinten paßten besser zusammen. Ich band schamhaft ein Tuch um den Kopf, als wir ins Dorf zurückfuhren. Abends sollte ich Mädchenkreis halten.

»Kannst du heute den Kreis übernehmen?« fragte ich Manfred. »Weißt du, ich fühle mich richtig elend. Ich bekomme sicher eine Grippe.«

»Geh nur«, sagte er, »du gefällst ihnen bestimmt.«

Die Mädchen waren tatsächlich begeistert.

»Schö sicht Frau Pfarrer aus«, sagten sie, »wie a jungs Mädle!« Die Jugend freute sich. Sie hatte ihre Gründe. Unter dem Vorwand, Frau Pfarrer hat auch ihre Haare abgeschnitten, fiel so mancher ungeliebte Knoten der Schere des Friseurs zum Opfer. Die Alten aber, Fromme und Sünder, beklagten den Verfall der Sitten und den Einbruch der bösen Welt.

Bei jedem Friseurbesuch wurde mein Haar kürzer. Schließlich saß es mir nur noch wie eine Kappe auf dem Kopf. Nun fühlte sich meine ganz besondere Freundin, die Frömmste der Frommen, dazu berufen, ein Zeugnis abzulegen. Sie erschien dazu im Sonntagsstaat, bewaffnet mit der Heiligen Schrift und ein paar Eiern.

»Frau Pfarrer«, sagte sie, sie sprach Hochdeutsch, wenn es um Glaubensfragen ging, »Frau Pfarrer, wissen Sie, daß in der Bibel steht: Das Haar ist ihr zur Decke gegeben?«

Ja, ich wußte es. Ich hatte die Stelle gelesen und mich darüber gewundert, denn welche Frau hat schon so dicke und lange Haare, daß sie sich damit zudecken kann? Ich erinnerte mich an das Bild der Genoveva in meinem Märchenbuch. Ihre langen blonden Haare reichten bis zum Boden und nur Gesicht und Hände schauten aus dieser Pracht heraus. Sie trug, so stand es im Märchenbuch, nichts Weiteres unter den Haaren. Nun, sie lebte im Walde und konnte sich unbesorgt in ein so luftiges Gewand hüllen. Wie aber, so fragte ich mich schon damals, würde es ihr unter Menschen ergehen, etwa bei windigem Wetter oder in der Straßenbahn? Diese Gedanken sprach ich nicht aus, auch nicht die Befürchtung, daß meine fromme Besucherin unter der Decke ihrer Haare gar jämmerlich frieren würde und manche Blöße darbieten, denn das Zwiebelchen an ihrem Hinterkopf versprach nur ein gar kurzes und dünnes Deckchen.

»Frau Pfarrer, haben Sie sich schon überlegt, was der Herr mit diesem Bibelwort sagen will?« Die fromme Frau beäugte mich strafend.

»Ja nun, vielleicht hat der Herr da an die Kinder Israel gedacht, die ja doch in einem wärmeren Land wohnen«, äußerte ich zögernd.

Diese Antwort gefiel ihr gar nicht! Besonders nicht aus dem Munde einer Pfarrfrau. Sie mußte Platz nehmen, so schmerzlich fühlte sie sich verletzt. »Der Herr meint immer uns alle!« eiferte sie. »Weiß Frau Pfarrer das nicht? Sein Wort gilt für die Gotteskinder aller Zeiten und Zonen!«

»Sind Sie sicher, meine Liebe, daß der Herr auch Sie gemeint hat? Da wären Sie nämlich gar schlecht von ihm behandelt worden mit Ihrem Spitzendeckchen! Und glauben Sie, daß der Hase ein Wiederkäuer ist, bloß weil es so in der Bibel steht? Sie weiblicher Pharisäer, Sie!« Dies alles und noch viel mehr sagte ich nachts im Bett zu ihr, als ich vor Zorn über das Gespräch nicht einschlafen konnte.

Was ich wirklich gestottert hatte, war, daß ich den Haarspalter hätte, eine gefährliche Erkrankung der Haarspitzen. Der Friseur hätte deshalb das Haar so weit wie möglich abschneiden müssen, damit es mir nicht vollends ausfalle. Sie nahm die Entschuldigung hin. Ihre Miene ließ allerdings deutlich erkennen, daß sie Zweifel an der Wahrheit dieser Aussage hegte. Mit dem Hinweis auf das Bibelwort, daß Eitelkeit dem Herrn ein Greuel sei und daß er sich nicht spotten lasse, überließ sie mich meiner Wut und Beschämung, nicht ohne vorher die Eier auf dem Küchentisch abgeladen zu haben.

Dann ließ sich Manfred im Urlaub einen Bart wachsen. Er tat dies als Akt freundlichen Entgegenkommens. Nun konnte die Gemeinde in seinem Gesicht bewundern, was sie an meinem Kopf so schmerzlich vermißte. Doch kein Dank wurde ihm zuteil. Selbst der Mesnerin fiel bei seinem Anblick der Leuchter aus der Hand, den sie gerade putzen wollte.

»Hent Se koi Rasiersach khet em Urlaub?« fragte sie vorsichtig. »Mei Gottlieb rasiert sich au bloß ell Sonndich, no hot er's aber au nedich!«

»Ja, gefällt Ihnen mein Bart nicht?« fragte Manfred.

»Oms Hemmelswille, des soll a Bart sei?!« schrie sie. »O Herr Pfarrer, was wern d'Leit sage?« Es sprach sich im Dorf herum. Am Sonntag war die Kirche so voll wie sonst nur an Karfreitag und Weihnachten. Der Organist spielte das Mollpräludium. Kirchengemeinderat Heinrich konnte nicht schlafen, weil er so erregt war. Manfred trat aus der Sakristei. Die Gläubigen senkten bestürzt den Kopf. Ein Räuberhauptmann im Talar! Welches Auge konnte einen solchen Anblick ertragen? Nur beim stillen Gebet, als der Pfarrer der Gemeinde den Rücken zukehrte, wagte man aufzublicken und die verspannten Halsmuskeln zu lockern. Der Kirchengemeinderat rief eine außerordentliche Sitzung ein, in der allerdings der Bart nicht zur Sprache kam. Keiner wagte, das heikle Thema zu berühren. Man sprach von drohenden Kirchenaustritten, von Anstoß und Ärgernis.

»Freunde«, rief Kirchengemeinderat Kurz, »Freunde, jeder prüfe sich selbst und erforsche sein Herz, ob er der Gemeinde ein Ärgernis bietet! Jeder!« Dabei schaute er seinem Pfarrer beschwörend ins bärtige Gesicht. Der aber lächelte freundlich und schlug vor, die Sitzung zu beenden.

»I moin halt«, sagte der Kirchenpfleger beim Geldzählen, »seit der Herr Pfarrer den Bart hot, ka mer ihn nemme so guat verschtehe.«

Das Ärgernis wurde entfernt, bevor es noch zu stattlicher Größe gediehen. Allerdings war *ich* die treibende Kraft. Die Barthaare kitzelten und kratzten unerträglich bei näherer Berührung. Auch erinnerte ich mich mit Grausen an den langen weißen Bart meines Großvaters. Nach dem Essen hatte ich manchmal Speisereste darin entdeckt, ein Anblick, der mir schon als Kind von Herzen zuwider war. Also verschwand der Bart, schneller, als er gewachsen, und die Gemeinde atmete freudig auf.

Der Brocken aber, den das Dorf am schwersten verdaute, waren meine »blue jeans«. Ich kaufte mir dieses praktische Kleidungsstück für die Gartenarbeit und fürs Fensterputzen. Denn da der Mensch sieht, was vor Augen ist, hoben die Bauern gern ihre Blicke empor, wenn ich mich oben auf der Fensterbank streckte, oder unten gebückt im Garten arbeitete. Diese »blue jeans« nun waren keineswegs von der knallharten Art. Sie »hatten Spiel«, hingen mir nur lose um die Hüften und waren sehr bequem. Aber der Anblick einer Pfarrfrau in Hosen stand in so krassem Gegensatz zu dem vertrauten Bild der würdigen Pfarrmatrone mit weißer Schürze, daß es sogar den weniger Frommen die Sprache verschlug. Ich merkte zuerst gar nicht, was für einen Aufruhr ich im Dorf verursachte und daß ich mit meinen schlabbeligen Arbeitshosen als Revolutionärin auf den Barrikaden stand. Aber die Jugend des Dorfes witterte Morgenluft. Die Jungen und Mädchen stellten sich schützend vor meine Hosen und verteidigten sie gegen die schimpfenden Alten. Sie taten dies aus Freundlichkeit für mich, aber auch aus eigenem Interesse.

Es dauerte nicht lange, da fuhr die erst Maid in »blue jeans« aufs Feld. Die Hosen saßen strammer als die meinen und waren, wie alle betonten, sehr praktisch für die Arbeit auf dem Acker.

Meine fromme »Freundin« ließ sich nicht mehr im Pfarrhaus blicken. Sie hatte mich als hoffnungslosen Fall aufgegeben und gedachte meiner nur noch im Gebet.

Ein Splitter im Finger und adventliche Gesänge

Meine Mutter war berühmt wegen ihrer Frauenstunden. Der Gemeindesaal füllte sich bis zum letzten Platz. Da saßen die Frauen in andächtigem Schweigen, ihre Augen hingen an Muttis Lippen. Sie sprach über biblische Frauengestalten, über Maria und Martha, Ruth und Tabea, die Witwe von Zarpath und Lots neugieriges Weib. Sie erzählte von Mathilda Wrede, dem Engel der Gefangenen, und Eva von Tiele-Winckler, der Mutter der Diakonissen. Jede Frau fühlte sich angesprochen und erhoben. Gestärkt zu guten Werken und besserem Leben verließ man den Gemeindesaal.

Den ganzen Tag vor der Frauenstunde aber litten wir im Pfarrhaus große Not. Mutti war krank und unglücklich. Der Kopf schmerzte, der Leib grimmte, und die meiste Zeit verbrachte sie auf dem stillen Örtchen, weil sie Durchfall hatte. Wir schlichen durch das Haus.

»Seid leise, Mutti hat heute Frauenstunde!« flüsterten wir uns zu. »Komm, Mutti, du wirst es schon schaffen«, sagten wir zu ihr, »du kannst es doch wunderbar! Paß auf, der Saal ist gerammelt voll, und alle Frauen werden begeistert sein!«

Sie schüttelte traurig den Kopf. »Heute kommt sicher niemand. Ich habe ein ganz schlechtes Gefühl. Und wenn jemand kommt, was soll ich sagen? Mein Kopf ist leer. Ich weiß gar nichts mehr.«

Es zerschnitt uns das Herz, daß sie so leiden mußte. Wir waren zornig auf die Frauen, die nicht kommen würden. Dann war es Zeit, sie mußte gehen. Mit leerem Kopf und leerem Leib, mit wehem Lächeln, Gesangbuch und Bibel. Uns ließ sie bedrückt und traurig zurück. Manchmal ging ich in mein Zimmer, um für sie zu beten, oder ich lief zum Gemeindehaus hinüber und schaute durch das Fenster. Waren Frauen da? Hing Mutti schon ohnmächtig über dem Pult?

Dann kam sie wieder. Meist strahlend, vergnügt und triumphierend. Viele Frauen waren erschienen. Sie hatte ihnen etwas »geben« können. Es war ein gesegneter und guter Abend gewesen. Und nun hatte sie Hunger. Uns rumpelten die Steine nur so vom Herzen. Einer lief in die Küche und holte etwas Gutes, denn sie hatte den ganzen Tag nichts gegessen. Die nächste Frauenstunde drohte erst in vierzehn Tagen.

Nun war ich an der Reihe. Frauenstunden gehörten für mich zum Pensum der Pfarrfrau, eine üble, aber unumgängliche Pflicht.

»Tu langsam«, mahnte Manfred, »was du anfängst, mußt du treiben. Laß dir Zeit!« Ich ließ mich nicht beirren. Die Frauenstunde wurde auf Dienstag abend gelegt und am Sonntag vorher in der Kirche angekündigt.

Die biblischen Frauengestalten erschienen mir über Jahre hinaus ergiebig. Für den ersten Abend bot sich Eva an. Genau wie Mutti setzte ich mich drei Tage vor dem großen Ereignis an den Schreibtisch. Wohlvorbereitet und ohne Aufregung wollte ich die Feuerprobe bestehen.

»Und der Herr sprach: Es ist nicht gut, daß der Mensch allein sei. Ich will ihm eine Gefährtin geben.« Ein guter Vers! Erst einige Monate verheiratet, kamen mir viele erbauliche Gedanken dazu.

Auch die Geschichte mit dem Sündenfall war ertragreich. »Oh, daß wir Frauen doch«, so schrieb ich ins Konzept, »unsere Macht über die Männer in der rechten Weise gebrauchen lernten! Nicht zum Bösen, nein zum Guten sollten wir sie leiten!«

Die Vorbereitung machte gute Fortschritte, die Frauen würden einiges von mir lernen können. Den Vers von der Erschaffung des Weibes aus der Rippe des Mannes ließ ich unberücksichtigt. Er stammte sicher aus einer anderen Quelle und erwies sich auch sonst als unergiebig für eine Frauenstunde. Der Dienstag abend nahte. Ich war nervös und hatte Durchfall.

»Was ist denn mit dir los?« fragte Manfred.

»Ich habe ein ganz schlechtes Gefühl«, jammerte ich, »niemand wird kommen! Und wenn jemand kommt, wird es ein schrecklicher Reinfall, denn mir bleibt sicher das Wort im Halse stecken!«

»Aber nicht doch«, lachte Manfred, »seit wann bleibt dir irgendein Wort im Halse stecken! Das wäre ja etwas ganz Neues. Die Frauen kommen bestimmt, und du wirst reden wie ein Buch.« Ich schüttelte traurig den Kopf.

Sie kamen. Das Räumle unten im Pfarrhaus füllte sich mit jungen und alten Frauen, mit Frommen aus der Gemeinschaft und Weltlichen, die neugierig um sich blickten. Es war ein warmer Juliabend. Die Fenster standen weit offen, es duftete nach Heu. Die Grillen zirpten.

Ich sprach über Eva. Die Worte flossen mir leicht über die

Lippen. Da saßen sie, die Gefährtinnen ihrer Männer. Tüchtige, fleißige Bauersfrauen. Wie sie mir zuhörten mit offenem Mund! Wie sie Zustimmung nickten! Mein Herz schwoll. Es schwoll so lange, bis die erste Frau vom Stuhl fiel. Sie war eingenickt. Auch die anderen kämpften heldenhaft mit dem Schlaf. Jetzt bemerkte ich es. Sie rissen die Augen auf, wenn sie zufallen wollten, und preßten erschrocken die Hand auf den Mund, wenn ihnen ein tiefer Schnarcher entwichen war.

Den ganzen Tag hatten sie auf der Wiese Heu gemacht, am Abend in aller Eile den Stall besorgt, nun waren sie todmüde. Kampferprobt zeigten sich die Frauen aus der Gemeinschaft. Sie waren es gewohnt, still dabeizusitzen und den frommen Reden der Männer zu lauschen. Ein mildes Lächeln auf den Lippen saßen sie da und dösten vor sich hin. Die anderen aber waren rettungslos unterlegen im Kampf mit dem Schlaf.

Mit ein paar mühsamen Sätzen beendete ich meine Ausführungen und ließ ab von Eva. Ich setzte mich ans Harmonium und sagte, wir wollten jetzt ›Mein schönste Zier‹ singen. Während ich ein paar Takte vorspielte, und ihnen den Rücken zukehrte, hatten sie Zeit, aufzuwachen und nach dem Gesangbuch zu grabschen. Sie sangen laut und dankbar, weil die Stunde so unverhofft schnell zu Ende war und sie nun nach Hause gehen konnten. Nach dem Gesang standen wir noch zusammen. Sie schwatzten und wollten nicht aufbrechen. Ich mußte schließlich die Tür einladend öffnen. Beim Abschied bedankten sie sich bei mir und sagten, es wäre schön gewesen und sie hätten viel davon gehabt. Ich schlich die Treppe hinauf in unsere Wohnung. »Na, ihr habt vielleicht geschnattert«, meinte Manfred, »man hat's bis hier oben gemerkt, wie wohl sich die Frauen gefühlt haben!«

In der Nacht plagten mich böse Träume. Sämtliche biblischen Frauengestalten nebst Mutter, Großmama und den vortrefflichen Ahnen hockten auf meiner Brust und drückten mich schier zusammen. Manfred rüttelte mich wach. »Was ist, Malchen«, rief er, »du schreist und stöhnst...« – »O diese Frauen in meinem Bett! Die bringen mich noch um«, jammerte ich und rutschte eilends zu ihm hinüber.

Ich ließ die Frauenstunde ausfallen, den ganzen Sommer lang. Aber das Fiasko bedrückte mich sehr. Alle Pfarrfrauen hielten wundervolle Frauenstunden, nur ich schaffte es nicht. In jedem Pfarrkranz mußte ich von ungeheuren Anstürmen auf Gemeindesäle hören, von gläubigen Augen und ergriffenen Gesichtern.

Ich sah meine schlafenden Frauen vor mir und schwieg verschämt.

»Wie geht es denn in Ihrem Frauenkreis, liebe Schwester?« fragte eine ältere Pfarrfrau. »Was für ein Thema haben Sie?«

»Ich spreche über biblische Frauengestalten«, sagte ich, »und ich glaube, die Frauen haben etwas davon. Sie wirken recht gelöst.«

»Das ist schön«, die Amtsschwester nickte freundlich, »wir Christen sollten alle viel erlöster aussehen.«

Im Winter lud ich wieder zur Frauenstunde ein, und alle Frauen kamen. Wir waren klüger geworden. Sie brachten ihr Strickzeug mit als Waffe gegen den Schlaf, ich hatte Spiele dabei, eine spannende Geschichte und Lieder. Die biblischen Frauengestalten ließ ich oben. Der geistliche Wert meiner Darbietungen war gleich Null. Mutti hätte das nicht hören dürfen und ganz bestimmt auch keine der tüchtigen Pfarrschwestern. Aber den Frauen hat's gefallen. Sie lachten und kreischten, und wenn eine vom Stuhl fiel, dann gewiß nicht mehr vor Müdigkeit.

Es gab aber noch einen anderen Kreis. Einen, den ich nicht erst ins Leben rufen mußte. Der vorherige Pfarrer hatte ihn gegründet und dort im Segen gewirkt. Es war der Mädchenkreis. Für einen Pfarrer ist es nicht schwer, bei Mädchen im Segen zu wirken. Mag es ein älterer Herr sein, ein kahlköpfiger und beleibter, es ist ein Mann. Man kann ihn anhimmeln, ihn um den Finger wickeln, ihn bezirzen ohne Gefahr für Leib und Seele.

»Ich halte keinen Mädchenkreis«, sagte Manfred, »das kommt überhaupt nicht in Frage. Mir hängen schon genug Männerkreise am Hals.«

Er weigerte sich. Er wollte nicht in die Fußstapfen des segensreichen Amtsbruders treten. Sollte nun dieser blühende Kreis, die junge weibliche Elite der Kirchengemeinde dahingeopfert werden? Nein, das konnte ich nicht verantworten. Es war mir aber von vornherein klar, daß die Sache schiefgehen würde. Schon meine erfahrene Mutter und auch die Großmama hatten bei der weiblichen Jugend Schiffbruch erlitten. Wie sollte ich, die unbedeutende Tochter, diese schwierige Aufgabe meistern? Und schwierig war sie, das wußte ich genau, hatte ich doch seit meinem fünfzehnten Lebensjahr einen Abend der Woche im Mädchenkreis verbracht. Ich sah alles noch genau vor mir:

Im Gemeinderaum waren die Tische hufeisenförmig zusammengestellt. Schnatternd und kichernd saßen die Mädchen daran. Ich setzte mich ans Ende der Tafel. Man sah es gern, wenn die Pfarrerstochter zum Kreis kam, wollte aber sonst nicht viel mit ihr zu tun haben. ›Der neue Ton‹ wurde ausgeteilt, das Liederbuch für die christliche Jugend. Ein frisches Lied erscholl, ein zweites, ein drittes.

Dann wurden Geschichten vorgelesen über irgendwelche Märtyrer oder Missionare. Dabei häkelten oder strickten die Mädchen. War es aber Zeit für die Andacht oder Bibelarbeit, dann ruhten die fleißigen Hände. Man saß über die Bibel gebeugt und überlegte, was der Apostel Paulus wohl mit diesem Wort gemeint haben könne und was die Bibelstelle uns sagen wolle. Ich saß dabei und hörte all die schönen tiefen Gedanken, die sie da zusammentrugen. Ich dachte daran, wie sie meine Mutter aus dem Kreis hinausgeekelt hatten, weil sie ihnen zu alt und zu langweilig war. Über ihre schöne Elfenbeinkette hatten sie gelacht und sich zugeflüstert, es wäre eine Kuhkette. Dann war die junge Gemeindehelferin gekommen, hatte die Mädchen zu sich eingeladen, war zu allen lieb und freundlich, brachte den Kreis zu neuer Blüte und intrigierte hintenherum gegen meine Eltern. Da saß sie nun, sprach gute, fromme Worte, und ich knirschte mit den Zähnen und starrte in meine Bibel.

Unsicher und zornig ging ich zum ersten Mal in meinen eigenen Mädchenkreis. Ich würde mich nicht behandeln lassen wie meine Mutter! Gnade ihnen Gott, wenn sie intrigieren wollten! Mich würden sie nicht kleinkriegen, mich nicht!

Nun hatte ich an diesem Tag besonders viel Pech gehabt. Die Milch war übergelaufen und hatte den ganzen Herd verschmutzt. Die Wohnung stank. Beim Arbeiten im Garten hatte ich mir einen Dorn eingerissen. Er stak im Zeigefinger der rechten Hand. Ich hatte versucht, ihn mit den Zähnen herauszuziehen, aber es war nicht gelungen. Nun hätte ich mich an Manfred wenden können. Er liebte ärztliche Verrichtungen, blieb kühl und gelassen, selbst beim Anblick von Blut und schrecklichen Wunden, und er packte fest und sicher zu. Gerade das aber konnte ich an diesem Tage nicht vertragen. Empfindlich von Natur, und noch dazu mit Lampenfieber belastet, würde ich zetern und jammern und mir seine Gunst verscherzen. Ich verschwieg den Splitter in der Hand, hoffte auf ein Wunder nach dem Motto »Lieber Gott, mach doch, daß der Splitter von ganz allein rauskommt!« und ging zum Mädchenkreis.

Auch die Mädchen waren unsicher und mißtrauisch. Was sollten sie mit einer Pfarrfrau anfangen, noch dazu mit einer »reigschmeckten«? Trotzdem drückte mir jede kräftig die Hand. Der letzte Händedruck war derart schmerzhaft, daß mir die Tränen in die Augen schossen.

»Was hent Se denn, Frau Pfarrer?« fragten die Mädchen. Ich hielt ihnen den Finger entgegen und sank schluchzend auf einen Stuhl. Es war zuviel! Der verschmutzte Herd, der Gestank im Haus, der Splitter im Finger, die Angst vor dem Mädchenkreis – wer konnte dies alles schweigend erdulden? Die Mädchen steckten die Köpfe zusammen und berieten.

»Der muß naus!« sagte eine. »Jetzt glei!«

»Nein!« schrie ich. »Nicht jetzt! Morgen!«

Aber da hatten sie schon meine Hand gepackt. Der Finger wurde kräftig gedrückt. Ich jaulte auf und hielt mich am Stuhl fest.

»Do isch er!« Zwei Finger hielten mir den Splitter vor die Nase. »Was saget Se jetzt?« Ich sagte gar nichts, sondern suchte nach einem Taschentuch. Sie aber schnatterten alle gleichzeitig, erzählten eigene Erlebnisse mit Splittern in Händen, Füßen und anderen Körperteilen, rühmten meine Tapferkeit und reichten mir endlich ein Taschentuch. Eine Welle der Sympathie umspülte mein wundes Gemüt. Der Abend verlief anders als geplant. Keine Lieder, keine Geschichte, keine Andacht. Wir saßen um den Tisch, schwatzten und lachten. Nach zwei Stunden kam Manfred und fragte, ob er Decken bringen solle, falls wir im Räumle übernachten wollten.

Die Splittergeschichte ging von Mund zu Mund, und je weiter sie ging, desto länger wurde der Splitter und desto wundersamer meine Errettung. Als ich am nächsten Morgen in den Garten ging, kam der Nachbar an den Zaun. »Frau Pfarrer, mit so me Finger sott mer net schaffe! Gehet zum Doktor oder machet Omschläg!«

Kurze Zeit später erschien die Mesnerin und brachte Kamillenblüten für ein heilsames Bad. Nun sah ich mich genötigt, den Finger mit einem Verband zu schmücken, um die Dorfbevölkerung nicht zu enttäuschen. Nachdem die ersten Krankenbesucher Eier, Brot und Schinken in die Küche gelegt hatten – »daß er ebbes zum Esse hent, wenn er ins Krankenhaus miaßet mit dem Finger do!« –, umwickelte ich auch noch die Hand.

Manfred stürmte vorzeitig aus dem Religionsunterricht nach Hause.

»Was ist mit deinem Finger los?« rief er. »Alle fragen, wie es dir geht, und ich hab' keine Ahnung!«

Wortlos hob ich die verbundene Hand.

»Ja, gibt's denn so was?« Jetzt brüllte er. »Das ganze Dorf weiss davon, bloss ich nicht! Du hast tatsächlich was und machst kein Geschrei?«

»Du kennst mich eben noch nicht«, sagte ich, »ein stiller Mensch ist ruhig!«

Er schnaubte zornig durch die Nase. »Irgendwas stimmt da nicht. Zeig mir den Finger.«

Vorsichtig wickelte er den Verband ab, sah das kleine bereits verheilte Löchlein, nahm die Brille ab, um besser zu sehen, setzte sie wieder auf und schaute mich ungläubig an. »Das ist alles?«

Ich erzählte ihm die Geschichte und zeigte die Reichtümer auf dem Küchentisch. Bevor der nächste Besucher kam, hatten wir gerade noch Zeit, die Hand wieder kunstvoll zu umwickeln.

»Was habt ihr bloss für Schauergeschichten erzählt?« fragte ich nächstes Mal im Mädchenkreis.

»Mir hent vom Schplitter verzählt«, sagte Marianne, die Wortführerin, »d'Leut schwätzet viel, wenn der Tag lang isch. Un des Körble do isch von moiner Dode. 's isch ebbes Sias!« Sie stellte einen Korb mit Kirschen auf den Tisch. Einen Augenblick herrschte Stille im Räumle, dann prusteten wir los. Auch dieser Abend verlief anders als geplant. Wir assen Kirschen.

Was haben mir diese Mädchen alles beigebracht! Mit Engelsgeduld lehrten sie mich stricken, häkeln und nähen. All dies konnte ich vorher nicht.

»Ein so ungeschicktes Mädchen wie du ist mir noch nicht vorgekommen«, hatte meine Handarbeitslehrerin gesagt, »du ruinierst meine Nerven.« Sie war eine nette, alte Dame. Ich mochte sie gern und wollte ihre Nerven keineswegs ruinieren. Also kamen wir zu einer beglückenden Lösung für beide Teile. Ich brauchte nicht mehr zu stricken, sondern durfte der Klasse vorlesen. Dafür gab sie mir eine Fünf statt einer Sechs in Handarbeit.

Unter Anleitung der Mädchen strickte ich einen Pullover für Manfred. Er war ein wenig unregelmässig vom vielen Aufziehen, auch hatte ich hie und da eine Masche nicht mehr zu fassen gekriegt, und der Rücken beutelte, aber der Pullover wurde fertig, und Manfred bekam ihn zu Weihnachten. Am liebsten wären alle Mädchen am Heiligen Abend zu uns gekommen, um die Freude des Reichbeschenkten zu sehen.

»Oh, Frau Pfarrer, der wird a Freud han!« hatten sie mir vorher immer wieder versichert, wenn ich mutlos die Nadeln sinken ließ.

Manfred trug dann den Pullover beim Autowaschen und Schneeschippen; für den täglichen Gebrauch wäre er einfach zu warm – sagte er.

Am ersten Advent gingen wir »Adventssingen«. Ich kannte diese Sitte nicht, aber die Mädchen erklärten mir, was zu tun sei. Eine Liste wurde aufgestellt von allen über 75jährigen Leuten im Dorf, den Filialen und auswärtigen Höfen. Wir schnitten Tannenzweige zurecht, steckten Lichter daran und übten Adventslieder.

Als es am ersten Advent zu dunkeln begann, zogen wir los. Wir schlichen in die Häuser der alten Leute, zwängten uns in enge Dielen oder auf steile Stiegen. Wenn die Häuser verschlossen waren, suchten wir eine windstille Stelle im Hof, zündeten die Kerzen an und sangen. Manchmal erwartete man uns schon, dann stand auch ein Gutslesteller für uns bereit. Manchmal wurde ich hinterher in die stickige Kammer einer Kranken geschubst, um ihr etwas Freundliches zu sagen. Manchmal mußten wir gegen das wütende Gekläff des Hofhundes anbrüllen. Unser Gesang wurde von Mal zu Mal kläglicher, unsere Füße lahmer und unsere Hände verkrampfter.

Schlimm erging es uns auf einem abgelegenen Hof. Die alte Großmutter war allein zu Hause. Sie lag im Bett, und da sie fast taub war, hörte sie nicht, wie wir die Treppe hinauftappten. Sie sah aber, daß die Tür einen Spalt aufging und Licht in das Zimmer fiel. Da erschrak sie zu Tode, dachte, es wären Einbrecher am Werk, sprang beherzt aus dem Bett und ergriff ihren Stock, der am Bett lehnte. Wir sangen gerade: ›Macht hoch die Tür, die Tor macht weit...‹, da riß sie die Tür auf und erschien vor uns im Hemd, die weißen Haare zerzaust, die knochigen Füße barfuß, den Stock hocherhoben. Ich stand oben auf der Treppe, die Kerze andächtig in der Hand. Unversehens bekam ich einen Stoß gegen die Brust, taumelte rückwärts und fiel auf Marianne, die eine Stufe unter mir stand. So sank der Mädchenkreis, angstvoll kreischend, rückwärts die Treppe hinunter. Oben stand die Alte mit ihrem Stock. Wir rappelten uns auf, sammelten unsere Siebensachen zusammen und hasteten aus dem Haus. Im Hof wollte ich einen Augenblick verschnaufen, aber die Mädchen drückten mich vorwärts.

»Los, los, Frau Pfarrer!« schrien sie. »Glei hetzt se den Hund auf uns, der isch fei scharf!« Richtig, da hing die alte Furie schon zum Fenster hinaus und feuerte den Hund an, uns zu fassen. Wir entkamen mit knapper Not.

»Ja, habt ihr denn das nicht gewußt?« fragte ich die Mädchen. »Ihr seid doch sicher im vorigen Jahr auch hier gewesen.«

Sie lachten verlegen. »Mir hent's uns scho denkt«, sagten sie, »aber wenn mer net kommet, isch se eigschnappt.«

Leichenchor und Leichenschmaus

Der Mädchenkreis verwaltete auch das Amt des »Leichenchors«. Ich hatte vorher nichts von der Existenz eines solchen Chores gewußt.

Bei den Beerdigungen, die mein Vater hielt, sang der Kirchenchor oder der Gesangverein.

Die Mädchen drängten mich: »Frau Pfarrer, mir miaßet Lieder übe für die nächst' Leich!« Sie kramten aus einem der Registraturschränke schwarzeingebundene Büchlein hervor: ›Lieder für die Bestattung‹. Als Leiterin des Mädchenkreises wurde ich auch Dirigentin des Leichenchors, egal ob ich wollte oder nicht. Eine Beerdigung in Weiden bedeutete für mich einen halben Tag zusätzlicher Arbeit. Die Beerdigungen fanden immer nachmittags statt. Mittagessen und Abwasch wurden in nervöser Eile erledigt, dann zog ich mich von Kopf bis Fuß schwarz an. Erst dachte ich, ein schwarzer Mantel würde genügen, um meine Trauer zu bekunden, aber die Mitglieder des Leichenchors betrachteten mich mit unverhohlenem Entsetzen.

»Frau Pfarrer, so könnet Se fei net gehe! Hent Se koi schwarze Strümpf und koi Tüchle? Und des helle Kloid, noi, des geht fei net!« Sie erboten sich, lieber allein zu singen als unter so schlecht bekleideter Führung.

Als unser Andreas drei Jahre alt war, sah er zu, wie sich seine Tante Hanna im Badezimmer frisierte. Sie trug einen schwarzen BH.

»Tante Hanna?« fragte er. »Nimmsch mich mit?«

»Wohin denn?« wollte sie wissen.

»Na zu der Beerdigung, wo du dich grade anziehst.«

Nach der gründlichen Einkleidung rannte ich ins Räumle zur Chorprobe. Mit Herzklopfen öffnete ich die Tür. Wie viele würden es diesmal sein? Alle Mädchen, die in der Stadt arbeiteten, konnten am Werktag nicht kommen, also waren wir meist ein klägliches Häuflein. Vier erste Stimmen, drei zweite, und wenn Marianne verhindert war, mußte ich allein die dritte Stimme singen. Oh, welch ein Segen war da Helene! Stimmgeübt durch den täglichen Topfgang schmetterte sie die dritte Stimme mit solcher Lautstärke, daß erste und zweite ängstlich ins Wanken gerieten. Ich gewöhnte mich daran, in solchem Falle rettend einzuspringen und von einer Stimme in die andere zu wechseln.

Für eine Beerdigung brauchten wir drei Lieder. Eines für das Trauerhaus und zwei für den Friedhof. Welche Lieder wir singen konnten, hing ganz von der Beschickung des Chores ab. An ›Jesus, meine Zuversicht‹, einen schwierigen dreistimmigen Satz, wagten wir uns nur heran, solange Helene unter uns weilte. Sonst begnügten wir uns mit dem einfachen Satz ›Christus, der ist mein Leben‹. ›Wenn mein Stündlein vorhanden ist‹ ging zur Not auch zweistimmig. Nach der Liedauswahl erhob sich für mich die ernste Frage: »Wie finde ich den richtigen Ton?« Manfred besaß eine Stimmgabel. Er erklärte, es wäre ein Kinderspiel, sie zum Klingen zu bringen und mit Hilfe des Kammertones a den gewünschten Akkord aufzubauen. Also benützte ich die Stimmgabel bei der ersten Beerdigung. Ich tat es nur einmal. Meine schweißnassen Finger konnten ihr keinen Ton entlocken. Ich versuchte, sie durch einen Schlag auf meinen Kopf zum Klingen zu bringen. Allein das schwarze Kopftuch dämpfte Schlag und Ton, so daß ich wieder nichts hören konnte. Jetzt machte ich es wie die Pfeifenraucher, hob den Fuß und klopfte mit dem widerspenstigen Instrument gegen den Absatz. Nun endlich zirpte die Stimmgabel. In der Aufregung erwischte ich einen derart hohen Ton, daß wir schon nach der ersten Strophe von ›Jerusalem, du hochgebaute Stadt‹ außer Atem gerieten und den Gesang beenden mußten.

Nach diesem mißglückten Versuch kaufte ich mir einen »Chromatischen Tonangeber«. Eine handliche Scheibe mit vielen kleinen Löchern am Rand, über denen der Ton stand. Ich brauchte also nur in das richtige Loch zu blasen, und das gelang mir meistens. Trotz meiner Schwäche im Tonangeben holte ich aber nur den Grundton aus dem Instrument und suchte den Akkord dazu aus eigener Kraft zusammen.

Der heimatliche Gesangverein stand mir als warnendes Beispiel vor Augen. Sein Dirigent, ein ehrenwerter, aber musikalisch nicht gerade begnadeter Mensch, besaß einen Tonangeber anderer Art. Es war dies eine kleine Röhre, bei der man den gewünschten Ton durch Drehen einstellen konnte. Ein praktisches Instrument, solange man sich mit einem Ton begnügte. Wie aber, wenn der Chor vierstimmig zu singen gedenkt, und der Dirigent in mühsamer Fingerarbeit die Töne nacheinander aus der Flöte zu drehen bemüht ist? Eine Arbeit, die Zeit und Geschick erfordert. Der Dirigent drehte und blies für den ersten Tenor, der nahm den Ton ab und versuchte ihn zu halten. Der Dirigent drehte wieder, blies und gab dem zweiten Tenor seinen Ton. Der nahm ihn ab, während der erste Tenor schon bedenklich in der Tonhöhe schwankte. Hatten dann auch Bariton und Baß ihre Töne erhalten, dann waren die beiden Tenöre im Laufe der Zeit schon hoffnungslos abgesunken oder der Ton war ihnen völlig entfallen. Der entstandene Vierklang erwies sich als mißtönend, so begann der Dirigent seine mühsame Tongebung wieder von vorn. Manchmal blieb er hart und ließ den Chor singen ohne Rücksicht darauf, welche Töne die Herren im Kopf behalten hatten. Es kam vor, daß der Chor nach einer Weile zu den richtigen Harmonien zurückfand, meistens aber schmetterten die Sänger halbtonweise nebeneinander her. Dies hielten sie mehrere Strophen lang durch, so daß die geplagten Zuhörer das Ende der Darbietung herbeisehnten und dankbar applaudierten, sobald es eingetreten war.

So geschah es jedes Jahr bei der Weihnachtsfeier des Gesangvereines, zu der die Pfarrfamilie vollzählig erscheinen mußte.

»Kind, ich bitte dich, nimm dich diesmal zusammen«, sagte Vati vorher zu mir, »du verletzt die Leute in ihren heiligsten Gefühlen, wenn du lachst!«

Ich versicherte, daß ich ihm keine Schande machen wolle und ernst und gelassen bleiben würde. Dann nahm der Gesangverein Aufstellung, der Dirigent begann mit der Arbeit. Ich schaute nicht hin und dachte an alles Traurige, was mir schon widerfahren, träumte mir meinen Mathematiklehrer herbei, den ich heimlich verehrte, versuchte mich abzulenken, indem ich in meiner Tasche kramte und mir die Nase putzte. Es halft nichts. Irgendwann war es um meine Fassung geschehen. Ich gackerte los. Da half kein strenger Blick des Vaters, kein trauriger der Mutter. Ich konnte nicht ernst bleiben.

Nun verging mir das Lachen, als ich mit dem Leichenchor zum Trauerhaus marschierte. Vor uns ging Manfred im wehenden Talar. Er allein betrat das Trauerhaus, der Leichenchor stellte sich seitlich von der Haustüre auf, die Dorfbewohner standen in schwarzen Reihen im Hof. Durch das offene Fenster ertönte Manfreds Stimme: »Wohlauf, wohlan, zum letzten Gang, kurz ist der Weg, die Ruh ist lang. Gott führt ein, Gott führt aus. Zum Bleiben war nicht dieses Haus.« Das war unser Stichwort. Mein Zeigefinger lag schon auf dem richtigen Ton der Stimmscheibe, ich brauchte nur noch zu blasen. Dann sangen wir. Derweil hievten die Träger den Sarg die Stiegen hinunter, trugen ihn durch den Hof und schoben ihn in den Leichenwagen. Manfred kam aus dem Haus, ihm folgten die Leidtragenden mit den Kränzen, meist gefaßt und in stiller Trauer. Der Zug setzte sich in Bewegung. An der Spitze ging der Leichenchor, gemessenen Schrittes, ihm folgte der Leichenwagen. Die Pferde, die ihn zogen, wurden reihum ausgeliehen. So waren sie manchmal alt und träge, manchmal jung und wild.

Auch der Kutscher hatte seine müden und munteren Tage. Im Winter wärmte er sich vor der langen kalten Fahrt reichlich mit Schnäpsen auf. Dann war ihm wohl ums Herz, dann fuchtelte er mit der Peitsche, so daß die Pferde nervös tänzelten.

Ich ging im Leichenchor im vordersten Glied. Trotzdem äugte ich immer wieder ängstlich nach hinten, um bei einem Ausbrechen der Gäule sofort über den nächsten Zaun klettern zu können. Die Mädchen zeigten keine Angst. Sie wußten mit Pferden umzugehen. Roch der Kutscher aber sehr stark nach Schnaps, dann eilten auch sie schnellen Schrittes voran, um einen größeren Abstand zwischen sich und die Pferde zu bringen. Im Sommer war das Gespann meist müde, auch der Kutscher döste vor sich hin. So schlichen wir im Zeitlupentempo unseres Weges. Hinter dem Leichenwagen schritt Manfred, das Barett auf dem Kopf, die Agende unter dem Arm. Es folgten die Leidtragenden, nach ihnen die Männer des Dorfes, dann die Frauen. Am Straßenrand standen die Kinder mit gefalteten Händen. Die Glocken läuteten. Auch unsere Buben liebten das Schauspiel des Beerdigungszuges. Bei dem ersten Glockenton rannten sie hinunter zur Brücke, dort mußte der Zug auf jeden Fall vorbeikommen. Die Brücke lag an der tiefsten Stelle des Dorfes. Vorher ging es den Berg hinunter. Es bedurfte großer Geschicklichkeit des Kutschers, den Trab der Pferde rechtzeitig zu zügeln und mit einer scharfen Drehung nach rechts in die schmale Brücke einzuschwenken. Man erzählte sich, daß ein Kutscher diese Kurve einmal nicht richtig eingeschätzt habe. Das Rad des Leichenwagens sei hart an die Brückenmauer geschlagen, worauf Kutscher und Sarg in den Bach geflogen, der Sarg ein Stückchen geschwommen und dann im Ufergebüsch hängengeblieben sei. Der Kutscher sei ans Ufer gekrochen, ohne Hut und pitschnaß, dafür aber heilsam ernüchtert. Starke Männer hätten den Sarg wieder eingefangen, ihn auf den Wagen gestellt, und dann sei die Fahrt weitergegangen. Nach Betrachtung des Manövers an der Brücke liefen die Kinder den Berg hinauf und standen, wenn der Leichenchor auftauchte, bereits mit gefalteten Händen auf halber Höhe am Pfarrgartenzaun. Sie ließen den Zug vorbei, um alle Einzelheiten, die Pferde, Menschen und

Kränze, gebührend bewundern zu können, und rannten dann auf Schleichwegen zum Friedhof hinauf. Dort setzten sie sich an übersichtlicher Stelle auf die Mauer, um den letzten Akt des Schauspiels mitzuerleben.

Auch der Leichenchor hatte im Friedhof genügend Zeit, das ausgeschaufelte Grab zu suchen und sich in der Nähe aufzustellen. Wir wählten nie einen Platz direkt am Grab. Denn war es regnerisch, der Boden feucht und der Totengräber bei schlechter Laune, dann mußte man befürchten, mit dem abrutschenden, weil schlecht gestützten Erdreich in das Grab zu gleiten.

Dergleichen war schon passiert. Ein Leidtragender, der sich zu nahe an den Grabesrand gewagt hatte, um dort mit gesenktem Kopf ein Weilchen andächtig zu verharren, war ins Rutschen geraten. Nur durch einen gewaltigen Sprung über das Grab hinweg hatte er einen tiefen Sturz vermeiden können.

Wir stellten uns also in gutem Abstand vom Grabe auf und nahmen unsere Liederbücher vor. Der Sarg wurde durch den Kirchhof getragen, die Trauergemeinde verteilte sich zwischen den Gräbern. Der Leichenwagen rumpelte wieder abwärts ins Dorf. Ein Teil der Kinder saß mit auf, um heimzufahren.

»Net lache, Frau Pfarrer!« mahnten die Mädchen. »Was werdet die Leut sage?«

So gerne sie sonst kicherten und lachten, bei einer Beerdigung blieben sie todernst und verzogen nicht einmal den Mund, egal was passierte. Auf dem Friedhof gab es einfach nichts zum Lachen! Als sie nun aber bemerken mußten, daß ihre Frau Pfarrer Schande über sich und den Chor bringen würde und daß kein mahnendes Wort, kein flehender Blick half, schoben sie mich beim ersten Glucksen vorsichtig nach hinten ab. Zwei kräftige Mädchen stellten sich schützend vor mich, hinter ihren breiten Rücken hatte ich Gelegenheit, mich wieder zu fassen.

Da war der Bauer, der auf dem Weg zur Beerdigung seiner Schwiegermutter derart von Schluchzen geschüttelt wurde, daß man ihn stützen mußte. Manfred hielt ihn am Grabe fest, damit er sich nicht in seinem Schmerz hinunter in die Grube stürzte. Dabei wußte jeder im Dorf, daß dieser gramgebeugte Mann seine Schwiegermutter nicht hatte ausstehen können und daß sie sich jeden Tag in die Haare geraten waren. Nun hatte er sich nach dem seligen Ende seiner Widersacherin nicht mehr von der Schnapsflasche getrennt, und uneingedenk der früheren Gefühle, glaubte er jetzt selbst an seinen Schmerz. Auch die Trauergemeinde war gerührt, man weinte laut und hemmungslos. Ein braver Mann, er wußte, was sich am Grabe gehörte. Nur wir vom Leichenchor gebrauchten unsere Taschentücher nicht, die Tränen abzuwischen. Wir hielten uns die Nasen zu, denn er roch so stark nach Schnaps, daß wir ganz benommen wurden.

Als der Leiter des Kleintierzüchtervereins beerdigt wurde, geschah vieles zu seinen Ehren. Auch eine Rede wurde gehalten. In kluger Voraussicht hatte der Vortragende seine Rede auf einen Zettel geschrieben und diesen in den Zylinder gelegt. Den Zylinder ehrfürchtig in der Hand haltend, hoffte er, später ohne Mühe aus dem Zettel vorlesen zu können. Nun hatte sich aber der Zettel während des Marsches vom Zylindergrund gelöst. Als der Mann den Zylinder vom Haupt nahm und hoffnungsvoll hineinblickte, um seine Rede abzulesen, da war der Zettel verschwunden. Er lag weithin sichtbar auf dem schwarzen Haar des Kleintierzüchters. Dieser war verzweifelt. Er meinte, der Zettel wäre verlorengegangen, und wußte nicht, wie nahe ihm die Hilfe lag. Die Weidener zeigten sich auch dieser Situation gewachsen. Keiner lachte. Ein junger Mann griff nach dem Zettel und hielt ihn vor die Nase des unglückseligen Menschen. Der aber war rettungslos verwirrt. Die Buchstaben verschwammen ihm vor den Augen. Er sah den Kranz in seiner Hand und wußte, daß er ihn mit irgendwelchen Worten am Grabe niederlegen mußte. So holte er tief Luft und sprach:

»Lieber Emil! Und so lege ich denn diesen Kranz an deinem wohlverdienten Grabe nieder. Ruhe in Frieden!«

Die Trauergäste verzogen keine Miene. Manfred und ich aber wechselten einen Blick, worauf er die Augen in die Agende senkte und ich von den Mädchen des Leichenchores nach hinten abgeschoben wurde.

Bei der Beerdigung eines Ehrenmitglieds des Gesangvereins brauste ein Herbststurm über das Land. Er riß uns den Gesang von den Lippen. Nur bruchstückweise waren Manfreds trostreiche Worte zu hören. Am schwersten aber hatte es der Fahnenträger des Vereins. Die mächtige Vereinsfahne schlug und knatterte im Winde. Mit Mühe hatte er sie den Berg hinauf zum Friedhof geschleppt. Es nahte die feierliche Zeremonie der Fahnenehrung, die allen verstorbenen Vereinsmitgliedern zuteil wurde. Der Männerchor röhrte das Lied: »Stumm schläft der Sänger, dessen Ohr gelauschet hat an höh'rer Welten Chor...«

Während des Gesanges sollte der Fahnenträger die Fahne dreimal in das Grab tauchen. Ich hatte es schon einige Male gesehen, es war ergreifend, kein Auge blieb trocken. Dieses Mal aber verfing sich der Sturm in der Fahne. Trotz heftiger Bemühungen brachte der junge Mann sie nicht in das Grab hinein. Sein Kopf war rot, seine Halsmuskeln zum Zerreißen gespannt. An Aufgabe war nicht zu denken. Die Fahne mußte ins Grab hinein, dreimal, so gebot es die Vereinsehre. Auch hier bewährte sich die Nachbarschaftshilfe. Drei Tenöre eilten herbei. Sie packten die Widerspenstige, hängten sich an das starke rotgoldene Tuch, zerrten und tunkten das Ding ins Grab hinein, dreimal, so wie es sich gehörte. Eine Troddel der Fahne wurde bei dem Manöver abgerissen und vom Sturm ins Grab geweht. Man ließ sie dem Toten, auf diese Weise hatte er einen Ersatz dafür, daß die Zeremonie nicht ganz so erhebend gewesen war wie sonst.

Bei Regenwetter ging die Mesnerin im Trauerzug neben dem Pfarrer. Sie hielt einen Schirm über ihn, damit sein geheiligtes Haupt nicht naß werde. Da sie aber viel kleiner war als Manfred, entbehrte auch diese hilfreiche Geste nicht der Komik. Die Mesnerin trippelte auf den Zehenspitzen, Manfred dagegen ging knickebeinig und tief gebückt. Der Talar schleifte am Boden. Trotz aller Bemühungen saß der Schirm direkt auf dem Barett.

Auch auf dem Friedhof ließ die treue Frau ihren Pfarrer nicht unbeschirmt im Regen stehen. Sie hatte sich vorher einen Hocker bereitgestellt. Denselben bestieg sie und hielt nun den Schirm in richtiger Höhe über den Pfarrer. Mit der Zeit aber gruben sich die Beine des Hockers immer tiefer in die aufgeweichte Erde, denn war die Mesnerin auch klein, dünn war sie nicht. Der Schirm senkte sich über das Haupt des Predigers. Die letzten Sätze der Ansprache kamen nur mehr gedämpft unter dem Schirm hervor.

Beim Lebenslauf der Entschlafenen beschränkte sich mein Mann nur auf die wichtigsten Daten. Allzu Persönliches ließ er weg. Auch der für unsere Bauern so wichtige Satz »Er hat bis zum letzten Tag geschafft« kam in den Lebensläufen nicht vor. Er legte ein Bibelwort aus und dachte dabei mehr an die trostbedürftigen Hinterbliebenen als an den Verstorbenen. Einige Monate nach unserem Einzug in Weiden merkten wir, wie klug diese Handlungsweise war. Wir besuchten Gemeindeglieder in abgelegenen Höfen und kamen an ein verkommenes Bauernhaus im Walde. Der Besitzer empfing uns mit tiefem Widerwillen. Nicht einmal den Mostkrug holte er herbei. Das war uns noch nie passiert. Er schien seinen Durst schon vorher gestillt zu haben, denn die Zunge saß ihm locker. Was wir bei ihm zu suchen hätten, wollte er wissen, ihm sei die »saubere Zunft« der Pfarrer verhaßt! Mit einem alten Schießgewehr fuchtelte er vor unseren erschreckten Gesichtern herum. Ja, wir sollten es nur genau ansehen, schrie er, mit diesem Gewehr hätte er schier gar den vorigen Pfarrer erschossen! Dann wäre ein Heuchler weniger auf der Welt gewesen, und er hätte ein besseres Gewissen dem Vadder gegenüber gehabt, den dieser »Pfarr« so schrecklich beleidigt hätte. Zwar wäre der Vadder damals schon tot gewesen, aber auch ein Toter hätte seine Ehre, oder etwa nicht? Doch, doch, wir waren ganz seiner Meinung. Unter wilden Verwünschungen der Kirche und ihrer schwarzberockten, scheinheiligen Diener kam folgende Geschichte aus ihm heraus:

Sein Vater war gestorben. Gerade nicht der Frömmste und auch kein Kirchenspringer, aber »a rechter Ma«, der geschafft hätte bis zum letzten Atemzug. Daß dieser Atemzug beim verbotenen Schnapsbrennen entwichen war, sagte der getreue Sohn nicht. Wir erfuhren es später im Dorf. Da der Vater Mitglied des Gesangvereins war, sang der Verein bei der Beerdigung. Nun war der Gesangverein dieser Filiale des Singens wenig kundig, also stärkte man sich vor jeder anfallenden Sangespflicht im Wirtshaus mit einigen Maß Bier. Auf dem Wege zum Friedhof schwankten die Chorsänger bedrohlich, sie hielten sich aber gegenseitig aufrecht. Der Pfarrer, der hinter ihnen ging, sah es mit wachsendem Groll. Am Grabe angelangt, nahmen die Mannen Aufstellung, suchten nicht erst lange nach dem richtigen Ton, sondern trachteten danach, die lästige Pflicht schnell hinter sich zu bringen. Sie sangen den Choral: ›Es ist vollbracht, mein Heiland nimmt mich auf . . .‹ Es war kein schöner Gesang, und der Bierdunst aus den aufgerissenen Kehlen fachte des Pfarrers Zorn zu gewaltigen Ausmaßen an.

»Das habt ihr euch so gedacht«, schrie er wütend, »daß der Heiland euch aufnimmt! Da habt ihr euch aber getäuscht! Der Heiland wird sich hüten, Säufer und Schnapsbrenner, die ihr seid!« In solcher Weise legte er Zeugnis ab und erleichterte sein übervolles Herz. Zum Schluß bat er den Heiland, diese verstockten Sünder zu bekehren und ihnen Erleuchtung zu schenken.

Das war zuviel! Die Trauergemeinde stand erstarrt. Sogar die bierumnebelten Hirne der Sänger klarten auf. Man ahnte, daß hier Schreckliches passiert war und daß Schreckliches passieren würde.

Zwar kam der Pfarrer unbeschadet aus dem Friedhof, aber

das lag nur an dem Schreck, der die wackeren Männer lähmte. Beim Leichenschmaus schon schwor man blutige Rache. Hätte der Pfarrer nicht Weib und Kind gehabt, und wäre er dem Ort bei Nacht nicht ferngeblieben, weiß Gott, man hätte seine durchlöcherte Leiche wohl bald im Walde finden können. Er hoffe, so schloß der Bauer seine Geschichte, er hoffe, der neue Pfarrer sei nicht von der Sorte seines Vorgängers. Sonst solle er sich nicht wundern, wenn *er* unversehens ins Grab sinken würde!

Im Laufe des Abends aber wich die Verbitterung des Schwergekränkten. Er wurde versöhnlich und ließ uns sogar seinen selbstgebrannten Schnaps versuchen. Während wir noch nach Atem rangen, versprach er, die Schuld des Vorgängers nicht an uns zu rächen, wenn wir uns anständig betragen würden. Eine Kirche jedoch könne er nie wieder betreten. Früher wäre es ihm am Karfreitag nicht drauf angekommen. Er hätte auch noch geglaubt, an den Herrgott oder irgendein höheres Wesen, denn etwas müsse der Mensch ja glauben. Die öffentliche Beleidigung auf dem Friedhof und daß der Herrgott nicht eingeschritten sei, also das hätte ihm den letzten Glauben geraubt. Der Herr Pfarrer werde das verstehen.

Wir verabschiedeten uns eilig, um einem zweiten Gläschen Schnaps zu entrinnen. Er aber holte ein Fläschchen, auf dem »Hustensaft« stand, schüttete die Medizin, oder was immer darin war, in den Ausguß, füllte Schnaps hinein und steckte es mir vertraulich in die Tasche. »Für euch«, sagte er, »und nex für oguat!«

Früher war diese Filiale im Winter völlig abgeschnitten von den Gemeinden im Tal. Es gab keinen befahrbaren Weg durch die Wälder im Schnee. Auch hatte sie noch keinen eigenen Friedhof. Weil man es aber für unschicklich hielt, die Toten bis zum Frühjahr tiefgekühlt aufzubewahren, führte man die Särge in feierlichem Trauergeleit bis zu einer Waldschneise, die steil und kerzengerade abwärts in die Ebene führte. Nach einem kurzen Augenblick der Besinnung bekam der Sarg einen Stoß und sauste nun über den hartgefrorenen Schnee zu Tal. Durch ein besonderes Signal, eine Gewehrsalve oder ein Feuerzeichen, wurde den Talbewohnern rechtzeitig kundgetan, daß wieder eine Leiche käme. So standen unten starke Männer, Leichenwagen und Pfarrer bereit, um den Sarg, oder was davon übriggeblieben war, im Empfang zu nehmen und feierlich zu bestatten. Solche und ähnlich makabre Geschichten erzählten mir die alten Frauen im Dorf. Sie versicherten, ich könne es glauben oder nicht, jedes Wort sei wahr und sie hätten es selber erlebt.

Nach der Beerdigung fand der Leichenschmaus statt. Im Trauerhaus oder in der Wirtschaft war der Tisch gedeckt. »Leichenwecken« und »Leichenwürste« standen bereit. Die »Leichenwecken« wurden am Begräbnistag gebacken. Sie waren doppelt so groß wie die üblichen Wecken, mit Salz und Kümmel bestreut und seltsam geformt. In der Mitte war ein Kreis abgeteilt, von ihm aus liefen fünf Einschnitte bis an den Rand des Gebäcks. Über die tiefere Bedeutung dieser Form wußte niemand etwas zu sagen. Ich kam zu dem Schluß, daß man den überdimensionalen Wecken mit Hilfe seiner Kerbung ganz leicht in sechs handliche Brocken brechen konnte. Tatsächlich biß nie jemand in den Wecken hinein, man führte ihn nur zerlegt zum Mund.

Auch die Würste waren länger als die üblichen Brühwürste. Sanft gewürzt und heiß serviert wurden sie in großen Mengen verschlungen und mit reichlich Bier hinuntergespült.

Bei einem solchen Leichenschmaus erlebten wir, wie sich die Leidtragenden schon nach der ersten Wurst wegen Erbstreitigkeiten in die Haare gerieten. Sie zeterten mit vollem Mund, nannten einander Erbschleicher, Heuchler und Halsabschneider und bedrohten sich mit den Würsten. Bevor die ersten Bierflaschen flogen, gelang es uns im allgemeinen Tumult aus dem Trauerhaus zu flüchten. Seitdem versagten wir uns weitere Leichenschmäuse.

Die Bauern nahmen es nicht übel, daß wir dieser Festlichkeit fernblieben, vielleicht waren sie sogar erleichtert. Jedenfalls brachten sie uns Würste und Wecken ins Haus, dazu noch eine Tüte Eier, um sich für die Mühe des Pfarrers erkenntlich zu zeigen.

Im allgemeinen war man mit Manfreds Beerdigungsreden zufrieden. Sie waren gut und recht und vor allen Dingen kurz. Nur eines fehlte und wurde schmerzlich vermißt. Das war der Druck auf die Tränendrüsen.

»Ach«, sagte die alte Frau Krauder zu mir, als sie von einer Beerdigung im Nachbarort zurückkam, »ach, war des schö! Do hent mer uns amol so richtig herg'heult!«

Ihre Augen glänzten bei der Erinnerung an das bewegende Erlebnis. Dann tätschelte sie mir tröstend den Arm und fügte hinzu: »Aber onser Herr Pfarrer isch scho recht. Er isch halt no e weng jung. I moin halt, wenn em erscht amol ebber gschtorbe isch, den er mog, sei Fra...«, sie stockte verwirrt, »i moin, e Frau, sei Muader oder so ebber, no däd er's merke, wia guat oim 's Heule duat!«

Selbstgemachte Nudeln und stumme Sänger

Man feierte gern in Weiden, und wir im Pfarrhaus feierten mit. Jedes Jahr im März brach die Konfirmation über uns herein, ein gesellschaftliches Ereignis, das Licht und Schatten über alle Dorfbewohner warf. Am besten erging es den entfernt Verwandten der Konfirmanden. Sie wurden eingeladen und brauchten nur zu essen. Weniger Glückliche arbeiteten als Helfer in Küche oder Stall. Gesangverein und Kirchenchor dienten ohne Lohn und gaben ihr Bestes, das Fest zu verschönern. Die Handwerker des Ortes, Gipser, Maler und Glaser, lagen erschöpft zu Bett und genossen die wohlverdiente Ruhe nach getaner Pflicht. Bis zum Vorabend des Festes hatten sie hart gearbeitet, gegipst, geweißelt und tapeziert, um die Häuser der Konfirmandenfamilien auf Hochglanz zu bringen. Alles war zur rechten Zeit fertig geworden, was bei dem Arbeitseifer des Malermeisters keineswegs als Selbstverständlichkeit, sondern eher als ein Akt göttlicher Gnade betrachtet werden mußte. Großer Arbeitsanfall nämlich lähmte diesen Meister derart, daß er schon des Morgens verzagt auf seiner Leiter hockte, Wände, Tapetenrollen und Kleister mit grämlichem Blick betrachtete und den Hausbewohnern erklärte, daß er diesen Tag nicht lebend überstehen werde. Erst nach dem Genuß mehrerer Schnäpse sah er sich der Arbeit gewachsen, kroch von der Leiter und begann sein schweres Tagewerk. So kam er nur langsam voran und erschien deshalb in manchen Konfirmandenhäusern erst kurz vor dem Fest. Man nahm es in Kauf, drückte dem Meister ein Schnäpschen in die Hand, dankbar, daß er überhaupt noch willens war, diese Arbeit zu übernehmen. Verließ er das Haus nach vollbrachter Tat, leise jammernd und sanft schwankend, dann begann die Arbeit der Hausfrau. Sie putzte die Böden, rieb die Fenster blank und wusch die Vorhänge. Hielten die zarten Gebilde der ungewohnten Behandlung nicht stand, so nähte sie neue. Am Konfirmationstag befand sie sich kurz vor dem Zusammenbruch. Sie hing nur noch auf ihrem Stuhl und war zur Nahrungsaufnahme oder Unterhaltung nicht mehr fähig.

Vor seiner ersten Konfirmation in Weiden wollte Manfred dieses Fest zu einer besinnlichen Feier im kleinen Kreis umfunktionieren. Er lud die Konfirmandeneltern ein und sprach lange und eindringlich über den Sinn der Konfirmation. Die Eltern lauschten seinen Ausführungen, nickten verständnisvoll und fanden, daß der Herr Pfarrer völlig recht habe. Ja, mit wenig Gästen würde alles viel schöner sein und weniger Arbeit machen, sie wollten es sich überlegen, und sie dankten dem Herrn Pfarrer sehr für seine hilfreichen Worte. Gefeiert wurde dann doch wie früher.

Schweine, Kühe und Kälber fanden einen gewaltsamen Tod, wurden verwurstet, eingesalzen oder in den Rauch gehängt.

Ein paar Tage vor dem Fest machten sich die Konfirmandenmütter an die Herstellung der Nudeln. Sie kneteten den harten Teig, rollten ihn zu hauchdünnen Fladen und schnitten dünne Suppen- und breite Bandnudeln. Beim Milchholen geriet ich in eine Küche, in der die Hausfrau gerade beschäftigt war, mit Hilfe einer Maschine Nudeln zu produzieren. Das Ding war am Küchentisch festgeschraubt und sah wie ein großer Fleischwolf aus. Die Bäuerin stopfte oben Nudelteig hinein, drehte an einer Kurbel und hoffte, daß vorne Nudeln herauskommen würden. Es kamen aber keine, obwohl sie so gewaltsam an der Kurbel zog und drückte, daß der schwere Küchentisch hin und her ruckte. Zwei Kinder saßen bereits auf dem Tisch, um ihn zu beschweren, ich setzte mich dazu. Es floß so mancher Tropfen Schweiß in den Teig, aber auch diese Flüssigkeitszufuhr machte ihn nicht geschmeidiger. Endlich verlor die Bäuerin die Geduld. Sie verwünschte das neumodische Zeug, kratzte den Teig aus der Maschine und holte das Wellholz. Übrigens hätte man die Nudeln auch kaufen können. Doch keine Hausfrau, die etwas auf sich hielt, machte von dieser Möglichkeit Gebrauch. Zum Festmahl gehörten selbstgemachte Nudeln. Die langen Schlangen wurden zum Trocknen auf Schränken, Kommoden und Tischen ausgebreitet und später ungebrochen in ganzer Länge verwendet. Dadurch ergaben sich beim Essen mancherlei Schwierigkeiten: Es fing schon beim Suppenschöpfen an. Die Nudeln hingen so tief aus der Kelle heraus, daß sie fast auf dem Tischtuch schleiften. Also hielten kluge Leute den Suppenteller dicht neben die Terrine, kippten die volle Kelle hinein und klatschten überhängende Nudeln mit dem Suppenlöffel zurück in die Terrine. Andere schnitten die Nudeln kurzerhand am Terrinenrand ab. Dies galt aber als unfein. Nach dem Schöpfen schrumpften alle Gäste zu Sitzzwergen zusammen. Sie beugten den Kopf tief über Tisch und Teller, führten den Löffel das kleine Stück zum Munde, bissen zu lange Nudeln ab oder schlürften sie geräuschvoll in den Mund.

Dies alles sah ich mit Staunen und Entsetzen. Von meiner Mutter in zermürbendem Kleinkrieg zu feinen Eßmanieren gedrillt, litt ich nun meinerseits unter Schmatz- und Schlürfgeräuschen und war jederzeit bestrebt, anderen Tischgenossen das beizubringen, was ich selbst so mühselig hatte erlernen müssen. Manfred konnte ein Liedchen davon singen. Keine Mahlzeit verging ohne leidvolle Blicke und tadelnde Bemerkungen.

»Du schmatzt!«

»Ich kann nicht geschmatzt haben, weil mein Mund leer ist!«

»Ja, jetzt ist er leer, aber vorhin war er's nicht, weil du nämlich schlingst!«

»Ich schlinge nicht, und ich schmatze nicht, und ich will beim Essen meine Ruhe haben!«

»Ich will auch meine Ruhe haben, deshalb kann ich's nicht ertragen, wenn du so fürchterlich schmatzt!«

»Weiß Gott, du hast einen richtigen Schmatztick!«

Wir starrten uns beide wütend an und hatten keine rechte Freude mehr, nicht am Essen und nicht an unserer Zweisamkeit.

Beim Konfirmationsmahl versuchten wir auf anständige Weise mit den langen Suppennudeln fertig zu werden. Aufrecht sitzend führten wir den Löffel zum Munde. Spätestens auf halber Höhe glitten die Nudeln vom Löffel und fielen zurück in den Teller. Die Suppe spritzte nach allen Seiten und hinterließ häßliche Flecken auf unserer Festtagskleidung. Auch zu den Nachbarn hatte es hinübergespritzt. Sie sahen uns mißbilligend an. Ja, was machten denn 's Pfarrers? Bespritzten anständige Leute mit Suppe! Ich versuchte, die Nudeln zu zerkleinern, aber es war eine arge Mühe, und meine Mutter hätte es nicht gerne gesehen. Wir löffelten noch, als alle anderen schon lange fertig waren und uns schadenfroh zusahen.

Nach der Suppe gab es Bratkartoffeln, gekochtes Rindfleisch, Meerrettichsoße und verschiedene Beilagen.

Meerrettichsoße hatte mir schon als Kind zu manchem Schock verholfen. Sie schoß mir die Nase hoch, trieb Tränen in meine Augen. Verzweifelt riß ich den Mund auf und schnappte nach Luft. Die Geschwister betrachteten dies Schauspiel immer wieder gerne.

»Schaut nur, Pickdewick kämpft mit der Soße! Laß dir's nur schmecken, Kind. Meerrettichsoße ist ja so gesund! Willst du noch ein wenig Soße? Du bekommst sie so lange, bis du sie gerne magst!«

Nun saß ich an festlich gedeckter Tafel und sah die gefährliche Soße vor mir stehen. Ich bediente mich bescheiden. Schon eilte die Hausfrau herzu, ergriff den Schöpflöffel und kippte mir einen großen weißen See über den Teller.

»Sent Se net so scheniert, Frau Pfarrer, die isch fei guat!« Rindfleisch, Bratkartoffeln, Beilagen, alles schwamm in Soße. Gleich würden meine Augen ebenfalls schwimmen, allerdings in Tränen. Meine Nase würde tropfen und alle Leute lachen. Ich schielte zu Manfred hinüber. Er aß mit gutem Appetit.

»Kannst du mir was abnehmen?« Er schüttelte den Kopf.

»Mir langt's, und wir müssen heute noch viel essen.«

Gut, er hatte seine Chance verpaßt und wollte offenbar, daß wir uns beide fürchterlich blamierten. Es würde ihm noch leid tun! Zornig füllte ich die Gabel mit Fleisch, tunkte sie in die Soße, steckte sie in den Mund und wartete auf den Schock. Er kam nicht.

Die Weidener Meerrettichsoße hatte nichts gemein mit dem scharfen Teufelszeug aus meiner Kindheit. Sanft und sahnig, mit viel Butter und wenig Meerrettich versehen, floß sie mir leicht durch die Kehle. Ich aß den Teller leer und blickte triumphierend um mich. Wieder einmal hatte ich ein kindliches Trauma siegreich überwunden. Leider fand diese große Tat wenig Beachtung. Die Tischnachbarn schauten nicht rechts noch links, lagen über ihren Tellern und genossen die Meerrettichsoße mit hörbarem Behagen. Auch Manfred zeigte wenig Verständnis. Ich hielt ihm den leeren Teller hin.

»Da schau, ich hab' alles aufgegessen!«

»Schling nicht so! Wir müssen noch bei drei Konfirmationen essen!« Das war alles, was er zu sagen wußte.

Der Hauptgang bestand aus gemischtem Braten, Kartoffelsalat, breiten Nudeln und Soße. Zur Auffahrt der Speisen ließ man sich viel Zeit, servierte die nächste Beilage erst, wenn die vorherige erkaltet war, und sorgte auf diese Weise dafür, daß kein Gast sich den Mund verbrannte. Zuerst erschienen die Bratenplatten. Wir bedienten uns mit Fleisch und warteten. Dann rückten die Salate an, nach längerer Zeit die Nudeln, schließlich die Soße. Die selbstgemachten Nudeln galten als hervorragend gelungen, wenn sie nicht klebten, »einen guten Biß« hatten und die Bratensoße nicht aufnahmen. Nun begriff ich, warum die anderen Gäste ihren Suppenlöffel, sauber abgeschleckt, zurückbehalten hatten. Sie löffelten damit den Teller leer, während wir die gute Bratensoße nur als Spritzer auf Bluse, Hemd und Krawatte davontrugen.

Das krönende Finale des Festmenüs bildeten kalorienreiche Wein- oder Zitronencremes, mit Schlagsahne reich verziert. Dieses große Essen wurde, soweit es ging, von den Hausmüttern vorbereitet. Am Festtag selbst übernahmen Frauen aus der Nachbarschaft die Arbeit in der Küche. Sie kochten, servierten und wuschen das Geschirr. Es gab auch drei oder vier begnadete Köchinnen im Dorf. Wer ihrer habhaft werden konnte, war aller Essenssorgen ledig. Sie führten in der Küche ein strenges Regiment, aber jede Frau beugte sich willig, um die Künstlerin nicht zu vergrämen. Vor der Taufe unseres Andreas engagierte ich eine solche Küchenmeisterin zum Kochen des Taufmenüs. Sie kam bald darauf, um die Küche zu inspizieren. Erst wollte sie einen Blick in »die Speis« werfen. Ich öffnete gehorsam die Speisekammertür.

»Koi Schmalz? Koi Speck?« fragte sie. »Ja, mit was dent er denn koche?«

Nun, ich hatte an Margarine gedacht oder Öl. Eine solche Möglichkeit aber wies sie weit von sich.

»Noi, Frau Pfarrer, des könnet Se fei net do, net mit mir! I muaß Ehr eilege, ond i brauch' a Schmalz!«

»Gut, ich kaufe welches ein.«

»Eikaufe? Beim Metzger etwa?! Noi, des gibt's net. I breng's mit!«

Sie besichtigte den Ofen, die Töpfe und Pfannen.

»Wo hent er d' Kachl?«

»Welche Kachel?«

»Für d'r Brode!«

Ich schleppte herbei, was ich hatte, aber nichts fand Wohlgefallen vor ihren Augen.

»Frau Pfarrer, mit dem Glomp ko i net koche. I bring' mei Sach selber mit!«

Einen Tag vor der Taufe erschien sie wieder, beladen mit Schmalztopf, Speck, Schnittlauch und einer großen Bratpfanne, der »Kachel«. Sie band ihre weiße Schürze um und begann »vorzuschaffa«. Als ich mich zur Mithilfe anbot, erklärte sie freundlich, aber bestimmt, daß ihr am meisten geholfen sei, wenn ich die Küche verließe.

»I brauch' a Ruh!« sagte sie und schloß die Türe hinter mir. Die Abendmilch für Andreas machte Manfred warm. Ich war verärgert und traute mich außerdem nicht in die Küche hinein. Den Herrn Pfarrer ließ sie gewähren, tat aber leise vor sich hinbrummend kund, wie sehr es sie befremde, einen Mann, noch dazu einen Geistlichen, so niedere Dienste verrichten zu sehen.

Da ich mich geweigert hatte, Suppennudeln zu machen, sie aber keine gekauften verwenden wollte, hatte sie sich für eine »Grießklößlessuppe« entschieden. Diese »Klößle« gingen derart auf, daß sie fast so groß waren wie der Kopf des Täuflings. Auch alle anderen Speisen gelangen aufs beste. Unsere Gäste, nichts Gutes ahnend, weil wohlvertraut mit meinen Kochkünsten, sahen sich angenehm enttäuscht. Trotzdem waren sie unzufrieden.

»Warum hast du uns nicht vorher geschrieben, daß jemand anderes kocht? Nun haben wir schon im Auto gegessen.« Erst bei der Nachspeise, einer dünnlichen Zitronencreme, erkannten sie meine zarte Hand wieder.

»I hab' mi in Grundsbode nei gschämt, a sottiche Soß az'biate«, sagte die Köchin nach dem Essen zu mir. »I han halt denkt, wenigstens des kennt d' Frau Pfarrer mache!« Den schlimmsten Schock aber erlitt sie beim Anblick meines sitzengebliebenen Gugelhupfs.

»Oh, Frau Pfarrer! Des fresset jo net amol d' Säu! Was werdet d' Leut denke?«

»Die kennen meine Kuchen und sind vorsichtig.«

Tatsächlich, nach einem kurzen Blick auf den Gugelhupf versicherten alle Gäste, daß sie nach diesem wundervollen Mittagessen nur noch ein Täßchen Kaffee vertragen könnten und leider auf den Kuchen verzichten müßten.

Auch bei der Konfirmation wurde wenig Kuchen gegessen. Trotzdem dauerte die Bäckerei mindestens zwei Tage lang. Sämtliche weiblichen Anverwandten halfen mit, die Backöfen rauchten Tag und Nacht. Ein Zimmer im Haus wurde leergeräumt und dann wieder mit Kuchen gefüllt. Da standen sie auf langen Tafeln dicht beieinander. Buttercreme- und Sahnetorten, Obst- und Rührkuchen, Gugelhupfe, Nußkränze und Hefezöpfe, jeder trefflich gelungen. Ein großer Teil dieser Meisterwerke aber verließ schon vor dem Fest das Haus, nämlich immer dann, wenn Kinder kamen, um von den Eltern Geschenke zu überreichen. Mit Kuchenpaketen bedacht kehrten sie wieder nach Hause zurück. Die Güte des Kuchens richtete sich nach dem Wert des Geschenkes. Für reiche Spenden gab es Torte, für

Bücher Obstkuchen, für Taschentücher Hefezopf. Alle Familien im Dorf beschenkten die Konfirmanden. Also fanden sich in den Festhäusern auch die Backwaren der anderen Konfirmandenfamilien ein. Diese Situation führte zu interessanten Vergleichen. Darum war man vorsichtig und schickte in solchen Fällen nur das Beste. Beim Abschied nach dem Fest erhielt jeder Gast, er mochte wollen oder nicht, ein Kuchenpaket als »Versucherle«. Solche »Versucherle« landeten auch bei Pfarrers, Lehrers und der Gemeindeschwester. Besonders versuchenswert erschien den edlen Spendern ihr selbstgemachter Hefezopf. Ein Gebäck, das mir trotz leichter Beschaffenheit, auch in kleinen Mengen genossen, stets ein Gefühl der Völle vermittelt. Als unsere erste Konfirmation nahte, blühten im Garten gerade die Schneeglöckchen. Ich pflückte für jeden Konfirmanden ein Sträußchen. Manfred schenkte ein kleines Buch, worin Erbauliches über den Sinn der Konfirmation stand. Daraufhin hagelten uns die Kuchenpakete ins Haus. Bei einer späteren Konfirmation wählte Manfred ein Büchlein, das sich nicht gerade mit Aufklärung, aber doch mit dem Verhältnis der beiden Geschlechter zueinander beschäftigte. Dieses harmlose kleine Werk löste im Dorf einen Sturm der Empörung aus. Die Eltern waren entsetzt, die Kinder nicht, denn sie entdeckten in der Schrift keine sensationellen Neuigkeiten, wohl aber das längst Bekannte in schönerer Form. Eine Mutter kam daher, zitternd vor Entrüstung. Sie klagte Manfred an, ihren unschuldigen Egon, ihr schlohweißes Lämmchen, das Männlein und Weiblein kaum zu unterscheiden vermöge, mit diesem schmutzigen Buch verdorben zu haben. Nun war aber dieser Egon ein gerissenes Bürschchen, beliebt bei den Mädchen und wohlbewandert in mancherlei Spielen an verborgenen Plätzen. Die Jugend des Dorfes wußte Bescheid, dem treuen Mutterauge jedoch blieb diese Seite des Knaben verborgen. Manfred fühlte sich nicht berufen, die Ahnungslose aufzuklären und kurz vor der Konfirmation Zwietracht zwischen Mutter und Sohn zu säen, er fragte sie nur, ob sie das Büchlein gelesen habe. Nein, so etwas Schweinisches lese sie nicht! Aber die Konfirmanden, Egon eingeschlossen, wußten zu berichten, daß sie gar nicht zum Lesen kämen, da die Eltern dieses Büchlein für sich beschlagnahmt hätten. So war das Geschenk an die rechte Adresse geraten. Mütter und Väter sammelten neues Wissen und gelangten zu mancher beunruhigenden Erkenntnis. Kein Wunder, daß sie ungehalten waren über die Störung ihres Friedens.

Zur Verschönerung der kirchlichen Feier wurde im Dorf ein Brauch geübt, der mir neue unerfreuliche Pflichten auflud. Vor der Einsegnung stellten sich die Konfirmanden im Altarraum auf und sangen ein Lied. Dieses sogenannte »Konfirmandenlied« sollte zu Herzen gehen und mindestens dreistimmig erklingen.

Da ich nun schon dem Leichenchor zu einer zarten Blüte verholfen hatte, hoffte man, es werde mir gelingen, auch diesen jugendlichen Kehlen Wohllaut zu entlocken. Eine Hoffnung, die mich bei der ersten Probe schier verzweifeln ließ. Ich erschien nach dem Konfirmandenunterricht im Räumle, um das Lied einzuüben.

»Du wirst keine Mühe mit ihnen haben, sie singen gern«, sagte Manfred, packte seine Bücher und verschwand.

Ich hätte schon an seinem eiligen Abgang bemerken können, daß hier etwas nicht stimmte, aber ich war zuversichtlich, sah ich doch ein stattliches Häuflein von Sängern vor mir, 16 Buben und 5 Mädchen.

»Ist einer von euch im Stimmbruch?«

Na, das wollten sie meinen! Fünf lange Bengels erhoben sich stolz im Bewußtsein ihrer Manneswürde.

»Ihr braucht nicht mitzusingen.« Ja was, wieso denn nicht? In der Schule dürften sie auch singen! Selten hatte ich soviel echte Begeisterung gespürt. Ich freute mich, es würde eine gute Zusammenarbeit werden.

»Kennt ihr den Choral ›Wohl denen, die da wandeln‹?« Ja, sie kannten ihn. »Dann wollen wir erst einmal zusammen die Melodie singen.« Ich stimmte an, sie fielen ein und ließen einen Gesang erschallen, der so laut, so vielstimmig und mißtönend war, daß mir vor Schreck das Liederbuch aus der Hand fiel. Sie blökten wie eine Herde Hammel und hatten dabei keine Ahnung von ihrer stimmlichen Unzulänglichkeit. Jeder hielt sich selbst für eine Nachtigall, den Nebenmann aber für eine krächzende Krähe. Sie stießen sich mit den Ellbogen an und bedeuteten einander zu schweigen.

Ob sie noch die zweite Strophe singen sollten? Ich winkte entsetzt ab, sank auf einen Stuhl und überlegte. Die Mädchen sahen mitfühlend zu mir herüber, sie kannten die Brummer aus der Schule.

»Der Gesang muß ausfallen«, das war mein erster Gedanke. »Was werden die Leute sagen?« mein zweiter. Die Konfirmandeneltern wollten ihre Sprößlinge singen sehen. Es rührte sie zu

Tränen, wenn das feierlich gewandete Häuflein vor dem Altar stand und Gottes Lob erschallen ließ. Da weinten die »Doden«, da schluchzten die »Däden«, da blieb kein Auge trocken.

»Ja nun«, sagte ich zu den mißratenen Sängern, »das wird eine harte Arbeit werden, denn blamieren wollen wir uns ja nicht. Ich denke, so fünf Nachmittage in der Woche müßt ihr schon dranrücken!«

»Was?!« schrien die Buben entsetzt. Sie hatten vor der Konfirmation ohnehin viel zu tun. Sie mußten im Wald Tannen schlagen und sie vor Kirche, Pfarrhaus und Schule aufstellen. Sie sollten zu Hause beim Weißeln helfen, beim Schlachten und im Stall. Ihre Freizeit war knapp bemessen, und nun wollte diese Frau Pfarrer auch noch stundenlang mit ihnen singen?

»Was machen wir bloß? Ihr tut mir ehrlich leid!« Ich legte eine Pause ein, um ihnen Zeit zu geben, die Fron der nächsten Wochen deutlich vor Augen zu sehen. »Ich habe eine Idee«, sagte ich dann, »ihr könnt euch das Üben ersparen. Aber ich weiß natürlich nicht, ob ihr damit einverstanden seid.«

Doch, doch, sie wären damit einverstanden, wenn sie bloß nicht nachmittags singen müßten! Was für eine Idee?

»Wenn ihr bei der Konfirmation nur den Mund bewegt und nicht singt, dann langt uns eine einzige Probe. Die Mädchen und ich, wir singen für euch und nehmen die vielen Proben auf uns. Aber ihr dürft keinem Menschen etwas davon erzählen!«

»Noi, noi, ganz gwieß net!« Kein Sterbenswörtchen würde aus ihrem Munde kommen! Frau Pfarrer könne sich darauf verlassen! Sie wären doch nicht blöd! »Gwieß wohr!« Sie dankten auch schön für die tolle Idee, und ob sie jetzt gehen dürften? Sie lärmten davon.

Betrübt schauten ihnen die Mädchen nach. Zu sechst konnten wir keinen dreistimmigen Satz singen, nicht mit diesen ungeübten Stimmchen. Aber da war der Mädchenkreis. Auf ihn konnte ich unbedingt zählen. Zusammengeschweißt durch Leichen- und Adventssingen, Theaterspielen, Kaffeetrinken und Stricken, erklärten sich die Mädchen freudig bereit, bei der Verschwörung mitzuwirken. So saß denn bei der Konfirmation der Mädchenkreis in der Sakristei und wartete auf seinen unsichtbaren Auftritt. Der feierliche Augenblick nahte. Die Konfirmanden nahmen Aufstellung zum Gesang. Verdeckt von einem Pfeiler stand der Mädchenkreis links von mir vor der Sakristei. Mit den Buben hatte ich eine Stunde lang das lautlose Auf- und Zuklappen des Mundes geprobt. Eine Übung, die ihnen ausgesprochen schwerfiel. Aber sie gaben sich Mühe. Sie waren mir dankbar, daß ich sie vor den leidigen Proben bewahrt hatte. Keiner lachte.

Ich gab die Töne zu den Konfirmanden hin, der Mädchenkreis nahm sie leise auf. Wir sangen. Das heißt: Die Konfirmandinnen piepsten, die Buben rissen die Mäuler auf, der Mädchenkreis sang in gewohnter Sauberkeit und heute am Sonntag auch in Fülle. Die Gläubigen waren entzückt, die Tränen flossen. Ein schöner Gesang! Diese Kinder jubilierten wie die Engel! Wer hätte das gedacht von solchen Lausebengels? Aber sie machten auch den Mund auf, drum klang es so voll und herrlich. Bei der zweiten Strophe wurde einer der Nichtsänger so überwältigt von der Schönheit des Liedes, daß ein lauter Brummer seiner Kehle entwich. Ein Schubs von rechts, ein Stoß von links brachten ihn wieder zur Besinnung. Mit töricht geöffnetem Mund verharrte er bis zum Ende des Liedes.

»Schö isch's gwä!« sagte eine Konfirmandenmutter nach der Kirche zu mir. »Aber ihr hent au viel probt! Unser Bernd war ja ell Naslang bei euch im Pfarrhaus!«

Sie hatten es miteinander abgesprochen, die schlauen Burschen. Jeden Nachmittag Probe im Pfarrhaus. So waren sie zu mancher freien Stunde gekommen.

Im nächsten Jahr stellte sich der Mädchenkreis schon öffentlich zu den Konfirmanden. Im übernächsten gesellte sich der Kirchenchor dazu und einige Posaunenbläser. Das Gotteslob erschallte so mächtig, daß es die Gläubigen schier von den Bänken fegte. Man vergaß zu weinen und fühlte sich in eine bessere Welt versetzt.

»I han denkt, der Jüngschte Tag sei do«, sagte der Kirchenpfleger am nächsten Tag zu mir, »bloß a Pauk, dia fehlt no.«

Konfirmation mit Magendrücken

Bei der Konfirmation war unsere Kirche bis auf den letzten Platz besetzt. Die treuen Kirchgänger fanden ihre angestammten Bänke von fremdem Volk belagert. Verärgert nahmen sie auf Notsitzen und Stühlen Platz. Die Glocken läuteten, der Organist spielte sein festliches Präludium in Dur, die Gemeinde erhob sich. Mit Manfred an der Spitze marschierten die Konfirmanden ein. Sie sahen ängstlich und blaß aus, denn sie fürchteten sich vor der Prüfung. Dabei hatte Manfred diese »Prüfung« viele Male mit ihnen durchgesprochen. Jeder wußte genau, welchen Liedvers, welche Katechismusstelle, welchen Bibelspruch er aufsagen mußte. Sie konnten dies alles im Schlaf hersagen, dafür hatten schon die Eltern gesorgt. Aber die häuslichen Mahnungen, die vollbesetzte Kirche und die Feierlichkeit des Augenblicks versetzten sie trotzdem in ängstliche Spannung. Wehe denen, die steckenbleiben oder stottern würden! Der ganze schöne Tag würde ihnen vergällt werden. »Kosch du net lerne, du fauler Denger?! Warum hasch ons des ado? Schäm de en Erdsbode nei!«

Mit solchen und ähnlichen Tadeln würde die Verwandtschaft hinterher nicht geizen. Geschenke würden zurückgenommen, Ohrfeigen angeboten werden.

Auch Manfred vermochte seine Aufregung nur schwer zu verbergen. Er legte die Bücher auf dem Altar mal hierhin, mal dorthin, blätterte nervös in der Bibel und betrachtete seine Konfirmanden mit besorgten Blicken. Besonders ängstlich ruhte sein Auge auf Arthur, einem blassen Kerlchen. Arthur rutschte unruhig auf der Bank hin und her und bewegte murmelnd die Lippen. Er hatte einen Sprachfehler, allerdings nur, wenn er aufgeregt war, dann blieb ihm die Sprache weg, dann stand er da mit offenem Mund, drückte und drückte und brachte keinen Ton heraus. Beim Spiel mit den Freunden redete er wie geschmiert. Ich mochte Arthur gern. Er überspielte seine Schwierigkeiten mit Geschick, schnitt Grimassen, verrenkte die Glieder und war ständig darauf bedacht, die anderen zum Lachen zu bringen. Als ich ihm den Schneeglöckchenstrauß überreichte, schnupperte er daran und wandte sich beleidigt ab. »Noi, Frau Pfarrer«, sagte er, ohne zu stocken, »i bin koi Has, i ko des Zeug net fresse!«

»Das sollst du auch nicht, Arthur. Schneeglöckchen sind giftig.«

»Heide nei, des han i jetzt net denkt, daß d' Frau Pfarrer mir ebbes Giftigs schenkt. I bring's uff d' Polizei!«

Er stopfte den Strauß in die Hosentasche und ging davon. Beim Konfirmationsmahl standen die Schneeglöckchen in einem Schnapsglas vor seinem Teller.

Manfred hatte ihm die Prüfung ersparen wollen.

»Was sollst du dich aufregen, Arthur. Ich weiß ja, daß du alles kannst. Laß die anderen für dich reden. Das merkt kein Mensch.«

»Noi, noi, des gibt's fei net! I ko mei Vers sage, wia die andere au. I ben koi Depp!«

Er lernte seine Antworten. Schwierig war allein der Anfang. Wenn er den gefunden hatte, lief die Sache wie geschmiert.

Die Eingangsliturgie ging zu Ende. Man setzte sich bequem zurecht und wartete der Dinge, die da kommen sollten, denn jetzt nahte die Prüfung. Arthurs Familie hockte zitternd in der Bank. Der Vater wischte sich den Angstschweiß von der Stirn, die Mutter verrichtete ein Stoßgebet nach dem anderen.

Nun hatte sich der kluge Junge etwas ausgedacht. Er kannte den Verlauf der Prüfung und wußte genau, wer vor ihm an die Reihe kam. Raspelte nun dieser Vordermann seinen Part herunter, dann begann Arthur bereits nach seinem Anfang zu ringen. Beim ersten Mal klappte es wunderbar. Kaum hatte Manfred die Frage ausgesprochen, da brach schon die Antwort aus Arthur heraus. Es war eine Erlösung für alle, die Arthur kannten. Die Verwandtschaft atmete auf. Man räusperte sich und nickte einander zu. Nur Mut, dieser Goldjunge wird es schaffen! Arthur schnitt eine Grimasse zu mir herüber. Manfred ließ vor freudiger Überraschung seine Zettel fallen. Als er sie wieder eingesammelt hatte, begann der zweite Durchgang.

Arthurs Nebenmann wurde nach dem ersten Glaubensartikel gefragt. Er riß den Mund auf, Arthur auch. Der eine sagte laut den Glaubensartikel her, der andere suchte nach dem Anfang der Erklärung. Er fand ihn sogleich, ermutigt durch den ersten Triumph.

Der Vordermann sprach: »Ich glaube an Gott den Vater, den Allmächtigen, Schöpfer des Himmels und der Erden.«

Gleichzeitig murmelte Arthur vor sich hin: »Ich glaube, daß mich Gott geschaffen hat samt allen Kreaturen, mir Leib und Seele . . .« Hier nun endlich wurde er gefragt: »Was ist das?« Er schnurrte weiter, laut und deutlich: ». . . Augen, Ohren und alle Glieder, Vernunft und alle Sinne . . .« Die Verwandtschaft sank entsetzt in sich zusammen, und die Gemeindeglieder streckten neugierig die Hälse. Hier stimmte etwas nicht, hieß das wirklich so? Aber der Pfarrer nickte freundlich mit dem Kopf, die anderen Konfirmanden blickten anerkennend zu Arthur hinüber, und da stand der Junge und spulte die Erklärung zum ersten Glaubensartikel herunter, daß es eine reine Freude war. Wenn man es recht überlegte, so war der Arthur der Beste von allen, denn diese Erklärung wollte ja gar kein Ende nehmen. Sie war das längste und schwerste Stück bisher, und man mußte wahrhaft staunen, wie der Arthur diese Aufgabe meisterte. Nun galt es, noch eine Klippe zu umschiffen, und die war nicht gefährlich. Zwei Worte mußte der Arthur sagen. Er sprach sie leise vor sich hin, um seine Zunge in Bewegung zu halten und ihr den schwierigen Anfang zu ersparen: »Ja nicht, ja nicht, ja nicht . . .«

Der Pfarrer fragte: »Dürfen wir aber in der Sünde beharren?«

»Ja!« sagte Arthur mit lauter Stimme, das »nicht« hatte er neben seinen größeren Sorgen völlig vergessen.

Die Gemeinde erstarrte. Wie das? Wir dürfen in der Sünde beharren? Hatte man so etwas schon gehört? Hier wurde eine Irrlehre verkündigt!

Da sprach die nächste Konfirmandin laut und deutlich: »Bei Dir gilt nichts denn Gnad und Gunst, die Sünde zu vergeben. Es ist doch unser Tun umsonst auch in dem besten Leben . . .« Ach so, es ging um diese Gnade. Trotzdem, die Konfirmanden hätten dergleichen nicht auswendig lernen brauchen! Die waren frech genug! Die sollten sich lieber Mühe geben, nicht in der Sünde zu beharren! Im nächsten Jahr ließ Manfred diese Frage mitsamt der Antwort aus.

Die Prüfung war überstanden. Wir »sangen« unser Konfirmandenlied, Manfred bestieg die Kanzel, die Kirchenbesucher versanken in süße Träumereien. Vor ihrem inneren Auge erschien die festlich gedeckte Tafel. Braten, Nudeln, Meerrettichsoße und Wein rückten in greifbare Nähe. So mancher hungrige Magen knurrte, und der Pfarrer predigte dazu. Schön tat er das und kurz. Man wagte noch gar nicht auf den Schluß zu hoffen, da stieg er schon wieder von der Kanzel.

Für die Konfirmanden folgte nun der schönere Teil des Gottesdienstes. Sie wurden aufgerufen, durften vor den Altar treten und hatten dabei die Gelegenheit, ihre schmucke neue Gewandung zu zeigen. Bei all diesem konnten sie eigentlich nichts falsch machen, also erhoben sie dankbar die Blicke und freuten sich auf das, was kommen sollte.

Anders verhielt es sich mit mir, der leidgeprüften Pfarrerstochter. Ich hielt weiterhin den Kopf gesenkt zu stillem Gebet, denn ich gedachte der Stolperdrähte, die noch in diesem letzten Teil des Gottesdienstes verborgen lagen. Ach, wie schnell brachten sie einen ahnungslosen Pfarrer zu Fall! Wie erheiternd wirkte ein solches Mißgeschick auf die Gemeinde, und wie peinlich war es für die Angehörigen des Gestrauchelten!

»Wie soll das Knäblein heißen?« hatte mein Vater bei einer Taufe gefragt.

»Magdalene-Christine« hatten die Eltern geantwortet und beleidigte Gesichter gemacht. In der Kirche war laut gelacht worden, was ein treuer Gottesdienstbesucher im allgemeinen verabscheut und daher selten praktiziert. Nur wir Pfarrerskinder wahrten die Würde des Ortes und hatten keinen Anteil an der allgemeinen Freude.

Bei einer Konfirmation verwechselte er Jochen Biermann mit Steffen Wirthwein. Die Knaben standen vor dem Altar und warteten auf ihre Einsegnung. Flüsternd machten sie dem Pfarrer klar, wer Jochen und wer Steffen war. Vati lächelte und verlas den Denkspruch für Jochen. Er lautete: »Ich kenne dich mit Namen, spricht der Herr.«

»Hoffentlich besser als der Pfarrer!« flüsterte jemand hinter meinem Rücken. Auch in diesem Gottesdienst wurde gelacht.

Manfred kannte seine Konfirmanden bei Namen. Er verwechselte nicht einmal die Zwillinge Inge und Anita, die einander glichen wie ein Ei dem anderen. Allerdings war ein besonderer Glücksfall eingetreten, indem nämlich Inge zwei Tage zuvor bei einem Sturz einen Schneidezahn eingebüßt hatte. Vor der Namensnennung zeigte sie ihrem Pfarrer freundlich lächelnd die Zähne samt Luke.

Bei einer letzten Probe hatte Manfred seine Konfirmanden in die Kunst des Kniens einweihen wollen. »Kommt her, ich zeige es euch. Es ist gar nicht so leicht.«

»A bah, Herr Pfarrer, des brauchet mer net lerna, des könnet mer!«

Sie konnten es aber keineswegs, das mußte ich bei der Einsegnung mit Bedauern feststellen. Anstatt stolz und aufrecht nur mit den Knien das Kissen zu berühren, ließen sie ihren Po gemütlich auf den Hacken ruhen und kauerten vor dem Altar, krumm wie die Fiedelbögen. Es war kein erhebendes Bild, von welcher Seite man es auch betrachtete. Manfred legte die Hände nun segnend auf die pomadeglänzenden oder kunstvoll gelockten Häupter seiner Konfirmanden und sprach Segenssprüche. Dies war der zweite gefährliche Stolperdraht.

»Lieber Gott, mach doch, daß er kurze Sprüche nimmt!« Keine Gebetserhörung! Der liebe Gott machte es nicht, und der störrische Manfred begann den längsten aller Segenssprüche zu sprechen. Einen Spruch mit ungeahnten Möglichkeiten, sich zu verheddern, zu wiederholen oder steckenzubleiben:

»Der Gott aller Gnade, der dich berufen hat zu seiner ewigen Herrlichkeit in Christo Jesu, der wolle dich vollbereiten, stärken, kräftigen, gründen, daß dein Geist ganz samt Seele und Leib ...«

Warum konnte dieser Manfred nicht einfach sagen: »Siehe, ich bin bei euch alle Tage, bis an der Welt Ende!«? Punktum, fertig! Jeder Mensch hätte verstanden, was gemeint war, und ich wäre von Sorgen und Nöten befreit gewesen. Aber nein, nichts Einfaches, Kleines, etwas ganz Besonderes mußte es sein; und so ließ er denn dieses Monstrum, diesen Bandwurm auf die armen Kinder los.

»Du liebst mich nicht!« sagte ich später zu ihm. »Wenn du mich nämlich liebtest, dann wüßtest du, welche Angst ich vor diesem Spruch habe, und du würdest alles tun, um mir diese Angst zu ersparen!«

»Ich liebe dich«, sagte er hierauf zu mir, »aber du hast kein Vertrauen zu mir! Wenn du nämlich Vertrauen hättest, dann wüßtest du, daß ich diesen Spruch auf jeden Fall zu einem guten Ende bringe!«

Nach der Einsegnung rappelten sich die Konfirmierten von der Kniebank hoch. Sie taten dies mehr oder weniger graziös – meistens weniger. Sie kippten nach vorne oder hinten über und klammerten sich aneinander, aber schließlich standen sie. Manfred gab ihnen die Hand und las die Denksprüche vor. Ein Jahr lang waren sie zweimal in der Woche zusammengewesen. Sie hatten so manchen Streit ausgetragen, hatten sich übereinander geärgert und miteinander gefreut. Sie kannten einander. Manfred hatte die Denksprüche sorgsam ausgewählt, um jedem die Verheißung oder Mahnung mitzugeben, die ihm jetzt und später helfen könnte.

Die Konfirmanden allerdings waren auf kurze, leicht lernbare Sprüche erpicht. Am Abend der Konfirmation fand nämlich eine Nachfeier in der Kirche statt, und es war Sitte, daß die Konfirmierten während dieser Feier ihren Denkspruch aufsagten. Manche hatten aber an dem Tage schon mehr Wein genossen, als ihnen zuträglich war, und so wurden lange und schwierige Sprüche zu wahren Zungenbrechern. Nun hätten die unglückseligen Besitzer eines solchen Spruchungetüms bei der Feier irgendein kurzes Sprüchlein hersagen können, aber das wagten sie nicht, denn hinten in ihrer Kirchenbank saß Frau Wichtig und paßte auf. Die alte Frau fehlte bei keinem Festgottesdienst. Sie lehnte mit geschlossenen Augen auf ihrem Platz und schien zu schlafen – in Wirklichkeit aber arbeitete ihr Gehirn auf Hochtouren. Frau Wichtig, achtzig Jahre alt und frühere Mesnerin, hatte eine seltene Gabe. Sie konnte sich alle Sprüche merken, die jemals in der Kirche an Dorfbewohner gerichtet wurden. Sie speicherte Tauf- und Konfirmationssprüche, Trau- und Beerdigungstexte. Ich traf sie ein paar Tage nach dem Gründonnerstagabendmahl auf der Straße.

»Grüß Gott, Frau Pfarrer«, sagte sie, »erschter Korinther dreizehn!«

»Grüß Gott, Frau Wichtig! Ja, dies ist ein schöner Spruch.«

»Kennet Sie ihn nimmer? Den Schpruch hat Ihne der Herr Pfarrer mitgebe nach dem Abendmahl. Oh, Frau Pfarrer, des sott mer sich merke. Do hat der Herr Pfarrer sich sicher ebbes denkt.« Sie warf einen Blick auf mein dickes Bäuchlein und sprach: »Nun aber bleibet Glaube, Hoffnung, Liebe, diese drei, aber die Liebe ist die Größte unter ihnen!« Beim Abendgottesdienst konnte sie die Sprüche besser hersagen als die Konfirmierten. Sie war allerdings nüchtern, was von den meisten Besuchern dieses Gottesdienstes nicht behauptet werden konnte. Manchmal war sie auch mit der Spruchauswahl meines Mannes nicht einverstanden.

»Noi, Herr Pfarrer! Für Baiers Ilse hättet Se net: ›Die Freide am Herrn ischt eire Schtärke‹ aussuche solle! Die hat scho gnug Freid an de Mannsleit!«

Wieder dröhnte die Orgel. Wieder erhob sich die Gemeinde und sah ehrfürchtig zu, wie der Pfarrer mit den Neukonfirmierten die Kirche verließ. Die Hausmütter schauten auf die Uhr. Erst dreiviertel elf! Ihr ganzer Zeitplan geriet durcheinander. Früher hatte die Konfirmation mindestens zwei Stunden gedauert, jetzt war man schon nach einer guten Stunde wieder draußen. Vor dem Kirchenportal wurde fotografiert. Die Konfirmanden in der Gruppe mit dem Pfarrer, der Konfirmand allein, der Konfirmand im Kreise der Familie. Aber der Märzwind pfiff kalt. Die Gäste drängten heimwärts und versetzten das Küchenpersonal durch ihre frühe Ankunft in Panik.

Manfred und ich hatten uns für diesen Tag allerhand vorgenommen. Wir waren dreimal zum Mittagessen geladen, viermal zum Kaffee und zweimal zum Abendbrot. Überall hatten wir zugesagt, denn wir fanden es nett von den Leuten, daß sie uns einluden.

Wir setzten uns also nach der Kirche auf den Roller und fuhren zum ersten Mittagessen auf einen auswärtigen Hof. Die Gäste saßen bereits auf ihren Plätzen und warteten. Neben dem Konfirmanden am Ehrentisch standen zwei Stühle für uns bereit. Weißgedeckte Tische, Servietten als Kronen in den Weingläsern – es blieb das erste und letzte Mal an diesem Tag, daß wir jungfräulich reinen Decken begegneten. Die Hausfrau bahnte uns den Weg und scheuchte die hungrigen Gäste auf.

»Los! Standet uff! 's Herr Pfarrers kommet!«

Wir schüttelten Hände, hörten, daß dies der Onkel Wilhelm aus »Schtuegert« wäre und dies die Dode aus Erkenbrechtsweiler, und sanken schließlich auf unsere Stühle nieder. Sofort erschienen die Suppenterrinen. Man schöpfte. Aber ehe die Gäste den Löffel zum Munde führen konnten, ertönte die Stimme der Hausfrau: »Sent still, Herr Pfarrer bettet!«

Manfred sprach ein kurzes Tischgebet, und dann aßen wir Suppe, Meerrettichsoße, Braten, Nudeln und schließlich eine Weincreme mit, wie man mir sagte, zwanzig Eiern. Die Hausfrau nötigte uns immer wieder, doch ja fest zuzulangen und sich nicht zu genieren, es sei genug Essen vorhanden. Aber wir dachten an die späteren Einladungen und blieben maßvoll. Die Gäste neben uns aßen wie die Scheunendrescher. Auch der Konfirmand saß tief über den Teller gebeugt. Ab und zu hob er den Kopf und sah strahlend über die vielen Tische hin.

»Gelt, Herr Pfarrer, so ebbes Guats kriaget Se net alle Dag?«

Er zwinkerte Manfred zu. Der nickte zustimmend.

Als wir aufstanden, fühlten wir uns rundherum wohl und satt, aber noch zwei Mittagessen standen uns bevor. Der Konfirmand geleitete uns bis zum Roller, die Hausfrau reichte mir ein großes Kuchenpaket, »ein Versucherle«. Es war später geworden, als wir dachten, Manfred fegte über die Straßen. Ich hielt das Versucherle mit beiden Armen umklammert und hoffte, daß der Herr seine schützende Hand um mich legen würde, wenn schon sein Diener und mein Ehemann so unchristlich schnell durch die Gegend brauste. Wir kamen unverletzt zu Hause an, luden das Kuchenpaket ab und fuhren weiter.

Diesmal ging es in das Haus eines unserer Frommen. Als wir den Roller an der Hauswand abstellten, hörten wir die Klänge des Harmoniums. Man sang: »O wie schöhön, o wie schöhön klingt der Engel Lobgetöhön. Hätt ich Flügel, hätt ich Flügel, flög ich über Tal und Hügel ...« Genau das war auch mein Wunsch, aber Manfred drängte mich die Treppe hinauf. Im großen Versammlungsraum waren die Tische gedeckt. Der Dunst von schwitzenden Menschen, von Suppe und Meerrettich schlug uns entgegen. Ich hatte draußen schon gehofft, der Gesang bedeute das Ende des Mahles, und nun waren sie vor lauter Singen erst bis zum dritten Gang vorgedrungen. Der Hausherr führte uns zu unseren Plätzen. Hier war kein Ehrenplatz für Pfarrers vorgesehen. Wir saßen am Katzentisch – so hieß bei uns der Tisch für die Kinder. Der kleine Junge neben mir schmiegte sich vertrauensvoll an mich und schmierte dabei seine Rotznase an mein einziges gutes Umstandskleid. Schon lag das Reichsliederbuch vor uns, aufgeschlagen bei dem Lied: ›Harre, meine Seele ...‹ Ich dachte, daß wir bestimmt noch lange harren würden bis zum nächsten Gang, aber da hatte ich mich getäuscht. Eine Suppenterrine wurde vor uns aufgestellt. Die Tochter des Hauses schwang die Kelle, und ehe ich auch nur vom Gesang zur Rede überwechseln konnte, schwebten bereits die selbstgemachten Suppennudeln über mir. Das Lied war gesungen, verzweifelt steckte ich den Löffel in die Suppe. Da wir anscheinend zum Beten nicht gewillt waren, erhob sich der Hausherr, bat um Ruhe zum Gebet und dankte dem Herrn, daß Pfarrers gekommen seien. Er dankte für den ersten und zweiten Gang und für alles, was noch kommen würde. Er betete so lange, bis unsere Suppe kalt war. Während des Gebetes führte ich einen erbitterten Kleinkrieg mit dem Burschen neben mir. Er wollte unbedingt seinen schmutzigen Finger in meine Suppe stecken. Ich versuchte, sein Vorhaben zu vereiteln, legte meine Arme schützend um den Suppenteller und schob dem Kind das Reichsliederbuch zu, damit es seine Aufmerksamkeit darauf richte. Es begann dann auch, Blätter herauszureißen, was ich mit großer Erleichterung registrierte. Nach Beendigung des Gebetes wurde Manfred noch zur Fürbitte aufgefordert. Er tat es in solcher Kürze, daß man seinen Ohren nicht traute. Um den schlechten Eindruck zu verwischen, betete noch ein anderer Bruder. Mittlerweile erschien der Kartoffelsalat auf den Tischen. Wir löffelten mit Todesverachtung unsere Suppe, die Fettaugen darauf waren bereits erblindet. Das Kind neben mir bekam von seiner Mutter einen Klaps, weil es das Reichsliederbuch zerstörte, woraufhin es zu heulen anhub und seinen Finger in den Kartoffelsalat bohrte. Zum Glück mußte ich nichts mehr davon essen. Mir wurde schon bei der Meerrettichsoße schlecht, und wir waren genötigt, einen überstürzten Abschied zu nehmen. Ich saß auf dem Roller und würgte. »Verheb's«, rief Manfred, »gleich sind wir zu Hause!« Es reichte gerade noch.

Das dritte Festmahl fand in der Filiale statt. Wir sahen voller Freude, wie Berge von Geschirr in die Küche getragen wurden. Die Gäste saßen bereits an leeren Tischen, stocherten in den Zähnen, rülpsten und waren ganz schrecklich satt. Wir waren es auch, aber wir aßen das Menü von der Suppe bis zur Nachspeise, einer Zitronencreme mit einem Liter Schlagsahne und dreißig Eiern. Es war uns inzwischen aufgegangen, daß unser Besuch nur etwas galt, wenn wir tüchtig zulangten. Je mehr wir in uns hineinstopften, desto glücklicher waren die Gastgeber. Was konnten sie dafür, daß wir schon gegessen hatten?

Wieder mit einem Versucherle beladen fuhren wir heim. Bei der ersten Kurve im Wald flog mir das Kuchenpaket aus den Händen und fiel in den Straßengraben. Manfred bremste und hielt.

»Ach, laß es doch liegen«, sagte ich, »wir kriegen heute noch genug Kuchen, ich kann es nicht mehr halten.«

»Von was sprichst du?« sagte Manfred. »Oh, ist mir schlecht!« Er stieg vom Roller, sprang über den Graben und verschwand im Wald. Mir ging es auch nicht gut. Aber das war noch gar nichts gegen unser Ergehen nach dem vierten Stück Buttercremetorte, nach Obst- und Rührkuchen, nach Schlagsahne, von liebevoller Hand auf die Kaffeetasse gehäuft! Vor der Buttercremetorte gab es kein Entrinnen, sosehr wir uns auch sträubten. Sie war das Beste, was die Gastgeber zu bieten hatten, und darum wurde uns ein großes Stück davon beschert. Auch der Kaffee brachte unseren Mägen keine Erleichterung. Oft waren schon drei Löffel Zucker in der Tasse, ehe wir abwinken konnten. Kurz vor achtzehn Uhr verließen wir die letzte Kaffeetafel. Auch die anderen Gäste erhoben sich stöhnend vom Tisch. Der Hausvater ging in den Stall, die Frauen begaben sich in die Küche. Konfirmand und Gäste, die man gerne während der Zeit des Umdeckens aus dem Hause haben wollte, wurden zum Abendgottesdienst in die Kirche geschickt. Auch Manfred wankte dorthin mit bleichem Gesicht und wehem Magen. Er stellte einen Weltrekord auf, was die Kürze dieses Gottesdienstes betraf. Die Hausfrauen allerdings waren nicht dankbar, als die Gäste schon nach einer halben Stunde wieder das Haus bevölkerten und jedermann im Wege standen.

Ich lag während des Gottesdienstes auf dem Sofa und wagte nicht, mich zu rühren. Es war mir so, als würde ich bei einer schnellen Bewegung platzen und unser Kind zwei Monate vor der Zeit zur Welt bringen.

Von den Abendeinladungen nahmen wir nur die erste wahr, denn wir wurden dort schon doppelt gesehen. Man begrüßte uns mit lärmender Herzlichkeit. Eine dicke Dame riß Manfred von meiner Seite und drückte ihn zärtlich an ihren wogenden Busen. Er sagte nachher, er habe sich aus Kräften gewehrt, aber er wäre völlig machtlos gewesen. Dafür kam er dann neben diese Dame zu sitzen, und da hatte er einiges zu erleiden. Es gab Göckele und Kartoffelsalat. Die fleißige Bedienung schleppte drei Schüsseln Kartoffelsalat auf einem Tablett herein. Sie kam in großer Eile und stand gerade hinter der dicken Dame, als diese einen Bekannten erblickte. Sie sprang hoch, ihn zu begrüßen, schlug mit dem Kopf an das Tablett, worauf eine der Schüsseln, der Fliehkraft folgend, vorwärts schoß und auf unserem Tisch landete, allerdings auf der umgekehrten Seite. Die Dame lachte schallend, drehte die Schüssel um und schaufelte den Salat wieder hinein, wobei sie leider nicht nur den Löffel, sondern auch die Finger benutzte. Den unschönen Fleck auf der Tischdecke belegte sie mit Papierservietten. Dann schob sie Manfred die Schüssel hin.

»Langet Se zu, Herr Pfarrer!«

Nun war diese Dame ausgesprochen gierig. Standen die Speisen nicht direkt vor ihrem Teller, so beugte sie sich weit über den Tisch und holte herüber, was sie benötigte. Sie hielt sich nicht damit auf, ihren Nachbarn um freundliches Herüberreichen zu bitten, sondern tauchte ihren Busen rücksichtslos in die angrenzenden Teller. Manfred erstarrte. Als sein Teller das nächste Mal auf diese Weise beehrt wurde, wendete er sich der Dame zu mit den Worten: »Ich gebe Ihnen gerne, was Sie brauchen!«

Sie aber schüttelte den Kopf und versicherte: »Net needich, Herr Pfarrer! 's geht scho!« Nachdem sie ihren Teller mit allen

Speisen reichlich versehen hatte, machte sie sich über das Gökkele her. Sie tat dies in einer Weise, die das Tier zwar vor Hieb und Stich bewahrte, andererseits aber die Vermutung nahelegte, diese Dame habe noch nie so etwas wie Gabel und Messer in der Hand gehabt. Sie zerriß das Göckele und fraß es auf. Die Knochen allerdings nagte sie nur ab und spie sie dann geräuschvoll von sich. Manfred dagegen tranchierte sein Hähnchen fein säuberlich mit dem Besteck, kein leichtes Beginnen, denn es war hart und knusprig. Die Dame beobachtete ihn mißmutig.

»Dent Se net so scheniert, Herr Pfarrer!« sagte sie und stieß ihn neckisch in die Seite. Der lange Tag hatte ihn ermüdet, das viele Essen seine Reaktionsfähigkeit vermindert. Der Stoß traf ihn unvorbereitet. Sein Messer schlug gegen das Hähnchen, es rutschte vom Teller und landete auf seinem Schoß. Die Umsitzenden lachten schadenfroh. Aber die Dame zeigte sich wiederum der Situation gewachsen. Sie griff herzhaft zu, legte das Hähnchen zurück auf den Teller und forderte den Herrn Pfarrer auf, eine Lehre aus dem Unglück zu ziehen und besser mit den Fingern zu essen. Er aber lehnte sich zurück und verweigerte jede weitere Nahrungsaufnahme. Er hielt sich an den Wein.

Auch ich hatte Schwierigkeiten mit meinem Tischnachbarn. Er erzählte pausenlos Witze und lachte sehr darüber, wobei er das Essen aber nicht vergaß. Ich war ängstlich bemüht, ihm zuzuhören und dabei den Spritzern aus seinem Munde zu entgehen. Diese seelisch-körperliche Belastung machte mich durstig. Der Hausherr schenkte unentwegt Wein nach.

Wie wir aus dem Haus herauskamen, entzieht sich meiner Kenntnis, auf dem Heimweg aber hielten wir uns fest umklammert und sangen Reichslieder. Wir sangen nicht lange. Eine schlimme Nacht brach über uns herein. Es ging uns so schlecht, daß wir Gott um eine baldige Erlösung von unseren Leiden und um einen schnellen Tod baten. Doch als der Morgen graute, lebten wir immer noch. Ach, was hätten wir darum gegeben, still unter der Erde zu ruhen oder bei Zwieback und Tee auf dem Sofa zu liegen! Doch auf uns wartete ein schlimmerer Tag als der vergangene. Auf acht Uhr war der Omnibus bestellt zum Konfirmandenausflug.

Eine Nachtwanderung und der Brautmarsch aus Lohengrin

Ich hatte erst nicht mitfahren wollen, aber Manfred behauptete, es würde bestimmt nett werden, ich könne es ruhig glauben, außerdem wolle er mich nicht allein lassen in meinem Elend.

Also zog ich Wanderkleidung an und hoffte insgeheim, daß niemand kommen würde, daß sie allesamt krank an Seele und Leib im Bett lägen. Aber sie kamen vollzählig! Lärmten um den Omnibus herum, zeigten sich die neuen Fotoapparate, Uhren, Ketten und Armbänder und waren quietschfidel.

Mir drehte sich der Magen um, als ich die dicken Rucksäcke, die vollen Wandertaschen sah. Kaum saßen sie im Omnibus, da packten sie schon aus und fingen an zu vespern: Hähnchen, Eier, Schinkenbrote und Kuchen. Sie boten uns großzügig von ihren Schätzen an, aber wir dankten. Manfred hatte von Besichtigungen abgesehen und eine Wanderung vorbereitet mit Würstchenbraterei und Spielen im Walde.

»Ich lasse sie so lange laufen, bis sie auf den Felgen zum Bus zurückkriechen«, so hatte er am Morgen zu mir gesagt, »die machen keinen Pieps mehr auf der Heimfahrt, die schlafen, darauf kannst du dich verlassen!«

Wer auf den Felgen zum Omnibus zurückkroch und keinen Pieps mehr machte, das war allein ich. Die Buben und Mädchen tobten im Bus herum und spuckten sich Kaugummi in die Haare. Die lange Wanderung hatte sie nicht ermüdet, nur etwas gelangweilt, denn sie gingen ungern zu Fuß. Bei den Spielen im Wald hatten sie sich dagegen köstlich amüsiert und »Pfarrers amol richtig schpringa lassa!« Dreimal hatten sie mich beim »Plumpsack« um den ganzen Kreis gehetzt! Ich war so erhitzt und durstig, daß ich dankbar nach ihren Mostflaschen griff, denn der Tee in unserer Thermosflasche war schon lange ausgetrunken.

Um 22 Uhr hielt der Bus wieder vor dem Pfarrhaus. Viel zu früh, fanden die Konfirmanden. Sie bedankten sich aber bei uns, sagten, es wär »schö gwä«, und zogen schwatzend die Dorfstraße hinunter. Manfred und ich wankten ins Haus.

Im nächsten Jahr verzichteten wir auf einen Ausflug und luden dafür zu einer Konfirmandenfreizeit ein. Die Kinder stimmten begeistert zu. Herrlich! Zwei Tage und eine Nacht von zu Hause fort, allein mit dem Pfarrer und seiner Frau. Zwanzig gegen zwei! Da hatten wir uns etwas eingebrockt!

Konfirmandenfreizeiten sind tagsüber auch für den Pfarrer eine rechte Freude. Man wandert, spielt und singt, ißt zusammen und lernt sich kennen. Anders verhält es sich in der Nacht! Da tut sich alles mögliche in den Schlafräumen. Kissen- und Wasserschlachten finden statt. »Geisterles« wird gespielt. Die Buben besuchen die Mädchen, und die Mädchen die Buben. Dem Leiter ist kein Schlaf beschieden. Nicht nur der Lärm stört seinen wohlverdienten Schlummer, nein, auch die Last der Verantwortung drückt ihn zu Boden. Was kann da nicht alles geschehen mit Männlein und Weiblein allein in der Nacht? Vor seinem inneren Auge spielen sich haarsträubende Szenen ab. Er springt vom harten Lager, stürmt im Pyjama zu den Schlafräumen, brüllt wie ein Löwe, schaut unter die Betten, um Missetäter bei schrecklicher Tat zu überraschen, und macht sich völlig zum Gespött der lieben Jugend.

Pfarrer, die nach einer solchen Nacht noch Willenskräfte besitzen, können am Morgen süße Rache üben. Da schlafen die lieben Kinder nämlich. Brav wie die Engel liegen sie in ihren Betten und begehren nichts als Ruhe und Frieden.

Ich kannte einen solchen Menschen. Er riß morgens um sieben Uhr die Schlafsaaltüren auf und gongte, daß die Scheiben klirrten. Er setzte seine Trompete an die Lippen und blies in markerschütternden Tönen das Morgenlied: »Aus meines Herzens Grunde, sag ich dir Lob und Dank in dieser Morgenstunde, dazu mein Leben lang...« Vergebens hielten sich die Kinder die Ohren zu und krochen unter die Decken. Er trompetete noch viele Lieder, lachte donnernd, spritzte mit Wasser und machte so lange Krach, bis die nächtlichen Ruhestörer fröstelnd aus den Betten krochen. Sie kauerten vor ihren Kaffeetassen und nagten mißmutig an den Marmeladebroten. Er aber scherzte, marterte ihre Ohren mit Pfeifen und Singen und schlug vor, acht Kilometer weit durch den Wald zu laufen, um im nächsten Dorf den Gottesdienst zu besuchen. Sie verdrehten vor Entsetzen die Augen, aber da half kein Bitten und Maulen, sie mußten alle mit! Das konnte er aber nur tun, weil die Freizeit am Nachmittag zu Ende ging. Wäre er noch eine Nacht länger geblieben, er hätte nichts zu lachen gehabt.

»Nein«, sagte Manfred vor unserer ersten Konfirmandenfreizeit zu mir, »nein, bei mir gibt's kein Affentheater in der Nacht! Die lieben Kinderchen werden sich wundern! Ins Bett werden sie fallen! Keinen anderen Wunsch mehr haben, als zu schlafen. Ich werde sie überlisten. Wir machen eine Nachtwanderung.«

Diese Idee wurde von den Konfirmanden freudig begrüßt. Eine Nachtwanderung? Toll! Herr Pfarrer hätte ihnen keine größere Freude machen können. Manfred lächelte auf den Stockzähnen und sah sie schon heimwärts wanken. Es schneite, und wir verliefen uns rettungslos in unbekannter Gegend. Drei Stunden irrten wir umher. Die Jungen sprachen mir Mut zu und schleiften mich durch den Schnee. Auch Manfred benötigte dringend ein Wort des Trostes. Die Konfirmanden spendeten es reichlich.

»Mir werdet's scho schaffe! Herr Pfarrer«, sagten sie, »wenn's Tag wird, sehet mer besser. Alle werdet mer net verfriere. Die Buebe haltet sicher durch, und mit de Mädle miaßet mer halt sehe...«

Manfred stöhnte, er war völlig gebrochen. Nach einer weiteren Stunde sahen wir das Freizeitheim vor uns liegen. Die Jugend erstürmte es mit Geheul und verblieb den Rest der Nacht in einem wahren Siegestaumel. Wir ließen die Meute toben. In dieser Nacht wollten wir nicht für Ruhe, Sitte und Anstand kämpfen. Schließlich waren wir mit knapper Not dem weißen Tod entronnen. Dagegen schien alles, was sonst noch passieren konnte, klein und bedeutungslos. Sollten sich die Kinder ruhig ihres neugeschenkten Lebens freuen! Als ich nachts das stille Örtchen suchte, hörte ich, wie sich zwei Mädchen im Waschraum unterhielten. Die eine sprach zur anderen.

»Die schlafet wie d' Ratze. Die hent mehr fertigg'macht!«

»Ja«, bestätigte die andere, »und sie hent's net amol g'merkt, wie mer se an der Nas romgführt hen!«

Sie lachten beide, ich knirschte mit den Zähnen vor Wut. Diese Bande! Tatsächlich waren mir schon bei der Nachtwanderung Zweifel gekommen, wer hier wen überlistet hatte.

Die Nachtwanderung blieb die größte Attraktion der Freizeit. Man sprach in Weiden noch lange davon. Die Jugend kichernd, mit vorgehaltener Hand. Die Alten vorwurfsvoll mit dankbarem Augenaufschlag gen Himmel. Als die nächsten Konfirmanden zur Freizeit rüsteten, war es für sie ganz selbstverständlich, daß sie auch in den Genuß einer Nachtwanderung kämen. Verlaufen haben wir uns allerdings nie mehr. Manfred ging die Strecke vorher ab. Auch der listigste Konfirmand konnte ihn nicht in die Irre führen. So kamen die Nachtwanderungen langsam wieder aus der Mode.

Zu den großen Festen im Dorf gehörten natürlich auch die Hochzeiten. Unsere Hochzeit war ein winziges Familienfestchen gewesen gegenüber diesen Mammutfeiern, die wir nun miterlebten. Wie Bandwürmer wanden sich die Hochzeitszüge den Berg hinauf zur Kirche, begleitet von ohrenbetäubendem Knallen.

»Mulchen, warum machen die solchen Krach?« fragte mich der kleine Andreas. Ich wußte es auch nicht. Andreas überlegte. »Weisch, Mulchen«, sagte er nach langem Nachdenken, »die schießen vielleicht, damit der Mann von der weißen Frau, weisch, der im schwarzen Anzug, der immer so traurig aussieht, damit der nicht wegläuft!«

Die Hochzeiten fanden meistens am Samstag statt, und nach altem Brauch wurden Pfarrers dazu eingeladen. Wir kamen entweder zum Mittagessen oder zum Kaffee, niemals mehr zum Abendbrot. Man zeigte uns, wie sehr man sich über unser Kommen freute, und hielt die Ehrenplätze gegenüber dem Brautpaar für uns frei. Es gab das übliche Festmahl. Außer dem Essen aber wurde nicht viel geboten. Ein weißgekleidetes Kind, von der stolzen Mutter vor das Brautpaar geschubst, sagte vielleicht ein Versehen auf und überreichte Brot und Salz. Reden wurden erst nach dem Abendessen gehalten, wenn keiner des Wortes mehr mächtig war. Ab und zu ließ man eine Schallplatte laufen. Nicht als Tafelmusik, sondern als Einlage zwischen den Gängen.

Einmal wurde ›Der Brautmarsch‹ aus der Oper ›Lohengrin‹ von Richard Wagner angekündigt. Wir neigten den Kopf und erwarteten feierliche Klänge. Da hatten wir uns aber getäuscht. Dieser »Marsch« war ein flottes Schnaderhüpferl, ein lustiges Stückchen, für Hochzeiten bestens geeignet. Die Gesichter der Gäste entspannten sich. Nur der junge Mann, der die Platte aufgelegt hatte, war nicht so recht zufrieden. Das Stück klang anders, als er es in Erinnerung hatte. Er ließ die Platte auslaufen und stellte sie dann noch einmal an, allerdings jetzt im richtigen Tempo. Dieser Marsch klang schön, getragen und feierlich. Wir klatschten dankbar.

»Jetzt hent er zweimol de Genuß ghet«, sagte der junge Mann, »und elles bloß, weil i so dappich bin!«

Mit der Zeit veränderten sich die Hochzeitsfeiern. Die Mädchen aus meinem Kreis kamen ins Pfarrhaus, sobald eine Hochzeit in der Verwandtschaft herannahte, und holten sich Rat. Ich gab ihnen kleine Spiele und lustige Gedichte und war stolz und glücklich. Nun hatte ich doch einen Erfolg als Pfarrfrau aufzuweisen, auch wenn er neben dem meiner Vorbilder nicht bestehen konnte.

Alljährlich in der Adventszeit veranstaltete der Gesangverein seine Weihnachtsfeier. Wir waren selbstverständlich dazu eingeladen. Nur eine Wirtschaft stand zum Feiern zur Verfügung, und ihr Saal war klein und schmal. Wer das Pech hatte, hinten zu sitzen, konnte nicht auf die Bühne schauen. Wir Ehrengäste aber hatten das Geschehen direkt vor der Nase. Geboten wurden viele Gesänge, dazu eine Tragödie und eine Komödie. Das tragische Spiel handelte von irregeleiteten Wilddieben, die des Försters Töchterlein liebten, desungeachtet aber ihren Vater, den wackeren Oberförster, erschossen. Da spielten sich rührende Szenen ab, wenn die Tochter an der Leiche des gemeuchelten Vaters kniete, ihn zärtlich umfaßte und dabei seine kitzlige Stelle berührte, worauf er ärgerlich hin- und herruckte und »sch, sch« machte, damit sie aufhöre, ihn zu drangsalieren. Sie aber warf sich in wildem Schmerz über seinen Körper, ihre aufgelösten Haare fielen über sein Gesicht und kitzelten ihn an der Nase. Er schniefte und schnaufte, konnte aber schließlich dem Drang nicht widerstehen und gab einen gewaltigen Nieser von sich. So etwas brachte die Schauspieler nicht aus der Ruhe und die Zuschauer nicht zum Lachen. Dieses war das ernste Stück, das lustige kam erst später. Manchmal trat ein armes altes Mütterlein auf und hielt den mißratenen Sohn an der Hand. Diesen Burschen konnte man dann im Gefängnis bewundern, wie er von der Bank aufstand, mit den Ketten rasselte und die Verse sprach: »Wenn du noch eine Mutter hast, so danke Gott und sei zufrieden...« Am Totenbett der Mutter fand er endlich unter Tränen zur Umkehr.

Auch die Zuschauer vergossen Tränen und putzten sich geräuschvoll die Nasen. Ich hatte mein lachendes Gesicht schon lange hinter dem Taschentuch versteckt, ehe die ersten »Nastücher« hinter mir zu wedeln begannen.

»Frau Pfarrer«, sagte der Kirchenpfleger am Sonntag nach der Weihnachtsfeier zu mir, »Frau Pfarrer, Sie heulet immer scho, bevor's ebbes zum Heule gibt.«

Großartig und hinreißend aber waren die Komödien! Es gab ein paar Komiker von Gottes Gnaden im Gesangverein. Sie spielten Mundartstücke mit einem solchen Mut zur Häßlichkeit und soviel Sinn für Komik, daß ich vor Lachen schier vom Stuhl fiel. Nun liefen mir wirklich die Tränen übers Gesicht. Ich hielt das Taschentuch unter die Augen, damit es die Kontaktschalen auffange, falls sie von den Tränenfluten aus den Augen geschwemmt werden sollten.

Nach den beiden Spielen kam der Weihnachtsbaum zu Ehren. Starke Männer zerrten ihn aus einer Bühnenecke und boten ihn den Blicken der staunenden Menge dar. An seinen Ästen hing allerlei Gutes, nämlich Würste und altbackene Brezeln, hier und da auch eine Gewürzgurke. Dieser Weihnachtsbaum wurde nun Ast um Ast zeitraubend versteigert. Wer einen Ast ersteigert hatte, aß die Würste sofort auf, an den Brezeln pflegte man den ganzen Abend zu kauen, obwohl sie keineswegs hart, sondern eher zäh und klebrig waren.

Weil man im Dorf Frau Pfarrers Kochkünste kannte und auch sonst meinte, 's Pfarrers seien ärmlich dran, wurde ein Ast für uns beide ersteigert. Der Dirigent stieg auf die Bühne, winkte uns zu sich hinauf und überreichte das Geschenk des Gesangvereins. Er bat sich aus, daß wir die köstlichen Anhängsel gleich hier auf der Stelle verspeisten, »sonst macht Frau Pfarrer noch e Supp' draus«. Mit starker Hand packte er die Würste, riß sie vom Ast und hielt sie uns vor die Nase. Wir brauchten nur noch den Mund aufzusperren. Das Publikum applaudierte heftig. Nach den Darbietungen und unserer Fütterung verabschiedeten wir uns, das war so etwa um Mitternacht. Man bedauerte, daß wir so früh gingen, hatte aber volles Verständnis, denn »'s isch Samsdich. Herr Pfarrer muaß morge früh predige!«

Wir drückten uns durch die engen Stuhlreihen, schüttelten Hände und versicherten immer wieder, daß es sehr schön gewesen sei. Fiel die Türe hinter uns zu, dann ging der Rummel erst richtig los, dann wurde es lustig. Die Mädchen vom Kreis wußten zu berichten, daß sogar getanzt wurde.

»Wo?« fragte ich. »Wo habt ihr denn getanzt? Es war doch so entsetzlich eng.«

»Mir send halt zammegruckt«, sagten sie.

Am ersten Weihnachtsfeiertag machte der Gesangverein seinen Gegenbesuch in der Kirche. Alle waren sie da, die komischen und tragischen Talente, die nüchternen und anderen Sänger. Sie schmetterten das schöne Lied: ›Über den Sternen wohnet Gottes Frieden...‹

Abendmahlsknicks und Brotwunder

In der Karwoche gab es bei uns zu Hause kein gemütliches Abendbrot. Vati aß in seinem Zimmer, Mutti zog sich um, Else riß die Teller vom Tisch, bevor wir richtig satt waren. »Los, los, macht schon, ich will auch fertig werden!«

Um acht Uhr marschierte die Pfarrfamilie zur Passionsandacht ins Gemeindehaus. Ich ging schon als Kind gerne mit, denn ich liebte die Passionslieder, sie brachten die wenigen guten Saiten meines Wesens zum Klingen. Mit Inbrunst sang ich dreizehn Verse von ›Herzliebster Jesu ...‹, vergoß Tränen bei ›O Haupt voll Blut und Wunden ...‹ und begleitete in Gedanken das Lämmlein, welches mit einem Sack voll Schulden auf dem Rücken zur Würgebank schleicht.

Vati sprach über die Leidensgeschichte. Zwei Kerzen flackerten auf seinem Pult. Die Zuhörer – außer der Pfarrfamilie noch ein paar alte Frauen – saßen in angenehmes Dämmerlicht gehüllt, hingen eigenen Gedanken nach oder folgten eine Zeitlang denen des Pfarrers. Mit sanfter Traurigkeit im Herzen kehrten wir nach diesen Passionsandachten ins Pfarrhaus zurück. Wir versuchten milde miteinander umzugehen und uns nicht zu streiten. Da unseren Bemühungen aber nur kurze Zeit Erfolg beschieden war, gingen wir bald ins Bett.

Zu Manfreds Passionsandachten kamen außer alten Frauen und mir noch ein paar Männer von der »Stund«. Der Organist pflegte diese Veranstaltung nicht zu besuchen, also mußte ich auf dem alten Harmonium begleiten. Dem traurigen Anlaß gemäß zog ich zarte Register »Waldflöte« und »Viola«. Doch übertönten die Nebengeräusche diese zarten Stimmen, der Blasebalg pfiff, die Pedale knarrten, von meiner Begleitung war nichts mehr zu hören. Bei der zweiten Strophe riß ich sämtliche Register heraus, trat mit aller Kraft die Pedale und benutzte die Schweller. Nun brauste die Begleitung, daß es eine Lust war, jedenfalls für die Sänger, für mich weniger, denn ich mußte harte körperliche Arbeit verrichten. Mit den Knien schob ich die beiden Schwellerflügel auseinander, mit den Füßen drückte ich die Pedale hinunter. Bei der vierten Strophe fuhr mir ein Krampf in den linken Fuß. Es tat höllisch weh, und mit der Beinarbeit war es aus. Nur die Finger bewegten sich sinnlos auf den Tasten. Das Harmonium verstummte. Die Andachtsbesucher sangen noch eine Zeile, dann hörten sie auch auf. Niemand konnte ihnen zumuten, ohne Begleitung, sozusagen »trocken«, zu singen.

»Was ist?« fragte Manfred, seine Stimme klang ärgerlich.

»Ich hab' den Krampf im Fuß.«

»Aufstehen, rumlaufen!« befahl einer der Männer. Ich tat's, heulte auf und setzte mich wieder.

»Los, Frau Pfarrer, glei hent Se's gschafft!«

Tatsächlich, der Muskel entspannte sich, der Schmerz ließ nach. Es erhob sich die Frage, ob man einen neuen Krampf riskieren oder ohne Begleitung weitersingen solle.

»Pfarrers könntet zsamme spiele«, schlug die Mesnerin vor.

Der Vorschlag erwies sich als brauchbar. Manfred saß neben mir auf dem Klavierstuhl, trat die Pedale und bediente die Schweller. Mir blieb nur die Arbeit auf den Tasten. Es klappte vorzüglich. Zwar saßen wir uns fast auf dem Schoß, aber niemand nahm Anstoß. Schließlich waren wir verheiratet und Frau Pfarrer sowieso in »ihrem Zustand«.

Das alte Harmonium steckte voller Schrullen. Eines Abends gab das »c« keinen Ton mehr. Ich gewöhnte mich daran, und kam ein »c«, so sang ich es. Dann aber, völlig unvermutet, ging es wieder, so daß sich alle Leute wunderten, warum die Frau Pfarrer so laut schrie. Dann fiel mal der, mal jener Ton aus; allabendlich gab es eine andere Überraschung. Der Kirchengemeinderat beschloß, eine kleine elektrische Orgel zu kaufen. Vorher aber sollte der Organist noch einmal probieren, ob das Harmonium tatsächlich so unbrauchbar wäre. Er kam und spielte »den Largo« von Händel. Ich nannte dieses herzbewegende Musikstück »der Largo«, und zwar tat ich dies aus einem gewissen Überdruß heraus. Bei den Hochzeiten in der heimatlichen Gemeinde spielte ich meistens die Orgel und jedesmal erklang »der Largo«, geblasen von Flöten, geschluchzt von Geigen, geschmettert von familieneigenen Tenören. Mein Vater flehte die Brautpaare an, sich doch eine andere Musikeinlage herauszusuchen, vielleicht einen passenden Choral. Er machte ihnen klar, daß in dem Largo nicht etwa die Freuden des Ehestandes, wohl aber die des schattigen Gartens beschrieben würden. Alles vergeblich, man wollte »den Largo« hören. Schlichen wir beide ganz gebrochen nach einer solchen Hochzeit aus der Kirche, dann drückte uns Mutti mitfühlend die Hand. »Der Largo?« fragte sie. Wir nickten unter Tränen.

Also, der Organist spielte den Largo. Auch das alte Harmonium schien ihn zu lieben, es brauste und pfiff, kein Ton fehlte. Die Kirchengemeinderäte sahen sich verwundert an. Einer sprach aus, was alle dachten: »Ja, spiele sott mer halt kenne!«

Das Harmonium blieb uns erhalten, die Gemeinde sparte viel Geld, und ich mußte weiter mit dem schwierigen Instrument auskommen.

Um mich ein wenig zu entlasten, ersetzte Manfred den Gemeindegesang durch Chöre aus der Matthäuspassion von der Schallplatte. Die Besucher der Passionsandacht waren nicht begeistert. Der Gesang klänge so geziert, sagten sie, und an manchen Stellen stimme die Melodie nicht. Man wollte lieber selber singen.

Am Gründonnerstag fand das größte Abendmahl des Jahres statt. Früher hatten sich die Gemeindeglieder am Tag vorher beim Pfarrer dazu anmelden müssen. Ich fand lange Verzeichnisse in den Kirchenbüchern. Jeder Abendmahlsbesucher wurde namentlich aufgeführt.

»Warum haben sich die Leute angemeldet?« fragte ich Manfred. »Eine komische Sitte, zu nichts nütze, als dem Pfarrer Arbeit zu machen.«

»Es war gar keine komische Sitte«, sagte Manfred und hob belehrend den Zeigefinger. »Stell dir vor, da kommen die Leute nacheinander ins Amtszimmer, um sich anzumelden. Der Pfarrer hat die Möglichkeit, mit jedem zu sprechen. Er kennt seine Schäflein, kann den einen vermahnen, sich vor dem Abendmahl mit dem Nachbarn auszusöhnen, und jenen, seine Frau besser zu behandeln. Er sieht, wer selten zum Abendmahl kommt, und wird ein solches Gemeindeglied so bald wie möglich mit seinem Besuch beehren. Eine andere gute Seite dieser Sitte wird dir auch noch aufgehen. Der Pfarrer damals wußte, mit wieviel Gästen er rechnen konnte. Ich weiß es nicht, und du, mein liebes Kind, hast keine Ahnung, wieviel Brot du schneiden mußt!«

»Wieso muß ich Brot schneiden, gibt es keine Oblaten?« Als Abendmahlsspeisung waren mir bisher nur Oblaten bekannt. Sie lagen auf einem silbernen Teller, und Vati schob jedem Abendmahlsgast eine solche weiße Papierscheibe in den Mund. In Weiden gab es keine Oblaten, sondern weißes, ungesäuertes Brot. Es wurde zum Glück vom Bäcker gebacken. Der Pfarrfrau oblag nur die heilige Pflicht, es in kleine Stücke zu schneiden und diese in Form eines Kreuzes auf den Abendmahlsteller zu schichten.

Wie dankbar wäre ich gewesen, hätte ich geahnt, mit wieviel Gästen zu rechnen war! Manchmal mußten wir noch tagelang die Brotreste in heiße Milch brocken. Einmal versuchte ich sogar, aus den Überbleibseln Semmelknödel zu machen. Davon ließ ich jedoch wieder ab, denn Semmelknödel erschienen mir gar zu profan, außerdem gelangen sie nicht.

Manchmal aber, und das war viel schlimmer, reichte das geschnittene Brot nicht für die Menge der Gäste. Dann brach Manfred die kleinen Stücke immer wieder aufs neue, so daß mancher Gläubige wirklich nur noch ein Krümchen erwischte und mit unzufriedenem Gesicht vom Tisch des Herrn zurückkehrte.

Am Gründonnerstag stand ich zwei Stunden in der Küche und schnitt Brot. Ich war mit der Zeit zu einer geübten Brotschneiderin geworden. Die Stücke hatten die richtige Größe. Sie konnten in zwei Teile gebrochen werden, und diese Teile wiederum ergaben einen angenehmen Bissen, der in Würde zu kauen und herunterzuschlucken war.

Zu Beginn meiner Laufbahn als Pfarrfrau hatte ich es gut gemeint und sehr große Stücke geschnitten. Die Leute sollten nicht denken, daß der Herr und ich knickrig seien. Aber die Abendmahlsfeier wurde durch diese Großzügigkeit empfindlich gestört. Die Abendmahlsgäste kauten und kauten. Reichte Manfred den Becher mit Wein, so mochte es wohl vorkommen, daß sich dieser und jener an den Brotresten verschluckte und heftig husten mußte, was unfeierlich und störend wirkte.

Auch war ich früher mit dem Abschneiden der Rinde nicht gar so genau gewesen. Jede Brotscheibe mußte extra bearbeitet werden, und diese Arbeit hätte ich mir gerne erspart. Als ich dann aber beim Abendmahl eines der Rindenstücke zwischen den Zähnen hatte und im Schweiße meines Angesichts kaute, beschloß ich, mehr Sorgfalt walten zu lassen. Ich schichtete die Brotstücke nach Art einer Holzbeige kunstvoll auf die Teller und sorgte dafür, daß nichts ins Rutschen geraten konnte. Schließlich lagen zwei makellose Brotkreuze auf den Abendmahlstellern. Die Mesnerin holte sie ab. »Gwieß wohr, Frau Pfarrer«, sagte sie, und echtes Staunen klang aus ihrer Stimme, »des hent Se fei gmacht!« Sie legte weiße Spitzentücher über meine Kunstwerke und trug sie hinüber in die Kirche.

Beim ersten Abendmahl meines Lebens durchlitt ich tiefe Gewissensqualen. »Wer unwürdig isset und trinket, der isset und trinket sich selber zum Gericht!«, so hatte Vati vorher gesagt.

Mir war es, als gälte dieser Satz allein mir, denn ich war unwürdig durch und durch. So sehr ich auch versuchte, meine Gedanken auf Würdiges zu lenken, nichts Freches und Ungehöriges zu denken, es wollte nicht gelingen. Ich senkte meinen Blick in das Gesangbuch, um fromme Lieder zu lesen, aber nach kurzer Zeit schon mußte ich bemerken, daß meine Gedanken nicht mehr bei den frommen Liedern weilten. Ich riß mich zusammen und überdachte die Leidensgeschichte, hob sinnend den Blick und sah, wie eine Frau mit verklärtem Blick vom Tisch des Herrn zurückkehrte. Ihre Hände waren gefaltet, ihr Auge dankbar nach oben gerichtet. So sah sie die drei Stufen nicht, die sie nun hätte hinabsteigen müssen. Ihr Fuß trat ins Leere. Sie stieß einen Schreckensschrei aus, knickte nach vorne über und wäre zu Fall gekommen, hätte ich sie nicht in meinen Armen aufgefangen. Ach, wie unwürdig fühlte ich mich, daß ich nun auch noch lachen mußte, anstatt die Frau zu bemitleiden und fromme Gedanken zu hegen! Vor dem Altar suchte ich mit aller Kraft, nur Gutes zu denken, aber als mir Vati den Weinkelch an den Mund hielt, sah ich, daß etwas darin schwamm, und tat nur einen winzigen Schluck, um den Fremdkörper nicht einzusaugen.

In Weiden gab es bei den Abendmahlsfeiern auch einiges an seltsam Lächerlichem zu verkraften. So trug jeder, der zum Abendmahl ging, etwas Schwarzes an sich, und wenn es bloß das Taschentuch oder die Strümpfe waren. Früher wäre man ganz in Schwarz gekommen, erklärte die Mesnerin, es sei eine Sünde und Schande, daß die Leute so nachlässig geworden seien und nicht mehr genug Ehrfurcht vor dem heiligen Mahl besäßen!

Ich kauerte in der Pfarrbank und konnte meine ängstliche Nervosität kaum verbergen. Wann sollte ich aufstehen? Wann zum Altar gehen? Manfred lud zum Abendmahl ein. »Und nun tretet alle herzu. Schmecket und sehet, wie freundlich der Herr ist!«

Ich schielte nach hinten. Mußte die Pfarrfrau etwa den Anfang machen? Nein, die jungen Mädchen standen auf, traten aus den Bänken und gingen mit gefalteten Händen zum Altar. Sie scheuchten mich zurück, als ich zu ihnen treten wollte. Dann erhoben sich die jüngeren Frauen, ihnen durfte ich mich anschließen, dann kamen die älteren. In einer langen Schlange standen die Abendmahlsgäste vom Kirchenschiff bis zum Chorraum. Als sich die letzte Reihe Frauen vor dem Altar versammelte, entstand oben auf der Empore ein Schurren und Trampeln. Dann marschierten die Männer die Treppe hinunter. Auch hier die Jugend voraus, die Alten hinterher. Noch etwas Befremdliches mußte ich bemerken. Vor dem Empfang von Brot und Wein machten die Frauen einen Knicks, die Männer eine Verbeugung. Die jungen Mädchen wippten nur kurz in den Knien, die älteren Frauen aber knicksten tief und ehrfürchtig. Ich hielt die Knie steif. Kein Knicks.

»Gib die schöne Hand! Mach einen Knicks!« Ich hatte mich durch meine Kindheit geknickst. Alle Erwachsenen erwarteten, daß ich ganz selbstverständlich meine Knie vor ihnen beugte und diese lächerliche Handlung vollzog, sobald sie mir gnädigst die Hand reichten. Dabei mußte ich jedesmal mit Hohngelächter oder gutmütigem Spott rechnen.

»Bist halt ein kleines Trampeltier, Pickdewick!« oder »Sie ist ein wenig ungeschickt!«

Beates Knickse gelangen aufs beste und wurden mit huldvollem Lächeln und Küssen honoriert. Das Knicksen ging mir in Fleisch und Blut über. Noch als Studentin mußte ich bei jeder Begrüßung aufpassen, weil sich meine Knie zum Knicks beugen wollten. Mit Mühe hatte ich mir diese Unsitte abgewöhnt. Nun stand ich vor dem Altar mit dem festen Entschluß, nicht zu knicksen. Ich tat es doch und horchte ängstlich nach hinten. Lachte man in der Kirche? Wieder einmal war meine Andacht gestört.

Trotzdem nahm mich die Atmosphäre beim Gründonnerstagabendmahl gefangen. Das Schurren und Trappeln der vielen Füße, das Rascheln der Kleider. Die Spendeworte vom Altar: »Nehmet hin und esset! Nehmet hin und trinket!« Die Kerzen flackerten, der goldene Hochaltar leuchtete, das Silbergeschirr klirrte. Ab und zu spielte der Organist sein Stückchen in Moll. Als nun die Frauen wieder auf ihren Plätzen saßen und die Männer von der Empore zum Altar gingen, kam die Mesnerin eilig von der Sakristei zur Pfarrbank gelaufen. »Frau Pfarrer, des Brot langt net, und wenn's der Herr Pfarrer auch zweimol bricht!«

Ich hatte zu Hause noch ein selbstgemachtes Weißbrot für unser Karfreitagsfrühstück. Also verließ ich die Kirche durch eine Seitentür, lief nach Hause und holte das Brot aus der Speisekammer. Auf die Rinde brauchte ich keine Rücksicht zu nehmen, denn dieses Brot war durch und durch hart. Es gehörte zu den Hefebackwerken aus meiner Küche, die nicht genügend gegangen waren. Klein, aber schwer und hart wie ein Stein lag es auf dem Blech. Ach, daß gerade diese Mißgeburt, dieses sitzengebliebene Schandwerk, zum Abendmahlsbrot erhoben werden sollte! Der Herr liebt das Geringe, ich wußte es wohl, aber ob es die Menschen auch lieben würden?

Ich betete um ein Wunder, aber ich tat es ohne rechte Überzeugung. Schon in der Bibel stand geschrieben, daß der Herr sich weigerte, Steine in Brot zu verwandeln. Bei mir würde er sicher keine Ausnahme machen, nachdem ich beim Abendmahl so wenig andächtig gewesen war, an Knickse gedacht hatte, statt an meine Würdigkeit!

Ich hieb das Brot in kleine Stücke und schichtete die Splitter auf meinen besten Kuchenteller, damit wenigstens der Rahmen würdig sei. Ein Kreuz nachzubilden war unmöglich, die harten Stücke rutschten immer wieder durcheinander. Dann ergriff ich den Teller und rannte damit die Treppe hinunter. Im selben Augenblick eilte die Mesnerin herauf. Beide sahen wir das Unglück kommen, beide bremsten wir hart ab, aber ein Zusammenprall war nicht mehr zu vermeiden. Hoch flogen die Brotsplitter und prasselten auf den Boden. Wir rutschten auf der Treppe herum, um die Stücke wieder einzusammeln.

»Frau Pfarrer«, sagte die Mesnerin und hielt sich einen Splitter meines Brotes vor die Augen, »Frau Pfarrer, was hent Se denn da fir Brot? Sie werret's doch net selber gmacht han?« Der Schreck in ihrer Stimme war unüberhörbar.

»Ich habe kein anderes, nur schwarzes mit Sauerteig.« Sie hatte nur Kuchen zu Hause, und die Zeit drängte, wir mußten dieses Brot nehmen.

»'s kriegt ja jeder bloß e klois Schtickle«, tröstete die Mesnerin, »des werret se scho vertrage, 's send jo Mannsleit!«

Der Brotnachschub kam gerade noch zur rechten Zeit. Manfred wich unwillkürlich zurück, als die Mesnerin den Teller vor ihn auf den Altar stellte. Ein kurzer Blick, ein leises Flüstern, dann neigte er ergeben den Kopf und sagte: »Nehmet hin und esset!« Er legte das Brot in die aufgehaltenen Hände. Es war sehr still in der Kirche, der Organist machte gerade eine Pause. Dann aber hörte man ein lautes Knurbsen und Krachen, als ob eine Kompanie Soldaten Äpfel äße. Es waren aber nur zwölf Weidener Bauern, die mein Brot zermahlten.

»Gehet hin in Frieden«, sagte Manfred mit einem Tonfall, als wollte er sagen: »Tut mir leid, ich kann nichts dafür!« Dann kamen sie an meiner Bank vorbei. Ich hielt den Blick fest auf das Gesangbuch gerichtet und schaute niemanden an. Ich schämte mich sehr. Zum Glück fing der Organist wieder mit seinem Stückchen an, so daß bei der nächsten Austeilung keine Essensgeräusche zu hören waren. Als ich aber einen vorsichtigen Blick auf die Gesichter der zurückkommenden Abendmahlsgäste warf, sah ich, daß sie alle dieselbe Bewegung machten. Sie fuhren mit der Zunge an ihren Zähnen entlang, um zu erkunden, ob einer herausgebrochen sei.

In derselben Nacht noch buk die Mesnerin zwei Weißbrote, luftig und leicht. Eines für das Karfreitagsabendmahl und eines für Pfarrers. Im Dorf kursierten wilde Gerüchte. Einige Gemeindeglieder meinten, der Herr Pfarrer habe beim Abendmahl Hundekuchen ausgeteilt. Andere behaupteten, dies wären die echten ungesäuerten Brote gewesen, extra aus Israel eingeführt und wegen der weiten Reise so hart. Wieder andere mutmaßten, man habe den Männern das übriggebliebene Abendmahlsbrot vom letzten Jahr verfüttert.

Einige Fromme aber glaubten eines Wunders teilhaftig geworden zu sein. Frau Pfarrer habe gesehen, daß es an Brot mangle, habe draußen Steine aufgelesen und sie der Mesnerin gegeben. Auf dem Altar nun hätten sich diese Steine in Brot verwandelt. Vielleicht habe Frau Pfarrer nicht fest genug geglaubt, jedenfalls wäre das Wunder nicht bis zur Vollendung gediehen, was man daran hätte erkennen können, daß die Brotstücke noch steinhart waren und manche Abendmahlsgäste sogar auf Sand gebissen hätten.

Karfreitagsschmerzen und Osterspezialitäten

Karfreitag brach an. Die Sonne lachte vom blauen Himmel. Im Garten blühten Szilla und Forsythien. Ich sah nichts von der Herrlichkeit um mich her. Mir erschien alles schwarz, trostlos und beklemmend.

Schon als Kind lastete das Karfreitagsgeschehen auf mir wie eine schwere Bürde. Vom Aufwachen an ging ich die Leidensstationen Jesu mit, von der Gefangennahme bis zur Kreuzigung und dem langen qualvollen Tod.

An einem Karfreitag, ich war vielleicht fünf Jahre alt, las Mutti beim Frühstück die Leidensgeschichte vor, dann sangen wir: ›O Haupt voll Blut und Wunden ...‹ Mich überkam eine solche Traurigkeit, daß ich zu weinen anfing. Die Tränen tropften, ich konnte nichts mehr essen.

»Was hast du, Pickdewick?« fragte Großmama. Wie sollte ich ihr erklären, was mich drückte? Ich verstand es ja selbst nicht recht, und sie würde es noch viel weniger verstehen. Kein Wort würde sie mir glauben.

»Mir tut der Fuß weh«, sagte ich.

»Wo tut er weh? An welcher Stelle? Zeig es!«

Ich fuhr mit der Hand am Bein entlang.

»Hier, überall tut's weh.«

»Du lügst, du lügst schon wieder, sogar am Karfreitag! Warum weinst du?«

Nun denn, sollten sie mich ruhig auslachen!

»Ich weine wegen dem Herrn Jesus.«

»Du niederträchtige Lügnerin!« rief Großmama. »Marsch in die Ecke! Ich will dich nicht mehr sehen!«

Ich stellte mich gehorsam in die Ecke, stand da und schluchzte die Wand an. Wie der Herr Jesus war ich unschuldig und mußte »Schmach und Hohn erdulden«. Sie saßen am Tisch und aßen, dann beteten sie und gingen aus dem Zimmer.

»Du bleibst in der Ecke, bis du die Wahrheit sagst!« bestimmte Großmama.

Mutti kam, drehte mich um und schaute mir ins Gesicht. »Komm, Pickdewick, sag es leise in mein Ohr!« Ihr zuliebe hätte ich gerne gelogen, aber war ich Petrus, der den Herrn verleugnet und dreimal gesagt hatte »Ich kenne den Menschen nicht!«?

»Ich weine wegen Karfreitag und wegen dem Herrn Jesus!«
Sie ging aus dem Zimmer. Die Glocken läuteten, im Hause rüstete man sich zum Kirchgang. Die Treppe knarrte, Türen schlugen, dann wurde es still. Ich hörte, wie in der Kirche die Posaunen spielten. Mir schien, als bliebe die Zeit stehen, aber die Uhr hinter mir tickte, der Kanarienvogel sang.

»Lieber Gott, mach, daß ich sterbe, dann wird es Großmama leid tun!«

Endlich ging die Haustüre, die Geschwister lärmten, die Kirche war aus. Vati kam ins Zimmer. Er war noch im Talar, ich spürte das leise Wehen.

»Sie haben mir erzählt, was beim Frühstück geschehen ist. Ich will nur wissen, hast du gelogen oder nicht?«

»Das erste Mal mit dem Fuß – ja. Das zweite Mal nicht.«

»Dann brauchst du nicht mehr in der Ecke stehen!«

»Ich will aber!« schrie ich. »Laß mich! Ich leide!«

Beim Mittagessen sagte Michael: »Also, ich will es zugeben, ich hab' sie gezwickt, und sie hat mich am Karfreitag nicht verpetzen wollen. Jetzt wißt ihr's, und jetzt soll sie mitessen!«

»Es freut mich, daß du endlich mit der Wahrheit herausgerückt bist!« sagte Vati. »Und es ist schön, daß du ihn nicht verpetzt hast, Pickdewick! Komm, setz dich zu uns!«

»Er hat mich nicht gezwickt, und ich hab' die Wahrheit gesagt. Ich muß bloß mal auf den Lokus!«

Ich rannte fort, blieb aber nur ganz kurz draußen und stellte mich dann wieder in die Ecke.

»Sie ist verstockt«, sagte Großmama. »Ihr habt sie falsch erzogen, ich habe es immer gesagt!«

Nach dem Essen gingen sie in ihre Zimmer. Aber immer wieder tat sich die Türe leise auf und jemand kam herein. »Du blöde Ziege, du dumme Gans!« zischte Michael und drückte mir ein Stück Schokolade in die Hand. Aber ich wollte nichts essen, ich hatte mich ganz in die Rolle des leidenden Christus versenkt.

»Mich dürstet!« sagte ich.

Martha kam, die Liebe.

»Ach, du mein liebes Herrjottchen! Ach, du heilje Madonna von Schenstochau! Ach, du mein sießes Kindchen, was hat das alte Aas mit dich jemacht? Der Deibel soll ihr holen!«

Sie war die einzige, die gegen Großmama zu mucken wagte, allerdings auch nur im geheimen.

»Martha, liebe, ich will Essig mit Myrten!« Ich kannte die Passionsgeschichte auswendig, Martha nicht.

»Ach Jottchen«, sagte sie, »ach Jottchen, jetzt ist sie varrickt jeworden!«

Mutti brachte einen Becher. »Essig und Myrrhe«, sagte sie und ließ mich trinken. Es schmeckte sauer, aber gut.

»Wann ist er gestorben, Mutti?«

»Um sechs Uhr.«

»Wieviel Uhr ist es?«

»Gleich wird es sechs sein!«

Mir wurde schwindlig. Dann kam Vati. Er sagte, es ist sechs Uhr, und trug mich ins Bett.

Das war nur ein Karfreitag aus der langen Reihe, die sich schwarz durch meine Erinnerung zieht. Erst die Leidensgeschichte, dann der Kirchgang, dann Spinat, dann Stille oder die Klänge der Matthäuspassion, dann endlich die Befreiung um sechs Uhr abends.

Mein kleiner Bruder Christoph wehrte sich später verzweifelt gegen diese Seelenqual. Er lärmte durch die Zimmer, rief: »Vertragt euch! Seid nett zu mir! Seid lustig! Ich halt's nicht aus!« Er kämpfte wild gegen die traurige Stimmung an, die er sich als allgemeinen Streit erklärte. Es blieb uns gar nichts anderes übrig, als mit ihm zu lachen und zu spielen.

»Ist morden Tarlfreitag?« pflegte er zu fragen, wenn er aus den häuslichen Vorbereitungen schloß, daß der Schreckenstag nahte.

»Gelt du, da sin mir aber lustig! Gelt, da tun wir spielen?«

Er sparte sich seine Betthupferl, verklebte, angelutschte Bonbons, um sie am Karfreitag unter das Volk zu werfen, wenn traurige Stimmung aufkommen wollte. Eine Opfergabe für die Geister des Frohsinns.

In den nächsten Jahren lud ich Christoph für die Osterferien zu uns nach Weiden ein. Nicht immer gelang es mir, seiner habhaft zu werden, denn auch die anderen Geschwister schickten dringliche Einladungen an den munteren Knaben. Jeder hoffte, mit seiner Hilfe den schwarzen Tag leichter ertragen zu können. Kam er zu uns, dann war die Traurigkeit gebannt. Er verbat sich Fastenkost und Passionsmusik, wollte nachmittags auf einer Waldwiese Fußball und abends Skat spielen. Er brachte immer eine Flasche Wein mit, ein scheußlich süßes Getränk, das wir mit Todesverachtung hinunterwürgten.

»Ist das eigentlich deine Lieblingsmarke?« fragte Manfred eines Karfreitags, als das ungeliebte Geschenk wieder auf dem Tisch erschien.

»Ach, Himmel, nein!« antwortete Christoph. »Ich find den Wein furchtbar, aber ich dachte, ihr mögt ihn gern. Außerdem ist er billig.«

Unser erstes Osterfest in Weiden gedachte ich ganz besonders festlich zu gestalten. Ich schmückte das Haus mit frischem Grün, färbte Eier und griff zu russischen Osterrezepten, die mir leider gerade zu dieser Zeit in die Hände fielen. Als süße Köstlichkeit wurde ein Osterpudding angepriesen aus Quark, Eiern, Butter, Zucker und Rosinen. Er dürfe auf keinem russischen Ostertisch fehlen. Jeder, der einmal von ihm gekostet, würde ihn zeit seines Lebens nicht mehr vergessen. Vier Tage vor dem Fest sollte diese Delikatesse zubereitet, in eine Windel gefüllt, in einen Blumentopf gepreßt und einige Zoll tief im Boden vergraben werden. Am Ostermorgen, so hieß es im Rezept, begebe sich die russische Familie in den Garten, hole den Topf – als symbolische Handlung – wieder aus dem Schoße der Erde hervor und feiere mit dem gestürzten und reichverzierten Pudding fröhliche Urständ.

Nun hatten wir aber im Herbst unseren Gartenboden mit einer ganzen Fuhre Mist bereichert. Ich fürchtete für das gute Aroma der russischen Spezialität, verzichtete auf die symbolträchtige Grabung und stellte den Blumentopf auf das Küchenfenster.

Durch das Loch im Topfboden tropfte gelbe Brühe, was mich von vornherein gegen diese Süßspeise einnahm. Manfred sagte ich nichts von der Brühe. Jemand mußte den Pudding ja essen.

Auch schwebte mir vor, ein Osterlamm aus Hefeteig zu backen für den festlichen Frühstückstisch. Nach der Blamage am Gründonnerstag aber fehlte mir die rechte Lust zum Backen. Dies war nun wieder ein großes Glück, denn über uns brach eine Osterhasenschwemme herein. Wohlgelungene, weiche Osterhasen aus Hefeteig mit Rosinenaugen und Bändchen um den Hals saßen in der Rabatte, standen nach dem Besuch der Mesnerin vor der Küchentür und lugten aus meinem Einkaufskorb, als ich den Bäckerladen verließ.

»Frau Pfarrer«, sagte der Meister, »kommet Se mit en mei Backschtub, i muaß Ehne ebbes zeige.«

Er führte mich in seine Backstube und zeigte mir Hefeteig in verschiedenen Reifegraden. Ich mußte meinen Finger in den

Teig bohren, um ein Gefühl dafür zu bekommen, wie locker er zu sein habe.

»Hefe isch ebbes Lebendichs, Frau Pfarrer! Mer muaß se mit Liebe behandle! I will jo nex sage, aber Frau Pfarrer, des Abendmahlsbrot, also do hent Se ebbes falsch gmacht, des liegt mer jetzt no em Mage. I ka Brot bache, ond i dät sage, kaufet Sia's liaber bei mir. 's wird besser sei, au für Ihren Ma, sonst lauft er Ehne no davo!«

Als österliches Festessen bereitete ich ein Osterlamm nach russischem Rezept. Natürlich kein ganzes für uns zwei, aber doch ein gutes Stück.

»Lammfleisch ist nicht jedermanns Sache«, sagte Manfred und schob den Teller von sich, »findest du nicht, daß es etwas streng schmeckt?«

Ja, ich fand es auch. Dabei hatte ich drei Knoblauchzehen in die Soße geschnitten, um den Geschmack zu heben.

Auch der russische Osterpudding entsprach nicht unseren Vorstellungen von zarten Süßspeisen. Nach dem Stürzen hatte ich ihn mit kleinen bunten Ostereiern verziert, die allerdings immer wieder herunterrollten, weil dieser Pudding sehr fest war. Wir schnitten ihn in Scheiben und aßen eine davon. Manfred meinte, wir sollten es nicht übertreiben, sonst würden wir den Appetit an diesem Pudding verlieren.

Wir nahmen uns vor, beim nächsten Osterfest wieder landesüblich zu essen.

Abends gingen wir zur »Stund« und erfüllten den Versammlungsraum mit Knoblauchdüften. Die frommen Brüder und Schwestern schnupperten vorsichtig und suchten zu ergründen, wer denn hier so unchristlich stinke. Einer Frau wurde es schlecht, und nach der ersten Schriftauslegung mußte ein Fenster geöffnet werden. Die mißbilligenden Blicke richteten sich auf Heinerle, den Sohn des Hauses. Man nahm an, er habe sich ungebührlich betragen und Winde wehen lassen, die ein braves Kind in der »Stund« hübsch bei sich behält. Er wurde denn auch nach der zweiten Schriftauslegung ins Bett geschickt, doch den unerfreulichen Geruch ließ er zurück. Pfarrers für die Stänker zu halten kam niemandem in den Sinn, uns auch nicht. Am Ostermontag predigte der Nachbarpfarrer bei uns. Manfred fuhr dafür in seine Gemeinde. Durch diesen Tausch ersparten sich die beiden eine Predigtvorbereitung, und der Gemeinde wurde etwas Abwechslung beschert.

Ich traute meinen Augen nicht, als ich sie beim Orgelvorspiel schweifen ließ und den Blumenschmuck auf dem Altar gewahrte. Da standen wahrhaftig Plastikvasen mit scheußlichen Plastikblumen darin. Wo waren die Kristallvasen und die echten Blumen vom Ostersonntag geblieben? Welcher böse Geist hatte die Mesnerin ergriffen? Ich nahm mir vor, nach dem Gottesdienst ein ernstes Wörtchen mit ihr zu reden.

Während der Eingangsliturgie fegte Pfarrer Bauer mit dem Talarärmel die erste Vase vom Altar, bei der Schlußliturgie erledigte er die zweite.

»Der macht elles he!« klagte die Mesnerin nach der Kirche. »Ellemol schmeißt er mir die Vase nunder, no sen se he! Drom han i des Plaschtikzeug kauft.« Ich sprach kein ernstes Wörtchen, sondern bewunderte ihre Umsicht.

Am Ostermontag wurde die Liturgie nicht vom Hochaltar aus gehalten. An den »niederen« Sonntagen kam ein kleiner Seitenaltar zu Ehren. Der Pfarrer mußte von der Sakristei drei Stufen hinuntersteigen, um an der Kanzel vorbei den kleinen Altar zu erreichen. Die Kanzel endete in einem goldbemalten Zapfen, und dieser Zapfen hing ziemlich tief. Kürzte der Pfarrer den Weg zum Altar ab, so stieß er mit Sicherheit an diesen Zapfen, sofern er das Haupt nicht rechtzeitig neigte. Manfred hatte nach einem ersten Zusammenstoß die Gefahr erkannt und machte einen Bogen um den Zapfen. Fremde Pfarrer hatten Schwierigkeiten. Vor dem Gottesdienst ging die Mesnerin also in die Sakristei, wo Pfarrer Bauer bereits saß und seine Predigt überdachte.

»Herr Pfarrer, gell Sia denket an den Zapfe!«

»Ja, ja, meine Liebe!« sagte Pfarrer Bauer und versank wieder in stille Betrachtung.

Er kam während der letzten Strophe des Eingangsliedes aus der Sakristei, die Agende an die Brust gedrückt, die Augen auf den Boden gerichtet. So schritt er die Stufen hinunter auf den Seitenaltar zu. Wahrhaftig, er gedachte der Warnung und senkte den Kopf, als er die Kanzel über sich vermutete. Doch hob er sein Haupt zu früh und schlug mit der Stirn hart an den Zapfen. Es klang so dumpf, daß die Gemeinde mitleidig aufseufzte. Er aber blieb würdig und gelassen, faßte nicht einmal mit der Hand nach der schmerzenden Stelle. Während der Predigt konnte man die Beule auf seiner Stirne wachsen sehen.

Bis zum nächsten Predigttausch war er wieder heil und gesund und ertrug eine neue Blessur mit gelassener Heiterkeit.

Der Frauenheld und der verzauberte Prinz

Das Pfarrhaus war groß, die Gegend romantisch, man besuchte uns gern. Im Sommer kam die Verwandtschaft, im Winter kamen die kirchlichen Mitarbeiter. Besonders oft tauchte Christoph bei uns auf. Er bewohnte das Dachkämmerchen, begleitete Manfred zum Religionsunterricht in die Filiale und machte den Mädchen im Dorf schöne Augen. Wenn sein blonder Schopf im Dachfenster erschien, lief die frohe Kunde mit Windeseile durchs Dorf.

»Frau Pfarrers Jüngschter isch wieder do!«

Alsbald stieg die Besucherzahl des Mädchenkreises, und ich mußte die Vorhänge im Räumle zuziehen, weil die Aufmerksamkeit meiner Zuhörerinnen ausschließlich nach draußen gerichtet war, wo der hübsche Bursche auf den Gartenwegen lustwandelte. Er flirtete hier und tändelte dort. Sobald die Sache aber gefährlich wurde oder in Liebe auszuarten drohte, packte er seine Koffer und kehrte heim ins Elternhaus. Eine Zeitlang saßen noch ein paar Schleiereulen im Mädchenkreis. Mit verweinten Augen sahen sie mich erwartungsvoll an, ob ich nicht ein Brieflein oder dergleichen für sie hätte. Aber ich stellte mich blind und taub, denn ich war nicht gewillt, den Postillon d'amour zu spielen. Als ich aber hören mußte, daß die hübscheste Maid des Kreises ihre langjährige Verlobung mit einem Bauernsohn gelöst hatte, und dies auch noch kurz nach dem Besuch meines flatterhaften Bruders geschah, griff ich doch zu Tinte und Papier. Ich schrieb einen zornigen Brief, was ich nicht hätte tun müssen, denn der Jüngling war ohnehin tief erschreckt und sah sich schon rettungslos ins Ehejoch gezwängt. Er blieb eine Zeitlang fern und erschien erst wieder auf der Bildfläche, als die Verlobung von ehedem wieder neu geschlossen war. Christoph liebte aber nicht nur die Mädchen, sondern auch die Pilze. Er suchte und sammelte sie mit Leidenschaft, wollte aber hinterher die Früchte seiner Bemühungen nicht genießen. Manfred kannte Stellen in den Wäldern, wo Pfifferlinge, Ziegenbärte und Steinpilze wuchsen. Die beiden Schwäger zogen morgens mit leeren Körben aus und kehrten mittags mit vollen wieder heim.

Schimpfend briet ich eine Extrawurst für meinen Bruder, denn die selbstgesammelten Pilze wies er voll Abscheu von sich.

»Langt es nicht, wenn ich sie mühevoll suche, muß ich sie

auch noch essen?«, so sagte er und widmete sich seinem Fleischgericht.

Auch Onkel Fritz besuchte mich. Er war alt geworden, ging gebückt und hatte weisse Haare, aber seine Augen schauten mich genauso scharf und durchdringend an wie ehedem. Er besichtigte alle Räume, genoss die Aussicht aus jedem Fenster, fand das Haus sehr schön und setzte sich dann in den Garten, um die verwilderten Unkrautecken malerisch zu erfassen und aufs Papier zu bannen.

»Pickdewick«, sagte er, »hör auf, Salat zu pflanzen, und lass das schöne Unkraut wachsen. Du bist ein wenig prosaisch geworden, mein Kind!«

Am Sonntag ging er mit mir in die Kirche, sass in der Pfarrbank und skizzierte den Hochaltar, während Manfred predigte. Aus seinem Wintermantel zog Mottenduft in meine Nase, ich nieste. Der Onkel schaute mich an und lachte. »Geht's schon wieder los?« fragte er. Er hatte mich einmal vom Niesreiz erlöst, und diese Geschichte spukte uns beiden durch den Kopf. Ich hatte ihn auch schon erlöst, nur wusste er nichts davon.

Damals war Onkel Fritz noch aufrecht gegangen und hatte schwarze Haare gehabt. Er kam auf Besuch nach Kuschlin und brachte mir einen kleinen Bären mit. Wenn man diesen Bären aufzog, tanzte er im Kreise herum und schlug mit den Pfoten auf eine Trommel.

Abends setzte sich der Onkel nach alter Gewohnheit an mein Bett und erzählte mir ein Märchen. Es handelte von einem Bären, der eigentlich ein verzauberter Königssohn war und der nur erlöst werden konnte, wenn ihn ein Mädchen auf die Schnauze küsste. Es war ein spannendes Märchen, ich war tief beeindruckt und konnte lange nicht einschlafen.

Der Onkel wohnte während seines Besuchs im Nebenzimmer, und um ihm ja recht nah zu sein, machte ich die Verbindungstür einen Spaltbreit auf. Nachts weckte mich ein fürchterliches Geräusch. Es brummte, knurrte und schnaufte. Es klang so bedrohlich, dass mir der Angstschweiss ausbrach. In meiner Not dachte ich daran, dass der geliebte starke Onkel nebenan im Zimmer schliefe und dass ich nur zu ihm hinüberlaufen müsse, um gerettet zu sein. Also raffte ich alle Kraft zusammen, kroch aus dem Bett und lief zu Onkel Fritz hinüber. O Schreck! O Entsetzen, was musste ich bemerken? Das fürchterliche Geräusch kam unter seinem Deckbett hervor. Ein Bär hatte den Onkel Fritz gefressen. Gleich würde das Tier aus dem Bett springen und auch mich verschlingen. Ich schlich zurück in mein Zimmer, schob mit zitternden Fingern den Riegel vor die Tür und versteckte mich unter dem Bett. Meine Zähne klapperten wie Kastagnetten. Ich mußte die Finger in den Mund stecken, damit der Bär nicht durch das laute Geräusch aufgeweckt wurde. Langsam kam ich wieder zur Besinnung, und da fiel mir die Geschichte von Schneeweißchen und Rosenrot ein. Vielleicht hatte der Bär den Onkel gar nicht gefressen. Vielleicht war der Onkel ein verzauberter Königssohn, der in der Nacht ein Bär sein mußte. Darum hatte er mir das Märchen erzählt. Armer Onkel Fritz! Er glaubte, ich würde ihn erlösen, und ich saß unter dem Bett und schlotterte vor Angst.

Morgens beim Frühstück war der Onkel ganz vergnügt. Er aß drei Brötchen mit Honig und tat, als ob nichts gewesen wäre. Aber später, bei der Andacht, als wir das Vaterunser beteten, sagte er ganz laut »Und erlöse uns von dem Übel«, dabei guckte er mich an. Es half nichts, ich mußte ihn erlösen! Mein schreckliches Geheimnis bedrückte mich sehr. Ich wollte den Bären nicht mehr tanzen lassen, und als der Onkel mich zu einem Spaziergang einlud, wagte ich kaum, meine Hand in die seine zu legen. Wer hätte gedacht, daß gerade der Onkel Fritz ein Königssohn war? Er trug keine Krone und kein Zepter. Es war mir aber schon vorher aufgefallen, daß er aus seinen Hosentaschen ungeahnte Schätze hervorzaubern konnte.

»Onkel Fritz, wo ist dein Königreich?«

Er lachte und sagte, dies alles wäre sein Königreich. Der Wald und der Garten und seine Wohnung mit den vielen Büchern und dem Malkasten und dem Goldfisch. Ich horchte auf.

»Onkel Fritz, hast du einen richtigen Goldfisch?«

»Ja«, sagte er, »du kannst es mir glauben!«

Nun waren die letzten Zweifel beseitigt, nur ein Königssohn konnte einen goldenen Fisch besitzen. Abends beim Gute-Nacht-Kuß sah mich der Onkel traurig an.

»Morgen früh muß ich schon wieder abreisen.«

»Onkel Fritz«, sagte ich, »du kannst dich heute nacht auf mich verlassen!«

»Das freut mich, Pickdewick, ich weiß, daß du ein gutes Mädchen bist!«

Dann ging er. Ich lag im Bett und erzählte mir selber Geschichten, um nicht einzuschlafen und die große Tat zu verpassen. Unten saßen sie noch zusammen. Mutti sprach, der Onkel lachte. Scheinbar fand die schreckliche Verwandlung erst im

Bett statt. Dann endlich knarrte die Treppe. Nebenan ging die Türe auf, Licht fiel in mein Zimmer. Der Onkel lief hin und her, zog die Vorhänge zu, gähnte und ließ sich aufs Bett fallen. Das Licht erlosch. Es wurde still, aber nur für kurze Zeit. Erst hörte ich nur ein paar lange Seufzer – ach, der arme Onkel! Dann schnaufte, knurrte, brummte es genau wie gestern nacht und noch viel schlimmer.

»Lieber Gott, mach doch, daß er mich nicht frißt!« betete ich, sprang aus dem Bett, rannte durch das Zimmer hinüber zum verzauberten Onkel und drückte einen Kuß auf seine lärmende Schnauze. Sie war tatsächlich stachlig wie bei einem Bären. Gleich hörte er auf, zu knurren und zu brummen, und rief mit seiner menschlichen Stimme: »Verdammt noch mal, wer ist denn da?«

Er knipste das Licht an. Da sah ich, daß er kein Bär mehr war. Ich hatte ihn erlöst.

»Ja, Pickdewick«, sagte er, »was machst du denn hier? Hast du Angst? Komm zu mir, du zitterst ja, bei mir bist du sicher.«

Er streckte die Hand aus, aber das war mir denn doch zu grauslig. Eben war er noch ein Bär gewesen, und jetzt sollte ich schon mit ihm in einem Bett liegen? Nein, das konnte kein Mensch von mir verlangen. Ich hastete zurück in mein Zimmer und zog die Bettdecke über die Ohren. Wenigstens »danke« hätte er sagen können! Am nächsten Morgen reiste der Onkel ab.

Bei uns in Weiden schlief Onkel Fritz im Gastzimmer und konnte ungestört schnarchen. Ich erzählte ihm die Geschichte. »Nein, so was«, sagte er, »Pickdewick, willst du mich nicht wieder küssen? Ich bin einer Erlösung dringend bedürftig!« Aber ich lachte nur und wollte nicht.

Auch Manfreds Freunde besuchten den jungen Ehemann, um Haus, Garten und die Frau Gemahlin zu begutachten. Da war Rudolf. »Tu langsam, Manfred!« hatte er damals in Göttingen seinem verliebten Freund nachgerufen, als der gerade seinen Arm um mich legte, um mit mir über die Wälle zu wandern. Er habe ihn auch vor mir gewarnt, vertraute mir Manfred in einer stillen Stunde an.

»Die ist nichts für dich«, habe er gesagt, »die ist ein raffiniertes Luder, laß die Finger von ihr!«

Da hatte unsere Beziehung aber bereits nichts mehr mit Fingern zu tun, sondern war schon bis tief ins Herz gedrungen. So stießen die gutgemeinten Warnungen des Freundes bei Manfred auf taube Ohren, ich aber hegte insgeheim einen Groll auf ihn, denn welche Frau liebt es, solchermaßen verkannt zu werden? Als er bei uns anrückte, unschuldig lächelnd wie ein Lämmlein, begab ich mich in die Küche, um »Thildchen-Kuchen« zu bakken. Dieser Freund meines Mannes war auch ein Freund leiblicher Genüsse. Als die Kuchendüfte das Haus durchwehten, ging ein sonniges Lächeln über seine Züge. »Du wirst nicht lange lachen, du altes Ekel«, dachte ich in meines Herzens Sinn, und damit behielt ich recht.

»Es ist reizend von deiner Frau, daß sie sogar einen Kuchen für mich macht«, sagte er zu Manfred.

Der schaute mich scharf an. »Mit was willst du uns vergiften?« fragte er. »Hefezopf?«

»Aber nicht doch, Manfred, für deinen Freund habe ich einen schönen ›Thildchen-Kuchen‹ gebacken.«

»Ach Gott, armer Rudolf!«

Kurz nach dem gemeinsamen Kaffee reiste der Freund ab. Er habe dringende Termine, sagte er, und so leid es ihm tue, die Arbeit rufe. Manfred war zornig.

»Es wird dir nicht gelingen, meine Freunde zu vergraulen«, knurrte er, »wenn wieder einer kommt, gehe ich mit ihm essen.«

»Ich hab' nichts gegen deine Freunde«, sagte ich, »aber mit diesem da mußte ich erst abrechnen, und wenn du jetzt etwa denkst, daß er recht hatte mit seiner Warnung, dann packe ich meine Koffer und fahre nach Hause!«

»Dein Zuhause ist hier! Merk dir das endlich! Und wenn du wegfahren willst, dann vergiß nicht, den verflixten ›Thildchen-Kuchen‹ mitzunehmen. Du kannst ja deine Familienglieder damit füttern, die sind ihn schon gewohnt!« Bis zur nächtlichen Versöhnung hatten wir noch viel Ärger miteinander und alles nur wegen diesem Rudolf.

Gegen die anderen Freunde aber hegte ich keine Rachegefühle. Ich verwöhnte sie mit gekauftem Kuchen und klagte im Mädchenkreis über meine Kochprobleme. Wie ich gehofft, so geschah es auch. Am nächsten Morgen ging ein Maultaschensegen über uns nieder, und die Freunde beteuerten, daß diese Maultaschen von allerbester Güte wären. Sie äußerten offen ihre Bewunderung für eine »Ausländerin«, die schwäbische Spezialitäten so vorzüglich herzustellen vermöge. Manfred hielt den Mund, was ich ihm hoch anrechnete, denn er liebte die Wahrheit und tat sie sonst kund, wann immer es möglich war.

Da gab es einen Freund namens Nikolaus, im vertrauten Kreis »Nick« genannt, ein Junggeselle, mit Essen nicht verwöhnt und ein besonders umgänglicher und hilfsbereiter Mensch. Er kam zu einer Zeit, in der ich Autofahren lernte und zitternd an Leib und Seele im Städtchen zur Fahrschule ging. Dieses Städtchen bot Fahrschülern reiche Möglichkeiten, den Umgang mit der Kupplung zu erlernen, es hatte steile, enge Gäßchen in Hülle und Fülle. Die Ampeln waren so sinnvoll aufgestellt, daß sie sich meistens mitten in einer Steilstrecke befanden. Zeigte nun eine Ampel Rot, dann verlangte der Fahrlehrer, daß der geplagte Schüler das Auto mit schleifender Kupplung und einer genauen Gasdosierung in richtiger Höhe hielt. Von einer Benützung der Handbremse hielt er wenig oder nichts. Ich hatte anfangs gemeint, durch den Umgang mit Orgelpedalen aufs beste gerüstet zu sein für die Arbeit mit drei armseligen Autopedalen, also trat ich herzhaft zu, so daß der Fahrlehrer schon nach der ersten Stunde einem Nervenzusammenbruch nahe war. Er sagte im Verlauf unserer Zusammenarbeit, daß ihn schon das Zittern befalle, wenn ich in sein Auto steige, und daß er ja von Damen allerhand gewöhnt sei, ihm aber so etwas wie ich noch nicht vorgekommen wäre. Solchermaßen verunsichert kam auch ich in eine Nervenkrise, und gerade zu dieser Zeit traf Freund Nick bei uns ein.

»Ihr seid aber mal nervös und gereizt«, sagte er, »was ist, befindet ihr euch in einer Ehekrise? Wollt ihr euch aussprechen?«

»Sie lernt Autofahren«, brummte Manfred, »und sie kann's nicht mit der Kupplung.«

»Aber das ist doch kein Hexenwerk«, rief Nick, »ihr müßt es üben, irgendwo im Wald.«

»Nicht mit meinem Auto«, sagte Manfred, »sie wird mir's noch früh genug zugrunde richten, sobald sie nämlich die Prüfung bestanden hat, was aber nach dem Stand der Dinge noch ein paar Jahre dauern wird.«

»Du bist gemein, Manfred«, schon kullerten mir die Tränen übers Gesicht.

Sogar mein Fahrlehrer bekam menschliche Gefühle, sobald er sie tropfen sah, und auch dem lieben Nick zerschnitt es das Herz.

»Wie kann man nur so grausam sein«, sagte er und schaute

seinen Freund tadelnd an, »komm, Amei, wein nicht, da, putz dir die Nase«, er reichte mir sein Taschentuch, »wir üben heute nachmittag mit meinem Auto. Wir üben so lange, bis du's kannst. Zufrieden?«

»Ich wasche meine Hände in Unschuld«, sagte Manfred. »Nick, ich rate dir, laß es bleiben! Sie kennt keine Hemmungen, sie demoliert dir dein Auto.«

»Mein VW hat noch nie eine Panne gehabt, der ist einfach nicht umzubringen, und schon gar nicht von zarter Frauenhand.«

»Es handelt sich hier nicht um Hände, sondern um Füße«, sagte Manfred, »und du wirst sehen, sie schafft's.«

»Das glaub' ich nicht«, sagte Nick, ein Kavalier vom Scheitel bis zur Sohle, ganz im Gegensatz zu Manfred. Ich teilte diese Erkenntnis den beiden mit, worauf der eine hochgestimmt und der andere ausgesprochen mürrisch den Kaffeetisch verließ.

Nachbar Meyer stellte seine Wiese zur Verfügung, sanft ansteigend und frisch gemäht. Wir übten. Wir übten so lange, bis die Kupplung den Geist aufgab. Sie reagierte nicht mehr, weder auf zarten noch auf energischen Fußdruck. »Laß mich mal ran«, sagte Nick noch immer freundlich, noch immer beherrscht. Wir wechselten den Platz, aber auch der Fußdruck ihres Herrn konnte diese Kupplung nicht mehr zum Leben erwecken.

»Nick, ich bin todunglücklich. Ich kann gar nicht sagen, wie leid mir's tut.«

»Macht nichts«, sagte er, krampfhaft bemüht, die Fassung zu bewahren, »ich glaube, sie war doch schon ein bißchen angekratzt.« Manfred schleppte uns ab. Er sagte nicht viel, aber das wenige genügte schon, um Freund Nick aus der Reserve zu locken und meine Tränenströme zu entfesseln.

Abends spielten sie Schach. Sie frönten dieser schweigsamen Leidenschaft schon seit Studententagen. Ich meckerte nicht, machte kein gequältes Gesicht, ich schlich still um die beiden herum und bediente sie mit Wein und Keksen. »Wollt ihr, daß ich mich mit euch unterhalte?« fragte ich. »Ja, wenn du kein Wort dabei sprichst«, sagte Manfred. Auch das nahm ich ohne Gegenrede hin, holte mein Buch und setzte mich zu dem schweigsamen Paar.

»Du könntest eine Platte laufen lassen«, sagte Nick zu mir, »irgend etwas Lustiges, ich brauche eine Aufmunterung.« Ich stand bereitwillig auf.

»Nicht du«, sagte Manfred, »um Himmels willen, der Plattenspieler ist neu.« Er erhob sich und stieß dabei die Weinflasche vom Tisch. Sie landete auf Nicks hellgrauen Hosen. Bevor ich sie ergreifen konnte, war sie bereits leer.

»Es macht nichts«, sagte Nick ergeben, »ich bin jetzt schon Kummer gewöhnt.« Ich streute ein ganzes Pfund Salz auf seine Hose. Irgendwo hatte ich gelesen, daß Salz den Rotwein aufsauge und Fleckenbildung verhindere.

Nick saß da, steif wie ein Götzenbild, fragte nur ab und zu, wieviel Stunden er noch sitzen müsse, und verlor ein Schach nach dem anderen. Leider erwies sich die Salzkur als wenig wirksam. Nick aber tröstete uns und sagte, daß er noch eine andere Hose dabei habe. Diese zweite Hose, beige und funkelnagelneu, zerriß er am nächsten Morgen, als er das Garagendach ausbesserte. Er verließ uns, geschlagen an Leib und Seele, doch mit dem Versprechen, uns bald wieder zu besuchen. Dieses Versprechen hat er tatsächlich gehalten.

Zeit für Bekehrung

Die Besuche der kirchlichen Mitarbeiter bereiteten mir weniger Freude. Zweimal im Winter kam ein Herr vom Filmdienst. Er baute im Räumle sein Vorführgerät auf und zeigte nachmittags den Kindern und abends der beglückten Gemeinde einen sehenswerten, meistens stark flimmernden Film. Die Nacht über war er unser Gast. Oben im Dachzimmer gab es zwar keinen Ofen, aber ich versorgte das Bett mit einer Wärmflasche und legte warme Decken zurecht. Nach der Filmvorführung saß der Mitarbeiter noch gemütlich bei uns im Wohnzimmer, trank Tee, Apfelsaft oder Wein und plauderte über Gott und die Welt. Spät in der Nacht stand er endlich auf und bat, sich zurückziehen zu dürfen. Wir gaben ihm freudig die Erlaubnis. Manfred geleitete ihn in sein Zimmer und wünschte eine gute Nacht.
Früh am Morgen, wir waren kaum aufgestanden, erschien der Gast schon wieder vor der Wohnungstür, strebte eilends hinein und machte einen gehetzten Eindruck. Erst nach der zweiten Tasse Tee wurde er gesprächig und erklärte auf meine höfliche Anfrage, ob er gut geschlafen habe, daß es ihm sehr warm gewesen sei und daß es am Bett nichts auszusetzen gebe. Eine weitere Nacht allerdings könne er nicht bei uns verbringen, da ihn der Dienst rufe. Nach kurzem, kühlen Abschied fuhr er bald davon.
Das war sein Glück! Mich packte wilder Zorn, als ich hinterher ins Gastzimmer kam. Alles hier deutete auf ein schnelles Verlassen der Schlafstätte, auf kurze, eilige Wäsche, auf wenig Sinn für Ordnung und Anstand hin. Nicht einmal die Waschschüssel war ausgeleert! Warum nur hatte dieser Mensch sein Zimmer nicht in Ruhe aufgeräumt, anstatt in aller Herrgottsfrühe bei uns zu erscheinen, wo niemand auf sein frühes Kommen erpicht war? Es war bei allen Mitarbeitern das gleiche Elend. Allesamt hatten sie keine gute Kinderstube genossen. Zornig sagte ich zu Manfred, daß der Filmdienst klug daran täte, seinen Mitarbeitern die einfachsten Anstandsregeln beizubringen, damit sie einen besseren Eindruck in den Pfarrhäusern des Landes hinterließen.
Dann kam Missionar Schneidele, ein älterer Herr. Er konnte wunderbar erzählen. Sein Missionsabend war so kurzweilig und

spannend, daß niemand einschlief, obwohl das Räumle gut geheizt war und der Missionar fast zwei Stunden sprach. Hinterher saßen wir noch zusammen, und er gab Anekdoten aus seinem Leben zum besten. Nur trinken wollte er nichts.

Ja, ob er denn keinen Durst hätte nach dem vielen Sprechen? Doch, er wäre sehr durstig, aber in alten Pfarrhäusern würde er abends nie etwas trinken, das hätte er sich zur Gewohnheit gemacht. Warum denn das? Er sah auf, lachte und hub zu einem neuen Schwank aus seinem Leben an.

»Ich habe einmal getrunken nach einem Missionsabend«, sagte er, »dann brachte mich der Pfarrherr in mein Zimmer. Es lag, wie alle Gastzimmer, die ich in meinem Dienst kennengelernt habe, im Dachgeschoß. Nachts weckte mich ein menschliches Bedürfnis. Ich begab mich auf die Suche nach dem stillen Örtchen. Im Dachgeschoß war keines. Barfuß, um niemanden aufzuwecken, stieg ich die Treppe hinunter. Die Stufen knarrten, meine Füße wurden zu Eiszapfen. Im Wohngeschoß fand ich den Lichtschalter nicht und tappte im Dunkeln herum. Ich hatte das Örtchen am Abend zuvor besucht und meinte die Richtung zu kennen. Endlich geriet ich an eine Tür, machte sie leise auf und fuhr suchend mit der Hand über die Wand, um den Lichtschalter zu finden. Da fiel mir ein Schrubber auf den Kopf, ich war in die Besenkammer geraten. Draußen regte sich nichts, ich suchte weiter, fand wieder eine Türe und hoffte am Ziel meiner dringenden Wünsche zu sein. Aber nein, hier empfing mich ein so gewaltiges Schnarchen, zweistimmig, daß ich entsetzt flüchtete. Ich war ins eheliche Schlafgemach eingedrungen. Meine Kraft war gebrochen, mein Mut dahin. Ich tappte wieder die Treppe hinauf und verbrachte eine ängstliche Nacht. Als der Morgen graute, dankte ich Gott, zog mich eilends an und stieg nach kurzer Wäsche die Treppe hinunter, wo ich jetzt endlich zum Ziel gelangte. Beim nächsten Missionsabend sah ich mich vor. Ich merkte mir die Örtlichkeiten, registrierte die Lichtschalter, zählte die Stufen und dachte so, einer ruhigen Nacht entgegensehen zu dürfen. Ich hatte falsch gedacht, denn als ich nachts die Treppe herunterkam, um dem Örtchen einen Besuch abzustatten, da war die Wohnungstür verschlossen. Klingeln wollte ich nicht. Es war mir einfach zu peinlich, die Leute mitten in der Nacht aus den Betten aufzuscheuchen, noch dazu aus diesem Grunde. Wieder verbrachte ich eine unruhige Nacht.

Seither verzichte ich abends auf Getränke. Oder sollte ausgerechnet im Dachgeschoß dieses Pfarrhauses ein Klöchen verborgen sein? Oder sollte die Frau Pfarrer vielleicht an ein Töpfchen gedacht haben?«

Ich wurde rot. Nein, ein Töpfchen gab es zu dieser Zeit bei uns noch nicht. Die Verwandtschaft kam ungeniert im warmen Morgenrock die Treppe herunter. Ach, was mochten die armen Herren vom Filmdienst in unserem Hause durchgemacht haben! Deshalb also die eiligen Morgenwäschen und das frühe Erscheinen an der Wohnungstür.

Am Morgen nach Missionar Schneideles Erlebnisbericht fuhren wir in die Stadt und kauften zwei respektable Nachttöpfe. Der eine kam gut sichtbar unter das Gastzimmerbett, der andere fand im Nachttisch des Mädchenzimmers einen Platz. Mit eben diesem in der Hand sang dann Helene ihre Morgenlieder. Kirchlichen Mitarbeitern zeigte Manfred kurz vor dem Schlafengehen den schnellsten Weg zum Örtchen. Er wies sie auf die Lichtschalter hin und ersuchte sie, das Töpfchen ungeniert in Gebrauch zu nehmen, denn dazu stehe es da. Seitdem erschienen unsere Besucher nicht mehr so unchristlich früh vor der Wohnungstür. Sie wirkten beim Frühstück gelöst und heiter, und auch das Gastzimmer befand sich hinterher in ordentlichem Zustand. Nicht immer waren uns Missionare vom Schlage des lieben Herrn Schneidele beschieden.

Da kommt zum Beispiel einer schon kurz vor dem Mittagessen. Man hat ihn so früh nicht erwartet, also auch nichts Rechtes gekocht. Er klagt über das Pfarrhaus, in dem er vorher war, über den dünnen Kaffee, den er bekommen, das fleischlose sehr einfache Abendessen. Er schimpft über Pfarrer, die – Gott sei's geklagt – nicht mehr zuhören können, über Pfarrfrauen, die das Dienen nicht gelernt haben. Er sorgt dafür, daß wir in Angst und Schrecken verfallen und ja keinen schlechten Eindruck bei diesem Menschen hinterlassen wollen. Ich versuche, den besten Kaffee meines Lebens zu brauen. Stürze zum Bäcker und kaufe Kuchen. Renne zum Metzger, um Fleisch fürs Abendessen zu holen, damit der Missionar nicht wieder fleischlos essen muß.

Manfred sitzt den ganzen Nachmittag gottergeben im Sofa und läßt den Redefluß des schwierigen Gastes über sich hinwegströmen.

Spät in der Nacht geleiten wir ihn zu seinem Zimmer. Jammernd betrachtet er das Deckbett. Er faßt es an, er seufzt. Ach, er wird wieder sein Ischias bekommen, denn dieses Deckbett ist zu dünn! Er wird die ganze Nacht frieren, aber im Dienste des Herrn ist er zu leiden gewöhnt. Ich laufe nach unten in unser Schlafzimmer. Ziehe mein Deckbett ab, beziehe es neu und lege es mit vielen Worten der Entschuldigung auf das Bett des geplagten Menschen. Er nimmt es gnädig entgegen, tätschelt mir freundlich die Wange, dann aber umdüstert sich sein Blick. Ach, hätte er nur sein eigenes Kopfkissen mitgebracht! Die Leute geben ihm immer nur eines, und er muß doch hoch liegen, weil er sonst keine Luft bekommt. Wieder stürze ich davon, um ein zweites Kissen zu holen. Er hält mich zurück. Wenn ich schon auf dem Wege bin, könnte ich vielleicht noch eine warme Wolldecke mitbringen als Unterlage. Er lächelt traurig. Ja, ja, so ist es, wenn man im Dienst des Herrn ergraut. Ein Glas Milch wäre ihm lieb, aber er könne auch darauf verzichten. Ich bringe dies alles herbei und krieche später zu Manfred ins Bett. Ohne Kissen und Deckbett kann ich nicht schlafen. Wir sind erschöpft und zornig.

»Was für ein Scheusal!« sage ich. »Hoffentlich geht er bald!« sagt Manfred.

Am nächsten Morgen erscheint der Gast vergnügt beim Frühstück. Wir beide haben schlecht geschlafen, trotzdem ist Manfred früh aufgestanden und hat Brötchen geholt.

Der Missionar schnuppert.

»Wo bleibt denn der Kaffee?« fragt er. »Haben Sie etwa mit der Zubereitung gewartet, bis ich erscheine? Wie aufmerksam.«

»Wir trinken morgens Tee«, erklärt Manfred. Oh, der fromme Mann ist untröstlich. Er will uns wirklich keine zusätzliche Arbeit machen, aber Tee kann er morgens nicht vertragen. Da streikt sein alter Magen. Er braucht auch unbedingt eine Anregung, da er leider doch nicht so gut geschlafen habe wie gehofft. Ich koche Kaffee. Er kommt in die Küche, fragt, ob es sehr unbescheiden wäre, wenn er noch um ein Ei bitten würde, wachsweich, zwei Minuten nach dem Kochen. Dann schmaust er mit gutem Appetit. Wir sitzen dabei und hören zu. Nach dem vierten Brötchen wendet er sich an mich. Ich solle mich durch ihn nicht aufhalten lassen, sicher müsse ich jetzt an die Vorbereitungen fürs Mittagessen denken. Er werde in aller Ruhe die Zeitung lesen, dann sei er am wenigsten im Wege. Er bleibt zum Mittagessen. Leider mag er kein Sauerkraut, er kann es nicht vertragen. Das fette Fleisch wird ihm zu einer Gallenkolik verhelfen. Ach, wenn er doch etwas Kleines, Leichtes bekommen könnte, ein Schnitzelchen vielleicht! »Nein«, sagt

Manfred, »wir haben keines im Haus. Und nach dem Essen müssen wir in die Stadt, das hätten wir schon am Vormittag tun sollen!«

In meinem Elternhaus hatte ich Missionare aller Schattierungen kennengelernt. Fanatische und betuliche, eingebildete und bescheidene, höfliche und unverschämte. Sie kamen, die Gemeinde zu bekehren, und wohnten dazu eine Woche lang bei uns im Pfarrhaus. Einmal mußte ich sogar aus meinem Zimmer ziehen, um es dem Missionar zu überlassen. Er schlief in meinem Bett! Er saß an meinem Schreibtisch! Er blätterte in meinen Büchern, was ich ihm nicht erlaubt hatte. Er wühlte in meinen Schubladen, was eine Frechheit war, und er teilte mir schließlich mit, daß er an meiner Wand ein frommes Bild schmerzlich vermisse. Ich vermißte mein Zimmer auch sehr! Ich mußte auf Beates Couch liegen und mir jeden Abend anhören, welcher Mann ihr wiederum gestanden habe, daß er ohne sie nicht länger leben könne. In der dritten Nacht erhörte der Herr mein Gebet und ließ das Bett unter dem Missionar zusammenbrechen. Der aber nahm es nicht aus Gottes Hand, sondern machte ein fürchterliches Theater, kniete im flanellenen Schlafanzug vor der Bettruine und jammerte, er habe sich eine Rippe gebrochen. Dabei hatte er am Abend in der Evangelisation die Leute aufgefordert, ihr Kreuz freudig auf sich zu nehmen und dem Herrn im Leiden nachzufolgen. Nun zeterte er wegen eines Kreuzes, das ich schon hundertmal unbeschadet auf mich genommen hatte. In Wahrheit mochte er mich nicht leiden, was übrigens auf Gegenseitigkeit beruhte. Jeden Morgen vor der Schule tapste ich leise ins Zimmer, weil ich leider vergessen hatte, am Abend vorher frische Wäsche aus der Kommode zu holen. Er fuhr aus dem Bett hoch, starrte mich aus verschlafenen Augen an und konnte nicht verstehen, daß ich rein gar nichts von ihm wollte, sondern nur nach frischer Wäsche suchte.

Nach dem Zusammenbruch weigerte er sich, weiterhin in meinem gefährlichen Bett zu schlafen. Er zog um in Beates Zimmer und durfte die Nächte auf ihrer weichen Couch verbringen. Beate allerdings mußte ausziehen. Sie tat dies unter heftigem Protestgeschrei, aber es half ihr nichts! Eine Evangelisation lang lag sie bei Gitti im Zimmer, welche an ihren Liebesgeschichten überhaupt kein Interesse hatte. Ich aber nahm wieder Besitz von meinem Eigentum und warf die Schlappen des Missionars und was er sonst noch bei mir vergessen hatte zum

Fenster hinaus. Bei dieser Evangelisation bekehrte ich mich nicht.

Schon als Kind bemerkte ich mit Schrecken, daß die Missionare tagsüber und abends ganz verschiedene Menschen waren. Bei uns im Haus machten sie Witze, latschten grämlich herum und ließen sich bedienen. In der Kirche aber donnerten sie wortgewaltig von der Kanzel und übten eine solche Anziehungskraft aus, daß ich mir vorkam wie das einzige menschliche Wesen unter lauter Kaninchen, die eine Schlange anstarren. Mein Vater blieb für mich immer der gleiche, ob er im Talar predigte, sich im Schlafanzug rasierte oder mit uns zu Mittag aß.

Während dieser Evangelisationen fand jeden Abend ein Vortrag statt. Nachmittags wurden Bibelstunden gehalten. Themen waren die Abrahamsgeschichten oder irgendein Brief des Apostels Paulus, Petrus oder Jakobus. Es war natürlich selbstverständlich, daß wir Pfarrerskinder an all diesen Veranstaltungen teilnahmen. Zu den Abendvorträgen strömten wahre Menschenmassen in die Kirche. Wir mußten noch Stühle herbeischleppen, damit alle Bekehrungswilligen sitzen konnten. Ich betrachtete die Anwesenden mit unfreundlichen Blicken. Warum liefen sie alle zu dem fremden Mann und himmelten ihn an, als ob er der Herr Jesus persönlich wäre? Warum kamen sie am Sonntag nicht zu den Gottesdiensten meines Vaters, der auch nicht schlechter predigte und auf jeden Fall besser aussah als dieser Mensch?

»Ihr solltet ihn mal bei euch zu Hause haben!« dachte ich grimmig. »Ihr solltet mit anhören, wie er beim Essen schmatzt und immerzu redet und keinen anderen zu Wort kommen läßt! Ihr solltet miterleben, wie er das Badezimmer hinterläßt! Dann würden euch die Augen schon aufgehen, und ihr wäret froh, ihr hättet solch eine Perle wie meinen Vater!«

Nach den Vorträgen strebten die Zuhörer scharenweise zur Sakristei, um mit dem Gottesmann zu sprechen. Strahlenden Auges traten sie nach einer Weile wieder herfür und hatten eine Bekehrung erlebt. Wurde die Zeit am Abend zu knapp, dann kamen die reuigen Sünder vormittags oder nach der Bibelstunde zu uns ins Pfarrhaus. Sie saßen dann mit dem Missionar in Vatis Studierzimmer. Vati machte in der Zeit Krankenbesuche oder arbeitete im Garten. Oft brachten die Besucher auch Geschenke für den Missionar. Mit dem geübten Blick der Pfarrerstochter sah ich es gleich an den prallgefüllten Taschen, wenn sie kamen, und dem leeren Beutelchen, wenn sie wieder abzogen. Wie gemein sie waren! Vatis Geburtstag hatten sie im letzten Jahr vergessen! Nicht einmal ein Blumenstrauß wurde im Pfarrhaus abgegeben.

Nach einer solchen Evangelisationswoche, der Missionar packte gerade seine Koffer, schlachtete ich mein Sparschwein und kaufte ein kleines Primeltöpfchen. Zwischen die Blüten steckte ich einen Zettel, worauf geschrieben stand »Für unseren hochverehrten und geliebten Herrn Pfarrer, von einem dankbaren Gemeindeglied«. Eigentlich hatte ich »heißgeliebten Herrn Pfarrer« schreiben wollen, ließ das dann aber bleiben, um Mutti nicht zu verärgern. Ich stellte das Blumenstöckchen vor die Haustür, klingelte und fuhr wie der Blitz durch das Hoftor und den Hintereingang wieder ins Haus. Mutti öffnete. Vati und der Missionar saßen noch bei einer letzten Tasse Kaffee zusammen. Ich hatte diesen Zeitpunkt gewählt, weil ich wollte, daß sich der Missionar vor seinem Abschied noch einmal von Herzen ärgern sollte, indem er nämlich feststellen mußte, daß hier auch andere Gottesmänner verehrt und beschenkt würden. Vati dagegen sollte eine Freude haben und einen Triumph. Leider konnte ich nicht miterleben, wie das Geschenk überreicht wurde. Es wäre sicher aufgefallen, hätte ich mich ohne plausiblen Grund ins Studierzimmer gedrängt. Aber beim Abendessen zeigte Vati das Primelchen herum und beteuerte unermüdlich, wie sehr ihn dieses Angebinde erfreue. Der Blumentopf stand auf seinem Schreibtisch, bis die letzte Blüte verwelkt war.

Leider konnte auch ich keiner Bekehrung widerstehen. Ich bekehrte mich äußerst ungern und erst nach langem Sträuben. Es war mir peinlich, daß mir dasselbe zustieß, was ich bei den anderen so herzhaft verspottet hatte. Die ersten vier Abende überstand ich ohne tiefe Gemütsbewegung. Oft mochte ich den Missionar nicht leiden, meistens trauerte ich um meinen Vater, und immer ärgerte ich mich über die Leute.

In die zweite Hälfte der Evangelisation fiel aber mit Sicherheit ein Vortrag über das sechste Gebot: ›Die Heiligkeit der Ehe, den züchtigen Lebenswandel und die reinen Gedanken‹. An diesem Abend kam meine Selbstsicherheit ins Wanken. Der Prediger sprach darüber, wie sehr wir alle sündigten in bezug auf dieses Gebot. Und nicht nur die Eheleute täten dies, sondern auch und ganz besonders die jungen, unverheirateten Leute. Er sah uns durchdringend an und fragte, wie es denn mit unseren Gedanken stünde, ob sie etwa keusch und züchtig wären oder ob wir sie ängstlich vor aller Welt verbergen müßten und uns sündig bekennen?

Ja, ich für meinen Teil mußte es. Mein Gewissen war in dieser Hinsicht schwer belastet, denn meine Gedanken scheuten das Licht des Tages. Der Prediger hatte es richtig erkannt und mich in meiner ganzen Verderbtheit durchschaut. Ich ging nach Hause, hart angeschlagen, schloß mich in mein Zimmer ein und rang mit mir. Ach, wie gerne wäre ich ein neuer Mensch geworden, der alte war mir ganz und gar zuwider, hätte ich nur die Bekehrung umgehen können!

Der letzte Vortrag nahte und mit ihm meine Kapitulation. Das Thema lautete: ›Tod und Auferstehung‹ oder ›Das Jüngste Gericht‹.

Die Drohungen des Predigers und meine eigene Angst vor Tod, Verdammnis und Hölle besiegten den letzten Widerstand und brachten meine Sicherheit vollends zu Fall. Zerschlagen und verängstigt ging auch ich in die Sakristei zu dem Missionar und beichtete. Ich kratzte alle kleinen und großen Sünden zusammen, die ich jemals getan hatte, und erfand noch ein paar deftige dazu, um meinen Fall interessanter zu machen. Dies alles bot ich dem Beichtvater zu trauriger Betrachtung und nachfolgender Vergebung an. Danach kehrte ich tränenüberströmt und strahlend als Bekehrte wieder heim. Ich hatte dem Herrn Jesus mein Herz geschenkt.

Ein paar Wochen lang besiegte ich meine »Morgenkrankheit« und stand früh auf, um ein Kapitel aus der Bibel zu lesen und zu beten. Ich gab mir Mühe, freundlich zu den Geschwistern zu sein, auch wenn sie sich noch so widerlich benahmen. Ich lächelte mit verkniffenen Lippen, wenn sie mich ärgerten, und nahm mein Kreuz auf mich. Doch brach ich schier darunter zusammen.

»Seid still, da schwebt unser Engel herein!«, so oder ähnlich pflegte der freche Michael zu rufen, wenn ich ins Zimmer trat.

Ich betete darum, daß es mir gelingen möge, diesen Bruder zu lieben wie mich selbst, aber es juckte mich in allen Fingern vor Verlangen, ihm eins auf die Nase zu geben. Meine Geschwister nutzten meinen Seelenzustand schamlos aus, ließen mich alle ungeliebten Arbeiten verrichten und holten sich meine Bücher und Buntstifte, ohne zu fragen. Unter diesen Anfechtungen erlahmte mein frommer Eifer schon nach kurzer Zeit, und die alte Eva ergriff wieder von mir Besitz. Ich mußte erkennen, daß der Herr keineswegs eine neue Kreatur aus mir gemacht hatte, sondern daß ich die gleiche kratzbürstige Person geblieben war. Als ich eines Tages entdeckte, daß jemand die heißgeliebten Schokoladeplätzchen aus meiner Schreibtischschublade gestohlen hatte, war es um meine Heiligkeit vollends geschehen. Ich stürzte ins Bubenzimmer und fand Christoph mit schokoladeverschmiertem Mund.

»Du Kerl!« schrie ich. »Du elender Bursche! Wart, ich werd' dich lehren, deine Schwester zu beklauen!«

Er streckte mir die Arme entgegen, er lachte mit verklärtem Gesicht.

»Gott sei Dank! Bisch wieder meine alte!«

War es Erleichterung, die aus seinem Gesicht strahlte, war es Diplomatie? Mir sollte es gleich sein! Das harte Joch der Selbstüberwindung war von mir genommen, ich durfte wieder ich selber sein. Wir zankten uns nach Herzenslust, kein Mensch trauerte dem Engel nach.

Nach all diesen Erfahrungen war ich nicht darauf erpicht, auch in Weiden Evangelisationen mitzuerleben. Wenn sich die Leute bekehren wollen, so dachte ich, können sie das jeden Sonntag im Gottesdienst tun. Es war auch gar nicht vonnöten, für unser kleines Dörflein eine Extrawurst zu braten und einen redegewaltigen Prediger zu bemühen, denn alle zwei Jahre fand im Bezirk eine Zeltmission statt. Vor dem Städtchen stand ein gewaltiges Zelt, groß genug, alle Frommen und noch viele Sünder des Bezirks aufzunehmen. Dort predigte allabendlich ein Missionar, Posaunenbläser spielten, Evangeliumschöre sangen, Bekehrte legten Zeugnis ab. Alles war getan, um eine Erweckung des Bezirkes in die Wege zu leiten. Über den ersten Abend hörte man Erstaunliches. Die vereinten Posaunenchöre hätten so umwerfend geblasen, daß zwar nicht die Mauern der Stadt, wohl aber »die Sündenfestungen in den Herzen der Menschen fielen«. Der Missionar hätte nicht nur wundervoll und erschütternd gepredigt, nein, er wäre zu allem hin auch noch jung und hübsch gewesen! Nach diesen Meldungen, besonders nach der letzten, fühlte auch mein Mädchenkreis das dringende Bedürfnis, diese Evangelisation zu besuchen. Manfred bestellte einen Omnibus. Zusammen mit einigen Stundenleuten und Gemeindegliedern fuhren wir ins Städtchen. Vom Festplatz her ertönte Posaunenblasen: ›Kommt her, des Königs Aufgebot...‹. Es hätte keiner besonderen Aufforderung bedurft, die Leute strömten auch so in hellen Scharen herbei. Wir strömten mit und ergatterten ganz hinten noch Platz, auf harten Bänken ohne Lehnen. Eingekeilt in die fromme Menge ergriff uns Begeisterung. Die Posaunen spielten, die Chöre sangen – und dann kam er, schön wie ein junger Gott (jedenfalls vom Blickwinkel der letzten Bänke aus). Er sprach mit wohlklingender Stimme, leise und eindringlich. Ich mußte mit Erstaunen bemerken, daß in der Menge ein Schluchzen anhub. Auch meine nüchternen Mädchen griffen nach den Taschentüchern, schneuzten sich und heulten schließlich ungehemmt drauflos.

Nach Schluß der Vorstellung, auf dem Weg zum Omnibus, weinten sie noch immer leise vor sich hin. Einige kehrten um, da sie mit dem Missionar sprechen wollten. Nach langer Zeit kamen sie wieder und stiegen in den Bus, von überirdischem Glanz umfangen. Sie saßen still und verklärt auf ihren Plätzen. Die Unbekehrten musterten sie mit spöttischen und ein wenig neidvollen Blicken.

Am nächsten Abend fuhren wir wieder zur Zeltmission. Der Omnibus war zum Bersten voll, das Zelt auch. Alles verlief wie am Abend zuvor, nur war es noch viel, viel schöner. Die Neubekehrten saßen mit glückseligen Gesichtern in der Versammlung, die anderen rangen noch hart mit sich und weinten sehr. Wieder mußten wir lange im Bus warten, bis unsere Bekehrten, entrückt in höhere Sphären, den Bus bestiegen.

Ein polnisches Wunder und schmelzende Eisheilige

Als die Mission das Zelt abbrach, um neue Bezirke zu erobern, begann für mich eine harte Zeit. Alle Mädchen meines Kreises hatten sich bekehrt. Frau Pfarrer war nicht mehr fromm genug. Wie ich das kannte!

Auch nach meinen zahlreichen Bekehrungen fand ich immer, daß Vatis Predigten zu liberal, Muttis Frauenstunden zu weltlich waren. Ich litt still vor mich hin und sagte nichts, denn ich wollte sie in Geduld und Liebe ertragen, aber ich gedachte ihrer Seelen im Gebet.

Einmal allerdings konnte ich mich nach einem Gottesdienst nicht mehr zurückhalten und sagte in aller Liebe zu meinem Vater, daß ich es eigentlich nicht verstünde, warum er in der Predigt über Maria und Martha die Martha habe so glimpflich davonkommen lassen und nicht mehr Worte des Lobes für Maria gefunden habe. Maria habe doch schließlich das rechte Teil erwählt, indem sie sich zu den Füßen des Herrn hinkauerte, um seinem Wort zu lauschen, währenddessen Martha den Augenblick des Heils verstreichen ließ, nur um Essen zu kochen und dergleichen unwichtige Dinge zu tun.

Vati hörte mir ernsthaft zu, überlegte ein Weilchen und sagte dann: »Du hast völlig recht. Für den Augenblick hat Maria das Richtige getan, aber auf längere Zeit würde ich mich unbedingt für Martha entscheiden. Ohne Essen und dergleichen unwichtige Dinge kann man leider nicht leben. Denk an Tante Friedel, Kind!«

Mir lief trotz aller Heiligkeit ein Schauder über den Rücken.

»Kommt sie?« fragte ich entsetzt.

»Noch hat sie sich nicht angemeldet, aber sie kann jeden Augenblick über uns hereinbrechen. Und wenn sie da ist, dann überlege dir mal, wer dir lieber ist, Maria oder Martha!«

Tante Friedel war tatsächlich ein Marientyp. Sie trug linnene Gewänder, hatte einen Knoten und sanfte braune Augen. Sie kam zu uns, als Mutti krank im Bett lag und Else, unsere kratzbürstige und tüchtige »Martha«, noch nicht bei uns war. Tante Friedel schwebte ins Haus, nahm uns Kinder nacheinander in den Arm, schaute uns innig in die Augen und drückte uns einen Kuß auf die Wange.

»Ich werde viel Zeit für euch haben«, sagte sie, und sie hatte viel Zeit für uns, denn sie dachte nicht daran, in die Küche zu gehen und Essen zu kochen. Sie setzte sich an Muttis Bett und sprach lange mit ihr.

Ich kam ins Schlafzimmer, schaute demonstrativ auf die Uhr und versuchte deutlich zu machen, daß es höchste Zeit sei, ans Essen zu denken.

»Friedel«, sagte meine Mutter, »ich genieße es sehr, daß du dir so viel Zeit für mich nimmst, aber weißt du, die Kinder haben Hunger. Ich wäre dir so dankbar, wenn du das Essen richten würdest.«

Tante Friedel war sofort bereit. Sie ging in den Garten und pflückte Blumen, um den Tisch zu schmücken. Sie deckte ihn mit Liebe und lehnte an jeden Teller eine Spruchkarte. Vati kam aus seinem Studierzimmer.

»Friedel, ich habe um zwei Uhr eine Beerdigung. Meinst du, wir können vorher noch essen?«

»Aber ja natürlich, mein Lieber!« rief sie. Da war es bereits ein Uhr.

Sie eilte in die Küche und schmückte das Essenstablett für Mutti mit Blumen und Spruchkarte.

»Ihr Herz soll ganz froh werden, wenn sie es sieht«, so sagte sie zu mir. Ich schielte zaghaft nach dem Herd, auf dem noch kein einziger Topf stand.

»Tante Friedel, kann ich dir was helfen beim Kochen?«

»O nein, mein Kind, das hat Zeit!« rief sie fröhlich. »Eben fällt mir ein, ich muß Paul-Gerhard noch fragen, welchen Beerdigungstext er sich ausgewählt hat. Es wird ihm guttun, mit mir darüber zu sprechen!«

Sie lief die Treppe hinauf und verschwand im Studierzimmer. Um dreiviertel zwei Uhr stürmte Vati aus eben diesem Zimmer, gefolgt von Tante Friedel. Er riß zornig die Schranktür auf, griff nach seinem Talar, zog ihn über, und Tante Friedel knöpfte demütig all die vielen Knöpfe zu. Ich lugte vorsichtig um die Ecke und bemerkte, daß Vati so wütend war wie nie. Er sagte nicht einmal »Adieu«, sondern packte die Bibel, rannte aus dem Haus und warf die Tür hinter sich zu. Tante Friedel lächelte mild, ging vor die Haustür und winkte dem flatternden Talarrücken ein Lebewohl zu. Sie hatte gar nicht bemerkt, wie sehr sie ihm auf die Nerven ging. Ich sah es mit Erstaunen. Vati war selten wütend, wenn ihn aber der Zorn packte, dann war dies schwer zu übersehen.

»Kind«, sagte Tante Friedel und legte zu den Spruchkarten

auch noch Blümchen neben jeden Teller, »Kind, spricht deine Mutter eigentlich nie mit deinem Vater über seine Predigttexte? Sie sollte es unbedingt tun, denn er braucht es, daß ihm ein liebender Mensch zuhört! Ich muß ihr das gleich sagen!«

Schon eilte sie wieder die Treppe hinauf ins Schlafzimmer. Nach einer halben Stunde schaute ich vorsichtig zu den beiden hinein. Mutti lehnte mit bleichem Gesicht in den Kissen, Tante Friedel saß neben dem Bett und las vor.

»Pickdewick, mach Rühreier!« sagte meine Mutter, »aber schnell, Vati wird gleich kommen!«

Rühreier gab es schon die ganze Zeit, seit Mutti krank war. Es war das einzige Gericht, das Beate und ich zubereiten konnten. Ich ging an die Arbeit. Gitti kam aus dem Garten, wohin sie sich verkrochen hatte, als sie hörte, daß Türen geschlagen wurden. Sie brach in Tränen aus, als sie das wohlbekannte Eiermischmasch sah.

»Ach, immer so was! Kannsch nich mal a Süpple mache?«

So ergab es sich, daß Tante Friedel still, schön und sanft durch das Haus schwebte, den Tisch mit Blumen schmückte und sich an Muttis Bett setzte. Wir Kinder plagten uns mit dem Kochen und der groben Hausarbeit herum.

Was nach drei Tagen passierte, weiß ich nicht genau, denn ich war in der Schule. Als ich heimkam, verließ Tante Friedel gerade das Haus. Aus ihren sanften Augen tropften Tränen, ihre Lippen zitterten hysterisch. Sie stieg in ein Taxi, ohne mich nach ihrer Gewohnheit lieb und innig zu küssen. Nur die beiden Kleinen waren zu Hause gewesen. Sie standen im Garten, hielten sich bei den Händen und platzten schier von der Fülle der Ereignisse, die sie soeben miterlebt hatten.

Gitti berichtete mit zitternder Stimme: »Vati hat sie nausdesmissen. Er hat desakt, die Tinder hungern, un du siehst es nich. Un denn hat sie desakt, sie wär teine Martha. Un Vati hat desakt, ja leider, er hätt es schon demerkt. Un denn hat sie deweint, un Vati hat des furchbare Wort zu ihr desakt!«

»Welches furchtbare Wort? Komm, Christoph, sag's. Gitti, sag mir's!«

Sie holten tief Luft, spitzten den Mund und tönten im Duett: »Spinat-wach-tel!!«

»Un denn«, sagte Gitti, »hat sie laut deheult, un Vati hat die Tür zudesmissen, un Mutti hat desrien, was is denn, Paul-Derhard, un denn sind wir in Darten delaufen!«

Der erste Mädchenkreis nach der Evangelisation nahte. Ich erwachte morgens schon mit einem bangen Gefühl in der Magengegend.

»Manfred, ich hab' Angst vor dem Mädchenkreis!«

»Ach was«, sagte er, »da brauchst du keine Angst zu haben, die sind auch nicht anders als sonst!«

Aber im Laufe des Tages wuchs meine Beklemmung. Ich bekam Migräne, Durchfall und alle anderen »Kreisangstsymptome«, wie sie meine Mutter nicht besser hätte produzieren können. Krank an Seele, Kopf und Magen schlich ich um acht Uhr hinunter ins Räumle. Kein Lachen, kein Geschrei!

»Sie haben dich versetzt!« dachte ich verwundert, »sie sind einfach nicht gekommen!« Ich öffnete die Tür. Da saßen sie brav um den Tisch herum, hielten die Hände fromm auf der Bibel gefaltet und schwärmten von den reichen Tagen, die hinter ihnen lagen, und von der Schönheit des Predigers. »I han en ganz aus der Näh gsehe!« sagte Trudel, die kleine Bäckerstochter, und drehte die Augen verzückt nach oben. Mich begrüßte man freundlich, aber reserviert. Was konnte ihnen von mir schon Gutes kommen? Ach, daß ich auch vor lauter Angst vergessen hatte, meine biblischen Frauengestalten neu aufzupolieren. Wie trefflich hätten sie in diesen Kreis heiliger Jungfrauen gepaßt!

»Wollen wir etwas singen?« schlug ich zaghaft vor.

Ja, sie wollten singen, aber keinesfalls die weltlichen Lieder von einst, als sie noch in der Verblendung gelebt, sie wollten die Erweckungslieder singen vom Zelt seligen Angedenkens. Sie taten mir wirklich leid. Ich wußte, wie ihnen zumute war. Sie sehnten sich schmerzlich zurück nach der Zeit, in der sie erschüttert worden waren, in der eine höhere Macht sie angerührt hatte. Alles, was ich heute tun und sagen würde, mußte sie notwendig enttäuschen, denn ich war nun einmal kein schöner junger Mann, hielt keine mitreißenden Reden, hatte keine Posaunen und Chöre zur Hand. Wir saßen allein im nüchternen Räumle und sangen die Lieder vom Zelt, aber es war ein Unterschied wie Tag und Nacht. Dort brauste der Gesang, hier klang er nur matt. »Der Geist des Herrn weht, wo er will«; hier wehte er jedenfalls nicht.

»Habt ihr Lust zum Spielen?« Das hätte ich nicht fragen dürfen, denn nun hatte ich mich und meine Unbekehrtheit entlarvt. Sie wandten sich enttäuscht von mir ab. Nein, sie wollten nicht spielen, sie hatten sich etwas anderes von diesem Abend erhofft.

»Kommt, erzählt mir ein bißchen von euch! Erzählt mir, wie es euch geht seit der Evangelisation!«

Oh, es ginge ihnen wundervoll! Jeden Tag würden sie ein Kapitel aus der Bibel lesen! Sie folgten dem Herrn nach und versuchten so zu leben, wie er es wollte!

»Oh, ihr Heuchler!« dachte ich zornig. »Oh, ihr Pharisäer! Da wollt ihr nach des Herrn Willen leben und seid so abscheulich zu mir!«

Und dann sah ich mich selber, damals, nach meinen Bekehrungen, die Hände fromm auf der Bibel gefaltet, ein überhebliches Lächeln auf den Lippen.

»Lieber Gott, verzeih mir, daß ich so widerlich zu meinen Leuten war, als ich dir nachfolgen wollte! Bitte mach doch, daß die Mädchen wieder nett werden!«

Dies alles dachte ich und sprach dann die Worte: »Habt ihr schon einmal ein Wunder erlebt?«

Sie sahen erstaunt auf. Natürlich hatten sie schon Wunder erlebt. Viele, jeden Tag bewies der Herr seine Größe! Vor einer Woche, als ihnen die Augen geöffnet wurden und sie die Herrlichkeit Gottes sahen, war das vielleicht kein Wunder?

»Sogar ein Pfarrer soll sich bekehrt haben!«

Ich traute meinen Ohren nicht. Diese Worte hatte Annegret gesprochen, ein lustiges Mädchen, stets zum Lachen und Scherzen aufgelegt. Jetzt saß sie da mit süßlichem Lächeln, die braunen Locken zu einem Dutt auf den Kopf gesteckt. Mir brauste das Blut in den Ohren, so zornig war ich.

»Du kleines Biest!« dachte ich. »Na warte, du wirst auch noch Ärger zu Hause bekommen mit deinem lächerlichen Dutt und deiner aufgesetzten Frömmigkeit! Deine Brüder werden dich ganz schön fertigmachen, du weißt nur noch nicht, was auf dich wartet!« Sie tat mir fast leid.

»Ich möchte euch von Wundern erzählen, die ich selber erlebt habe.«

Mit ungläubigem Erstaunen wurde mir bewußt, daß ich offensichtlich bereit war, ein Stückchen strengverborgene Erinnerung auszukramen. Noch dazu für diese Mädchen, die mich eben so geärgert hatten. »Jetzt willst du ihnen Eindruck machen und sie wieder für dich gewinnen! Schäm dich! Laß die alte Geschichte ruhen!«

»Es war einmal ein kleines Mädchen...«, so begann ich und

kleidete die Geschichte in Märchenform, um sie erträglicher zu machen.

»Also, es war einmal ein kleines Mädchen von sieben Jahren, das lebte in Polen in einem schönen Pfarrhaus. Um das Haus herum wuchsen viele Birnbäume in einem großen Garten. Ein paar Meter vom Haus entfernt stand die Kirche. Das kleine Mädchen hatte vier Geschwister, sieben Puppen und einen Kanarienvogel. In der Küche gab es eine polnische Köchin, die wunderbar kochte und fürchterlich fluchte.

Im September 1939 rückten deutsche Truppen in Polen ein. Da gerieten die Polen in Wut und erschlugen alle Deutschen, die ihnen in die Hände fielen. Viele Deutsche hatten das vorausgesehen und waren vorher aus dem Lande geflüchtet. Aber die Eltern des kleinen Mädchens wollten bei ihrer Gemeinde bleiben und waren überhaupt der Ansicht, daß immer der schwerere Weg der richtige sei. Sie hatten in der Kirche eine unterirdische Kammer entdeckt. Dorthin schleppten sie Geld und Schmuck, warme Decken und haltbares Essen. An diesem sicheren Ort wollten sie sich mit den Kindern verstecken, sobald der Aufruhr losbräche. ›Hoffentlich geschieht unserem Vater nichts! Hoffentlich darf er bei uns bleiben. Ihr müßt ganz fest darum beten!‹, so sagte die Mutter zu den Kindern, und sie beteten auch ganz fest darum.

Als der Aufruhr aber losbrach, kam morgens die Polizei ins Haus und holte ihren Vater ab, um ihn ins Gefängnis zu bringen. Da weinten sie alle und dachten, Gott hat unser Gebet nicht erhört, denn er hat uns nicht geholfen.

Die Mutter wollte sich mit den Kindern in der unterirdischen Kammer verstecken, aber sie wagte nicht, das Haus zu verlassen, denn der Garten war voller Menschen, die Knüppel und Messer in den Händen hatten und sehr gefährlich aussahen.

Da weinte das kleine Mädchen wieder und dachte, Gott ist vielleicht schwerhörig, oder er mag uns nicht, denn er hat unser Gebet nicht erhört, sonst hätte er uns in das Versteck gehen lassen, wo wir sicher gewesen wären.

Am Morgen hatte das kleine Mädchen in der Glasveranda mit seinen Puppen gespielt. Dann kamen die schreienden Leute in das Haus hinein, und es mußte in den Keller gehen und die Puppen oben alleine lassen. Es hielt sich die Ohren zu, aber es hörte trotzdem, wie eine Puppe nach der anderen an die Wand geworfen wurde und zerbrach, denn es waren lauter Porzellanpuppen.

Dann kam die polnische Köchin in den Keller und sagte: ›Pastorka, wir müssen hier weg!‹ Sie packte die Kinder und schob sie die Kellertreppe hinauf ins Freie, die Mutter nahm das Baby auf den Arm und den kleinen Bruder an die Hand. So gingen sie durch den Garten an all den wütenden Menschen vorbei, und niemand tat ihnen etwas zuleide. Als sie auf der Straße waren, sagte das polnische Mädchen: ›Wir gehen zu mir nach Hause.‹

Es war ein weiter Weg, und das kleine Mädchen hatte große Angst. Es sah Männer, die Fenster einschlugen und Türen einbrachen. In den Häusern schrien die Leute.

Die Eltern der polnischen Köchin hatten einen Kaufladen. Sie machten ganz erschreckte Gesichter, als sie die deutsche Pfarrfrau mit den Kindern sahen, aber sie führten sie durch den Hof und gaben ihnen ein Zimmer im Hinterhaus. Da blieben sie zwei Tage lang. Die Köchin brachte Essen und sagte, sie sollten ganz still sein. Sie waren auch still, aber das Baby fing an zu schreien, und die Mutter mußte ihm ein Kissen auf den Kopf legen, bis es ganz blau war und überhaupt nicht mehr schreien wollte. Männer kamen ins Zimmer und schauten unter das Bett und hinter den Schrank und gingen dann wieder fort. Im Hof sagten sie zu den anderen Männern: ›Da ist niemand!«

In der zweiten Nacht leuchtete es rot durch das Fenster herein. Pfarrhaus und Kirche brannten. ›Lieber Gott, mach, daß sie meinen Kanarienvogel vorher rausgelassen haben!‹ betete das kleine Mädchen, aber es glaubte schon gar nicht mehr daran und dachte, daß es ihn bei der Pickdewick unter dem Jasmingebüsch begraben würde, wenn da noch irgend etwas von ihm übrig wäre.

Dann hörten sie draußen im Hof ein Geschrei, weil die Köchin nicht sagen wollte, wo sie die Pastorka mit den Kindern versteckt hatte. Mutti sagte: ›Wir gehen jetzt runter. Ihr braucht keine Angst zu haben, es tut nicht weh, und ich bin dabei!‹ Wir gingen auf den Hof. Die Soldaten stellten uns nebeneinander an die Wand und knackten mit ihren Gewehren. Einer sagte: ›Ich schieße nicht auf Kinder!‹ und ging aus dem Hof, die anderen liefen hinter ihm her.

Am anderen Morgen kamen deutsche Soldaten in unser Zimmer. Sie waren freundlich und brachten uns zu Tante Frieda in die Theaterstraße. Fast alle deutschen Männer waren erschlagen worden und viele Frauen und Kinder. Unser Vater kam gesund zurück. Im Gefängnis war er so sicher gewesen wie nirgends sonst in ganz Polen.

Unter den Trümmern der ausgebrannten Kirche fanden wir noch ein Klümpchen Gold von den Schmuckstücken aus der unterirdischen Kammer.

›Gott sei Dank, daß wir nicht rübergekommen sind‹, sagte Michael, ›uns wär's vielleicht heiß geworden!‹

Mein Kanarienvogel war nicht mehr zu finden. Aber weil der liebe Gott alles so geschickt eingerichtet hatte, nahm ich an, er habe auch meinen Kanarienvogel zur rechten Zeit aus dem Käfig gelassen.«

»Eine schöne Geschichte!« meinten die Mädchen. »Ist sie wirklich wahr?«

»Da hat der liebe Gott aber viel für Sie zu tun gehabt!« bemerkte Annegret mit sanftem Tadel. Meine Eisheiligen begannen zu schmelzen vor der Fülle der göttlichen Liebe. Ich durfte mir ein Lied wünschen.

»Also, wenn ihr mich fragt. Ich würde jetzt gerne ›Ich bete an die Macht der Liebe‹ singen! Mögt ihr das auch?«

Und wie sie mochten!

Ich begleitete den Gesang auf dem Harmonium, damit er etwas voller klang, und dachte dabei an Martha und an all die anderen polnischen Mädchen. Die bekehrten Jungfrauen sangen mit verklärten Mienen und träumten von dem schönen jungen Prediger und von dem Herrn Jesus. Von einer Woche zur anderen wurden meine heiligen Jungfrauen wieder zu menschlichen Wesen. Sie zankten sich, sangen weltliche Lieder, spielten, nähten und strickten.

Bis zur nächsten Zeltmission vegetierten wir gemeinsam in den Niederungen geistlichen Lebens und waren glücklich.

Dorfidylle mit Hexe

All unsere Besucher äußerten sich beim Abschied begeistert über das »idyllische Dörfchen«.

»Ein kleines Stückchen Paradies!« schwärmten sie und verdrehten die Augen. »Ihr wißt gar nicht, wie gut ihr es habt! Ihr lebt in einer Oase des Friedens, fern von der lauten, bösen Welt. Freut euch! Seid dankbar!«

Dann packten sie ihre Koffer und fuhren seufzend und erwartungsfroh zurück ins turbulente Leben.

»Die haben eine Ahnung!« knurrte Manfred und schloß die Fenster, denn drei Häuser weiter warf Bauer Öchsle seine Tochter aus dem Haus. Dies tat er mindestens einmal in der Woche.

»Du verkommes Mensch!« brüllte er. »Du Schlampe! Naus, sag' i, naus, und laß di nemme blicke!«

Sie lief die Dorfstraße hinauf, er rannte hinterher, die Peitsche drohend erhoben.

»Luad'r, elends! Wart, wenn i di verwisch!«

Hatte sie genug Vorsprung gewonnen, wandte sie sich um und keifte herzhaft zurück. Es war eine lautstarke Auseinandersetzung. Hinter den Gardinen verborgen betrachteten wir und die anderen Dorfbewohner diese Familientragödie. Spätestens zur Melkzeit am nächsten Abend erschien die mißratene Tochter wieder auf dem elterlichen Hof und wurde von ihrem Vater in Gnaden aufgenommen. Denn bot ihr Lebenswandel auch manchen Grund zum Tadel, schaffen konnte sie wie keine andere.

Nach einem besonders lärmenden Hinausschmiß raffte sich Manfred auf, ein ernstes Wort mit Bauer Öchsle zu sprechen.

»Herr Öchsle, das ganze Dorf hört Ihren Streit, meinen Sie, das ist angenehm für Ihre Tochter?«

»Des isch mir doch wurscht, ob des für di agnehm isch! Die Leit sollet's ruhig here, wie di mir's macht, und daß i net eiverschtande ben on a aständigs Haus han!«

»Aber Herr Öchsle, es ist Ihre Pflicht als Christ...«

»Oh, dent Se net so heilig, Herr Pfarrer!« schrie der erboste Vater. »Ihr Pfarrer sen au Mannsleit, on was für welle! Da ko i a Liadle senge! Wo i a kloiner Bua war, do hent mer hier en Pfarrer ghet...!«

Und nun erzählte er von einem unserer Vorgänger, der ein schlimmer Filou gewesen sei. Kaum aus der Kirche gekommen, sei er gleich ins Chaisle gesessen, um zu seinen Weibsbildern zu fahren. Abends hätte er im Wirtshaus gehockt und gesoffen, wogegen er persönlich nichts habe, aber dann hätte dieser Pfarrer auch Karten gespielt und so oft gewonnen, daß es nicht mit rechten Dingen zugegangen sei! Dieser Pfarrer – wenigstens ein Ehrlicher unter all den Heuchlern – hätte schließlich seinen Talar an den Nagel gehängt und wäre Kohlenhändler geworden. Nach diesem Berufswechsel hätte er die bemerkenswerten Worte gesprochen: »Früher war ich innerlich schwarz, jetzt bin ich es nur noch äußerlich!«

»On der Kerle mit denne Schnecke? Herr Pfarrer, was haltet Se von dem? Em Konfirmandeunterricht, do hot er mit de Konfirmande Schnecke gsuacht, anstatt dene de Glaube beizubringe! Un no hot er die Schnecke fir deiers Geld verkauft! – On a Tochter hot er ghet! Herr Pfarrer, des war vielleicht a Luader! Wenn i a Pfarrer wär, i det mi en Grundsbode nei scheme, wenn i so a Dochter hett! Koi Menscheseel kennt i meh agucke! Des derf eme Pfarrer net bassiere. Die Pfarrerskinder sottet a Vorbild sei un koi Astoß! Was wellet Se bei mir sage, wenn's net amol beim Pfarrer schtemmt!«

Manfred kam nach Hause. Die Haustür knallte, die Wohnungstür, dann stand er bei mir in der Küche.

»Na, was ist? Hast du ihm die Meinung gesagt?«

»Ich ihm? Ach, du lieber Himmel!«

»Ich hab' eine Freudenbotschaft für dich: Wir bekommen eine Tochter!«

»Eine Tochter? Wieso?«

»Die Mesnerin hat gesagt, wenn's einem so fürchterlich schlecht ist wie mir, dann wird's ein Mädchen. Du hast dir doch immer eine Tochter gewünscht, bist du jetzt wieder vergnügt?«

»Ja, sehr vergnügt«, sagte er und verschwand in seinem Zimmer.

Hinter der Kirche wohnte ein Ehepaar. Sie kratzbürstig und leidenschaftlich, er friedlich und langweilig. Einmal im Monat aber trank er sich Mut an, wurde nach dem Genuß von fünf Flaschen Bier und den dazugehörigen Schnäpsen zum rasenden Liebhaber, ergriff ein Beil und gedachte, sich mit seiner Hilfe einen Platz im ehelichen Bett zu erzwingen. Laut schreiend floh die Frau zu uns herüber und bat um Asyl für die Nacht. Als sie das erste Mal bei uns erschien, wollte Manfred hinübergehen und allein durch die Kraft seiner Persönlichkeit den tobenden Mann zur Ruhe bringen. Ich aber hielt die Haustüre zu und schrie, daß ich ihn nicht hinausließe, denn wenn er mich schon zur Witwe machen wolle, dann dürfe er dies nur über meine Leiche tun.

»Ich bin enttäuscht«, rief ich, »daß du auch zu den dummen Helden gehörst, die sich mit bloßen Händen einem Beil entgegenwerfen!«

Nun ließ sich zum Glück die Frau vernehmen und stieß unter vielen Schluchzern hervor, der Herr Pfarrer solle ihren Mann lieber in Ruhe lassen, denn mit Alkohol im Blut und dem Beil in der Hand wäre ihm alles zuzutrauen. Morgen, wenn er seinen Rausch ausgeschlafen hätte, wäre er wieder der langweiligste Mensch von der Welt. Sie seufzte.

»'s isch zom Heule! Do benemmt er sich oimol wie a rechter Ma, un no will er mi vorher he mache, der Sempl!«

Nein, in eine Oase des Friedens waren wir nicht geraten. Man zankte sich in Weiden. Erst bemerkten wir nur die lauten und für jeden Dorfbewohner sichtbaren Fehden. Nach und nach lernten wir aber, welche Familie mit welcher in grimmigem Streit lag. Manchmal versuchte Manfred zu vermitteln, meist aber hielt er sich zurück. Die streitenden Parteien genossen ihre Privatfehden und wollten sich diese Freude nicht vom Pfarrer nehmen lassen. Aber nicht nur Zank und Streit gediehen in unserem »idyllischen Dörfchen«, auch der Aberglaube trieb üppige Blüten.

»Du, die Mesnerin hat mir heut erzählt, daß es vor fünf Jahren hier noch eine Hexe gegeben hat«, erzählte ich Manfred beim Mittagessen.

»Das wundert mich«, sagte er, »du warst doch noch nicht da!«

Dergleichen Bemerkungen hatte er vor unserer Hochzeit nie gemacht, doch da er sie offenbar für geistreich hielt oder aber auf zornigen Protest hoffte, sagte ich nur: »Sehr witzig« und wandte mich wieder der Hexe zu. Vor fünf Jahren gab es also eine alte Frau im Dorf, die als Hexe verschrien war. Sie hatte den »bösen Blick«, konnte arglosen Menschen Pickel ins Gesicht zaubern und Läuse ins Bett. Kühen blieb vor Schreck die Milch weg, wenn der Hexenblick auf sie fiel. Also kehrten Mütter mit Kinderwagen eilends um, sobald sie die Hexe sahen. Bauern, die ihre Kuh zum Farrenstall trieben, scheuchten das Tier wieder in den heimatlichen Stall, wenn die alte Frau des

Weges kam. Sie wollten kein Geld ausgeben für einen Akt, der nach einer Begegnung mit der Hexe sicherlich ohne die gewünschten Folgen bleiben würde. Als ein Kind das Küchenfenster des Hexenhauses einwarf, brachen im Dorf die Masern aus. Nach diesem Machtbeweis traute sich niemand mehr, die gefährliche Alte zu ärgern. Man ging ihr aus dem Weg und dankte Gott, als sie endlich zu ihrer Tochter in die Stadt zog.

Einer Hexe bin ich also nicht mehr begegnet. Als ich aber unseren kleinen, noch ungetauften Sohn im Kinderwagen durchs Dorf schob, rangen die alten Frauen entsetzt die Hände. »Er ist noch nicht getauft!« flüsterten sie. »Die bösen Geister haben Macht über ihn. Schnell mit dem schutzlosen Kind unter ein Dach, und Frau Pfarrer darf sich nicht umschauen!«

Unsere »sehenswerte« Kirche besaß einen eigenen Geist, »das Poppele«. Die alte Mesnerin, Frau Wichtig, hatte ihn persönlich gesehen. In der Nacht zum Sonntag, als sie das Feuer im Kirchenofen schürte, da sei er ihr erschienen, rotglühend, mit grünen Augen und weißen Haaren. Sie habe sich vor lauter Schreck bekreuzigt, was sie sonst nicht zu tun pflege, da es doch katholisch sei. Der Herr in seiner großen Gnade habe ihr die Verirrung aber verziehen, denn das Poppele sei augenblicklich unter schrecklichem Stöhnen verschwunden. Sie sei dann aus der Kirche gelaufen und zu ihrem Schorsch ins Bett gekrochen, wo sie so fürchterlich gezittert habe, daß der schon meinte, sie würde es nicht mehr lange machen. Aber das Poppele sei nachts noch einmal in die Kirche gekommen und habe den Ofen ausgeblasen. Morgens im Gottesdienst sei es ganz kalt gewesen. Die Leute hätten vor lauter Zähneklappern nicht singen können, und der Herr Pfarrer habe sich einen Schnupfen geholt. Was könne sie dafür? Sie sei zwar einiges gewöhnt, aber gegen Geister sei auch sie machtlos.

Auch mit der Orgel trieb das Poppele seinen Schabernack und sorgte dafür, daß dieses heilige Instrument in feierlichen Augenblicken versagte. Früher, als die Orgel noch mit dem Blasebalg betrieben wurde, so erzählte Frau Wichtig, habe das Poppele im Gottesdienst den Blasebalg zerrissen, so daß keine Luft mehr in die Orgel strömen konnte und sie nur noch einen jammernden Laut von sich gab, bevor sie endgültig verstummte. Die Leute seien ganz erstarrt in den Bänken gesessen, dann habe das Poppele laut gelacht, was unbeschreiblich schrecklich geklungen habe.

»Stimmt das, Herr Stetig?« fragte ich den Kirchenpfleger

beim Geldzählen. »Gibt es einen Kirchengeist, und macht er tatsächlich solche Sachen?« Er sah sich ängstlich um.

»Also, ob's des Poppele gibt, des ko i net sage. I han's no net gsehe, aber i woiß nex gnaus. Selles Mol mit dere Orgel, also do isch's Poppele oschuldig. Des war a Maus. Die hat de Blasbalge agnagt, weil se sonscht nex zom Fresse gfonde hat.«

Eine weitere Untat des Poppele, diesmal am elektrischen Orgelmotor, durfte ich selbst miterleben. Beim Vorspiel im sonntäglichen Gottesdienst wurde die Orgel leiser und leiser und verstummte schließlich an einer Stelle, an der, wie wir alle wußten, der Schluß noch lange nicht zu erwarten war. Der Organist klapperte noch ein Weilchen mit den Tasten, dann gab er auf. Nicht so der wackere Kirchenpfleger! Er winkte den Mesnerjungen herbei, und beide verschwanden in dem Kämmerchen hinter den Orgelpfeifen, wo man früher die Bälge getreten hatte. Luft strömte in die Orgel, wir hörten es pfeifen und keuchen. Das Pfeifen besorgte der alte Blasebalg, das Keuchen der dicke Kirchenpfleger. Er stand auf dem einen Hebel und drückte ihn mit dem beträchtlichen Gewicht seines Körpers nach unten. Auf dem anderen schwebte der Mesnerjunge in die Höhe und bemühte sich, es dem gewichtigen Partner gleichzutun. Trat der Kirchenpfleger seinen Hebel herunter, so brauste die Orgel gewaltig von all der vielen Luft, die in sie strömte. War der Mesnerjunge an der Reihe, so kamen nur leise zitternde Töne aus dem Instrument, denn das schmächtige Bürschlein brachte den Hebel nur mühsam, Zentimeter um Zentimeter hinunter. So kam eine seltsam ungleichmäßige Orgelbegleitung zustande, der sich die Gemeinde aber bald anpaßte. Man sang die eine Zeile laut, die andere leise. Dies alles dem Herrn zur Ehre und dem Poppele zum Spott, denn es war sonnenklar, daß sich der leidige Kirchengeist in den Orgelmotor geklemmt hatte, um die sonntägliche Feier zu stören. Bei späterer Besichtigung des Motors stellte sich allerdings heraus, daß eine Schwalbe begonnen hatte, ihr Nest darin zu bauen. Sie hatte fleißig Federn und Hölzer herbeigeschleppt und damit schließlich das Getriebe zum Stillstand gebracht.

»Mir könnet se nex verzähle«, sagte die alte Mesnerin, »natürlich isch des Poppele schuld. Wie kommt denn sonscht des Tierle in die Kirch nei?! Ich mach' doch nie a Fenschter uff!« Das glaubte ich ihr sofort, die Luft in der Kirche war danach.

Abends, wenn Manfred in den Filialen Bibelstunde hielt und ich allein zu Hause saß, jagte mir der Gedanke an das Poppele

Angstschauer über den Rücken. Wie nun, wenn es dem Gespenst in der Kirche zu langweilig wurde und es Lust verspürte, dem Pfarrhaus einen Besuch abzustatten? Für einen so umtriebigen Geist lag unser Haus ja nur einen winzigen Sprung entfernt. Ach, wie oft hatte ich in meinem Unverstand über das Poppele gelacht und gespottet – allerdings nur bei hellichtem Tag!

»Wenn ich ein Geist wäre«, so dachte ich schaudernd, »dann würde ich mich jetzt mal ordentlich erschrecken!« Aber das Poppele schien andere Gedanken zu hegen, jedenfalls blieb mir sein Anblick erspart.

Was hatte ich mich in meinem Leben schon vor Gespenstern gefürchtet! Die polnischen Mädchen erzählten so grauenvolle Spukgeschichten, daß ich nächtelang nicht schlafen konnte.

»Mach, daß du im Bett kommst!« hatte Else geflüstert, »sonst holt dir der Deubel persönlich. Ich hab' ihm schon jesehen hier bei uns und in der Kerch. Da treibt er sich rum, kannscht mer's jloben!«

Ein grüner Bernhardiner und eine Radikalkur

Gespenster in alten Pfarrhäusern! Großmama hatte da so einiges mitgemacht! Natürlich war sie durch ihre Frömmigkeit den bösen Geistern überlegen, trotzdem hatte sie manche bange Nachtstunde im Gebet durchwacht, bis der endgültige Sieg errungen war!

Da gab es den seligen Pfarrurgroßvater, in dessen Studierstube es nachts immer so grauslig scharrte und rumorte. Durch das Schlüsselloch sah er, wie sich die uralten Schubladen des uralten Schreibtisches auf und zu bewegten, wie unsichtbare Hände darin kramten und räumten. Er hörte herzerschütterndes Wehklagen und beschloß zu helfen. Am nächsten Morgen zerlegte er den uralten Schreibtisch, und siehe da, er fand ein Geheimfach, ganz versteckt, und viel uraltes Geld darin. Der Urgroßvater erkannte sofort, daß ein irregeleiteter Vorfahre kirchliche Gelder veruntreut und diese in dem Geheimfach versteckt habe. Zur Strafe für die böse Tat, so schloß der Urgroßvater weiter, müsse der arme Geist in alle Ewigkeit nach diesem Gelde suchen.

Welches Glück für das Gespenst, daß sein Schreibtisch nun im Studierzimmer eines so wackeren Menschen stand! Der Urgroßvater verteilte das Geld an die Armen, hörte in der Nacht einen seligen Seufzer der Erleichterung und blieb für alle Zeit von dem Geist verschont.

Zu meiner Freude ließ Manfred seinen Schreibtisch vom Schreiner machen, aus neuem Holz und frischen Nägeln. Kein unglücklicher Geist würde an diesem Möbelstück herumkratzen. Aber die alten Schränke unten in der Registratur waren mir von Anfang an unheimlich und blieben eine Quelle nächtlichen Grausens. So schloß ich abends die Registratur ab und mied das untere Stockwerk, wenn Manfred nachts unterwegs war. Ihm durfte ich von meinen Ängsten nichts erzählen. Einmal hatte ich eine zarte Andeutung gemacht, worauf er schallend gelacht und »mach dich doch nicht lächerlich, Kind!« gesagt hatte.

Auch die seligen Pfarrurgroßmütter hatten einiges an Schauerlichem erlebt. Ihre Geschichten gingen allerdings mehr in die Richtung der Vorahnung oder der wunderbaren, wenn auch gespenstischen Bewahrung. Ihnen waren Schutzengel in Gestalt von treuen Bernhardinern, grünumwabert, erschienen, um sie vor Abgründen, Feuersbrünsten oder Unholden zu bewahren. Die Urgroßmütter hatten natürlich gleich gemerkt, daß solch ein grüner Bernhardiner nicht bös gemeint war, und so hatten sie denn nicht wie gewöhnliche Menschen schreiend Reißaus genommen, sondern waren frohgemut dem schrecklichen Vieh gefolgt, bis es unter Blitz und Donner entschwand und sie sich in Sicherheit befanden.

Nach all diesen »grünen Bernhardinergeschichten« konnte ich keine rechte Freude an Hunden im allgemeinen und Bernhardinern im besonderen finden. Kam unser Bernhardiner Barry auf mich zugetappt, so kroch ich eilends unter ein Sofa oder niederes Möbel, weil er mir dorthin, wie ich wußte, nicht folgen konnte. Auch die Erzählungen meiner Mutter, wie der treue Barry beim Anblick unseres brennenden Hauses über das Gitter seines Zwingers gesprungen und unverzüglich in die Feuersbrunst getaucht sei, um uns zu suchen, konnten meine Furcht nicht vermindern. Getreu dem Vorbild seiner Mutter fürchtete sich auch unser Andreas vor Hunden. Er ging ihnen aus dem Wege, wann immer dies möglich war, und flüchtete mit dem Schreckensruf »Wau, wau!« vor dem kleinsten Dackel.

»Woher hat er nur diese Angst?« fragte Manfred und schaute mich mißbilligend an. »Ich liebe Hunde und habe mich noch vor keinem gefürchtet. Schau, Andreas, Hunde sind freundliche Tiere. Sie bellen nur, weil sie selber Angst haben oder weil sie Spaß machen wollen. Sie tun dir gewiß nichts zuleide. Weißt du das jetzt?«

»Ja«, sagte Andreas, »das weiß ich jetzt!«

Am nächsten Tag schickte ich ihn zum Metzger. Er ging gern einkaufen und sprang vergnügt davon, der Korb wippte an seinem Arm. »Ein Pfund Leber! Ein Pfund Leber!« sang er vor sich hin. Nach langer Zeit kam er wieder, bleich und unglücklich, mit leerem Korb.

»Gibt's keine Leber? Hast du das Geld verloren?«

Nein, das war nicht der Grund. Das Geld klebte noch in der kleinen verschwitzten Hand, aber vor der Tür des Metzgerladens liege ein riesengroßer Hund, er könne einfach nicht an ihm vorbeigehen. Die Last pädagogischer Verantwortung drückte schwer auf meinen Schultern. Jetzt mußte ich dem Kind zeigen, daß man vor Hunden keine Angst zu haben braucht.

»Ich gehe mit dir«, sagte ich und hoffte inständig, daß der Hund inzwischen verschwunden sei. »Vati hat dir ja erklärt, wie freundlich Hunde sind und daß sie niemandem etwas zuleide tun. Du wirst es gleich sehen!«

Andreas strahlte. »Fein, Mulchen! Wir beide, wir haben keine Angst, gelt?«

Ich fühlte mich stark und furchtlos. Andreas hüpfte an meiner Hand. Dann bogen wir um die Ecke. Da lag der Hund vor dem Laden. Ein riesengroßer Bernhardiner.

»Das sind besonders treue Tiere«, sagte ich mit zitternder Stimme. Zögernd bewegten wir uns vorwärts. Als der Hund den mächtigen Kopf hob und in unsere Richtung blickte, blieben wir stehen.

»Müssen wir heut unbedingt Leber essen?« fragte Andreas. »Ich mein', sie kostet 'nen Haufen Geld, und ich ess' eigentlich viel lieber Pudding.«

Wir sahen uns verschämt in die Augen, drehten um und traten den Rückweg an. Mutter und Sohn, ein geschlagenes Paar. Oh, wie mein Gewissen mich plagte!

»Feigling!« sprach es. »Rabenmutter! Jetzt hast du alles verpatzt! Er hat gesehen, daß du auch Angst hast. Nie wird er seine Furcht mehr überwinden! Du hast sein Vertrauen getäuscht!«

Ich seufzte schwer. Da packte der kleine Mann meine Hand, drückte sich an mich und sagte liebevoll: »Och Mulchen, ich mag dich so!«

Großmama hatte sich natürlich niemals gefürchtet, weder vor Hunden noch vor Gespenstern. Das nächtliche Erlebnis des seligen Urgroßvaters war vergleichsweise harmlos gegen ihre Begegnung mit der überirdischen Welt. Als sie zu mitternächtlicher Stunde allein im Pfarrhaus saß und in der Bibel las, war ihr eine weiße Frau erschienen. Wehklagend schwebte der Geist durch geschlossene Türen bis hinunter in den Keller. Er winkte mit bleichem Finger, und Großmama, die Unerschrockene, folgte seinem Wink. Er scharrte die Kartoffeln im Keller beiseite, er versuchte den Lehmboden aufzukratzen, er stöhnte herzerweichend und sah Großmama aus schwarzen Augenhöhlen flehend an. Großmama wußte, was zu tun sei, schließlich kannte sie die Geschichte des seligen Ahnen. Noch in derselben Nacht grub sie im Keller ein Loch und förderte die bleichen Knöchelchen eines Kindleins zutage. Die weiße Frau verschwand, auch hier wieder mit glücklichem Seufzen. Die Knochen wurden am anderen Tag mit kirchlichen Ehren im Friedhof bestattet. So erzählte Großmama, und ihre Geschichten zu bezweifeln wäre mir nicht im Traum eingefallen. Ich beneidete meine Ahnen um ihre Gewandtheit im Umgang mit Geistern, hoffte aber von Herzen, daß kein Geist auf den Gedanken käme, mich mit seinen Schwierigkeiten zu behelligen. Von meiner Seite konnte ihm keinerlei Hilfe zuteil werden. Wie weiland Lots Weib würde ich zur Salzsäule erstarren oder von einer Ohnmacht in die andere fallen.

Als junges Mädchen gedachte ich meine diesbezüglichen Ängste durch eine Radikalkur abzubauen. Nach dem Motto »Was mich nicht umbringt, macht mich stark« verlegte ich die tägliche Orgelübstunde in die Nacht.

»Was, jetzt willste noch orjeln?« fragte Else, als ich mit meinem Notenpaket durch die Küche ging. »Jetzt, bei stockduschtrer Nacht? Biste vollends varrickt jeworden?«

»In der Nacht stört mich niemand!«

»Daß de dir nicht täuscht! Paß nur uff, daß de wieder heil aus die Kirche kommst!«

Ich umklammerte die Noten und stolperte durch den Friedhof der Kirche zu. Weiß leuchteten die Grabsteine aus der Finsternis. Mir grauste vor meinem eigenen Mut. Der Schlüssel zur Kirchentür fiel mir aus den zitternden Händen. Endlich steckte er im Schloß, drehte sich kreischend. Ein Käuzchen schrie, die Türe knarrte. »Kein Licht anmachen!« befahl ich mir und tappte durch die dunkle Kirche. Vor dem Altar blieb ich stehen, um ein Gebet zu verrichten. Schwarz stand das Kreuz vor den hellen Fenstern. Mich packte namenloses Grauen. Ich rannte den Mittelgang entlang, die Wendeltreppe hoch und warf mich auf die Orgelbank. Mit letzter Kraft drückte ich auf den Lichtschalter. Nun lag wenigstens die Orgel in warmem Licht, eine kleine Insel in pechschwarzer Finsternis. »Hier in der Kirche kann dir nichts passieren«, so sprach mein Verstand, »dies ist Gottes Wohnung. Hier gibt es nur gute Geister und keine bösen!« Aber wie ich mich auch mühte, Fassung zu bewahren, ich fürchtete mich vor den guten Geistern nicht weniger als vor den schlechten. Die Pedale unter meinen Füßen klapperten mit den Zähnen um die Wette, die schweißnassen Finger rutschten von den Tasten. Erst spielte ich leise, um kein Geräusch zu überhören. Es knarrte dort, es krachte hier. Meine Augen waren überall, nur nicht auf dem Notenblatt. Schließlich war ich es leid, zog alle Register und spielte mit vollem Werk. Es dröhnte und brauste. »Kommt her, ihr Geister! Wenn ich schon in der Falle sitze, will ich wenigstens in ›Fortissimo‹ sterben!«

Sie kamen. Ich hörte eine Türe knallen, Schreie im Kirchen-

schiff, Licht, das sich auf mich zu bewegte. Ich spielte: ›Komm süßer Tod...‹ und hoffte, er werde mich so schnell ereilen, daß ich keinen Geist von Angesicht zu Angesicht sehen müsse. Da trat er aus dem Dunkel in meinen Lichtkreis, Mund weit aufgerissen, Haare gesträubt. »Hör auf zu lärmen!« schrie der Kirchendiener. »Das erlaub' ich nicht, auch wenn du die Pfarrerstochter bist! Was fällt dir ein, in der Nacht auf der Orgel rumzutoben! Verrücktes Huhn!«
Ein Wesen von dieser Welt, wenn auch ein zorniges, mir war es lieber als die herrlichste Engelserscheinung.
»Herr Wankelmann, ich hab' mich so gefürchtet!«
»Wieso? Vor wem? Ist sonst noch jemand hier?« Er hob die Taschenlampe. Ich packte eilends die Noten zusammen, stellte den Motor ab und rutschte von der Orgelbank.
»Gehn wir!« In seiner knurrenden Gegenwart verschwanden alle Schrecknisse. Wir stiegen die Treppe hinunter, er schimpfte und murrte, ich tappte dankbar neben ihm her durch das Kirchenschiff hinaus ins Freie.
»Mach das nicht noch einmal!« sagte er. »Ihr Pfarrerskinder bringt mich noch ins Grab!«
Recht hatte er, ich senkte schuldbewußt das Haupt. Christoph mußte er vom Kirchendach herunterholen. Gitti klebte Kaugummi unter die Pfarrbank. Michael hatte vom Kirchturm heruntergepinkelt. Beate machte seinen halbwüchsigen Sohn verrückt. Stefan, der Freche, hatte am hellichten Tage das Läutewerk der Glocken angestellt, so daß die Leute auf der Straße zusammenliefen und dachten, jemand sei gestorben. Mein Orgelspiel konnte er auch nicht leiden. Ich spielte viel zu schnell und vor allen Dingen immer dann, wenn er in Ruhe die Kirche putzen wollte.
»Herr Wankelmann, Sie sind der netteste Mensch, den ich kenne!« sagte ich und drückte ihm einen Kuß auf die stoppelige Wange.
»Na so was!« rief er verblüfft. »Das ist ja ganz neu! Aber bild dir nur nichts ein, dem Herrn Pfarrer sag' ich's trotzdem!« Er stapfte davon. Ich schlüpfte durch den Hintereingang ins Haus und war von derartigen Radikalkuren endgültig geheilt.

Pfarrkränze und Flötentöne, Strohsterne und Schmetterlingshöschen

»Heute nachmittag ist Pfarrkranz in der Stadt«, sagte Manfred beim Frühstück zu mir, »um zwei Uhr müssen wir losfahren.«
»Was soll ich anziehen?«
»Am besten nichts!«
Ich hätte wissen müssen, daß er auf diese Frage diese Antwort zu geben pflegte. Er gebrauchte gern schockierende Redewendungen, wenn er auch zu Tode erschrocken wäre, hätte ich ihn beim Wort genommen.
»Was hältst du für das zweitbeste?«
»Schlicht und oifach! Dann fliegen dir bestimmt alle Herzen zu.«
Auch diese Antwort entbehrte jeglicher Originalität. Daß »schlicht und oifach« eine Pfarrfrau am zweitbesten kleidet, wußte ich schon seit frühesten Kindertagen. Ich fragte nicht weiter, zog nachmittags ein braves Kleidchen über, bürstete die Haare hübsch häßlich nach hinten und stand pünktlich um 14 Uhr 30 an der Haustür, bereit zur Abfahrt.

Aus dem ganzen Dekanatsbezirk strömten die Pfarrehepaare zum monatlichen Treffen ins Gemeindehaus. Man begrüßte sich und nahm an der hufeisenförmigen Tafel Platz. Die Herren setzten sich an den einen Tisch, die Damen an den anderen. Oben auf der Stirnseite thronten die Honoratioren: der Dekan, der Diözesanvereinsvorsitzende, ein paar Emeriti und der Vortragende. Manchmal saß auch die Frau Dekan neben ihrem Mann, meist jedoch mischte sie sich leutselig unters Volk, das heißt, sie setzte sich zu den Frauen. Bei diesem ersten Pfarrkranz wollte ich mich nicht von Manfred trennen. Ich blieb an seiner Seite und nahm am Männertisch Platz. Das aber hätte ich nicht tun sollen! Man betrachtete mich vorwurfsvoll. Was war denn das für eine neue Mode? Eine Frau bei ernsthaftem Männergespräch, beim Austausch pfarrherrlicher Erfahrungen? Wie ärgerlich und störend! Als ich gar noch mitreden wollte, konnte man mich wirklich nur noch aus brüderlicher Nächstenliebe ertragen.

Beim nächsten Pfarrkranz setzte ich mich zu den Frauen. Hier ging es laut und lustig zu. Man schwatzte über die vier K's: Kinder, Küche, Kirche, Kreise und nahm mich verirrtes, aber glücklich heimgefundenes Schaf freundlich blökend in die Herde auf.

Weißbeschürzte, ältliche Wesen schenkten Kaffee ein. Bevor man jedoch den ersten Schluck tun konnte, erhob sich der Herr Dekan und sprach einige begrüßende Worte. Er setzte sich, ich griff zur Tasse. Der Herr neben mir legte milde die Hand auf meinen Arm.

»Aber, aber, Verehrteste, wer wird denn so gierig sein!«

Welche Verkennung der Tatsachen! Auf diesen Kaffee war ich überhaupt nicht gierig. Es schien ein »christlicher Kaffee« zu sein, dünn, ohne Aroma, ein zweifelhafter Genuß ohne Reue. Aber ich hatte angenommen, auch dieser Kaffee wäre zum Trinken da und heiß noch am besten zu genießen. Gut, ich stellte die Tasse wieder hin und wartete der Dinge, die da kommen sollten.

Es kam die Andacht. Der Diözesanvereinsvorsitzende las die Losung des Tages und sprach dann so lange über sie, bis der Kaffee kalt war. Dann wurden wir aufgefordert, miteinander das Lied ›Nun danket all und bringet Ehr‹ zu singen. Wenn Pfarrer miteinander singen, dann stehen sie erst einmal alle auf. Sie heben den Blick gen Himmel, um dem Gegenüber nicht in den aufgerissenen Mund starren zu müssen und um zu zeigen, daß sie dieses Lied auswendig können, wie es sich für einen Pfarrer gehört. Sie singen aber nicht nur stehend und auswendig, sondern vor allen Dingen laut. Sie sind es gewöhnt, den Gemeindegesang anzuführen, die Verse richtig zu beginnen, das rechte Tempo anzugeben. So brüllt denn jeder, als stände er in seiner Kirche vor versammelter Gemeinde. Es war ein so gewaltiger Gesang, daß der Kaffee in den Tassen Wellen schlug. Nach neun Strophen durften wir uns setzen, und der unliturgische Teil des Nachmittags begann. Wir tranken kalten Kaffee und aßen dazu Hefezopf oder Schneckennudeln. Weil diese Backwaren nicht in der besten, wohl aber in der kirchlichsten Bäckerei gekauft wurden, vermittelten sie keinen großen Genuß. Auch die hungrigsten Pfarrer nahmen mit wenigen Stücken vorlieb.

Bei festlichen Anlässen, etwa dem Neujahrspfarrkranz, folgte nach dem Kaffee eine Musikeinlage, dargeboten von instrumentenkundigen Pfarrern, Pfarrfrauen oder Pfarrkindern. Diese Darbietungen reichten von kläglich gepiepsten Blockflötenstückchen bis zu gewaltigen Händelsonaten mit langen Sätzen und vielen Wiederholungen. Die Zuhörer – anfangs aufmerksam und beeindruckt – verloren bald jegliche Hoffnung, die Sache könne in absehbarer Zeit ein gutes Ende nehmen.

Es gab hervorragende Musiker unter den Pfarrern, solche, die ausgezeichnet Flöte, Geige oder Cello spielten. Weil sie aber selten zusammen übten, klappten die Aufführungen nie so recht. Das geplagte Auditorium mußte wiederholte Anfänge, Dispute über die verschiedenen Tempoauffassungen und lautes Taktklopfen mit den Füßen über sich ergehen lassen.

Als Kind wurde auch mir die Ehre zuteil, bei einer solchen musikalischen Darbietung mitzuwirken. Es war im Advent, eine Zeit, in der man gern Flötentöne hört und Kinder musizieren sieht. In der Familie spielten wir oft zusammen. Beate blies Altblockflöte, ich die kleine Sopranflöte und Mutti begleitete auf dem Klavier. Zu Hause klappte es immer und machte uns Spaß. Als ich aber vor der versammelten Pfarrerschaft spielen sollte, blieb mir buchstäblich die Puste weg.

Es war ein »langer Pfarrkranz«, das heißt, einer, der von morgens bis abends dauerte. Wir beiden Flötistinnen kamen in den Gemeindehaussaal. Da saßen die Pfarrer mit ihren Frauen an langen Tischen und aßen Kartoffelsalat und Würstchen. Dieser Anblick, dazu der Essensgeruch und die Geräusche entsetzten mich so sehr, daß mir auf dem Wege zum Harmonium ganz schwindlig wurde. Vorne angekommen, im Blickfeld aller Leute, nahmen wir die Flötenteile aus den Kästen und steckten sie zusammen. Aber schon dieser einfache, oft geübte Vorgang bereitete mir Schwierigkeiten. Meine Finger waren eiskalt und naß.

Das Mahl war beendet, das Dankgebet gesprochen. Die Pfarrer lehnten sich zurück, blinzelten schläfrig und hatten nichts dagegen, ein Flötenstückchen anzuhören. Mutti saß auf der Harmoniumbank, wir Mädchen rechts und links von ihr. Das erste Stück sollte ich allein spielen. Es hieß ›Armes Waldvögelein‹. Mutti begann den ersten Takt, dann hätte ich mit dem Gezwitscher des Waldvögeleins einfallen sollen, aber die Flöte blieb stumm. Ich bewegte mühsam die Finger über die Löcher, doch ich brachte keine Luft in die Flöte hinein.

»Los!« zischte Mutti und wiederholte den Anfang, »dein Einsatz!«

Nur ein kläglicher Jammerton kam aus der Flöte. Die Pfarrer erwachten aus ihrem Verdauungsschläfchen und schauten interessiert zu uns herüber. Was war denn das? Wo blieb die Musik? Mutti blätterte in den Noten.

»Das zweite Stück!« flüsterte sie. Der Anfangsakkord erklang. Beates Altflöte fiel mit dunklem Ton ein. Langsam wich der Druck aus meinem Kopf. Ich konnte wieder durchatmen und Luft in die Flöte strömen lassen. Mein Einsatz klang noch matt, aber immer sicherer und voller liefen die beiden Flötenstimmen nebeneinander her. Das Sopranflötensolo nahte. Wie wundervoll hatte ich es zu Hause geblasen, mit Tremolo und kunstvollsten Trillern und Kadenzen! Selbst Else, die musikalische Geräusche verabscheute, hatte sich positiv darüber geäußert: »Ich muß immer pinkeln, wenn ich dir hör, Pickdewick, das tut wie'n Wasserfall!«

Jetzt aber wurde mir wieder schwindlig. Kaum konnte ich die Flöte in den nassen Fingern halten. Mutti warf einen Blick auf mein bleiches Gesicht und blätterte entschlossen die Noten um, sie überschlug mein Solo.

»Mach weiter, Beate!« Beate spielte ihr Solo, ohne mit der Wimper zu zucken, sie trillerte hemmungslos, die Zuhörer klatschten. Ich schrumpfte auf der Bank zusammen. Die Tränen schossen mir in die Augen. Oh, wie wütend ich war! Auf die klatschenden Pfarrer, die strahlende Beate und vor allem auf mich selber. Was für einen abscheulichen Streich hatte ich mir da gespielt?! Im letzten Satz musizierten wir wieder zusammen. Es lief wie geschmiert, kein falscher Ton, keine Schwierigkeiten. Man zollte uns freundlichen Beifall. Nur wenige hatten etwas von meinem Versagen gemerkt. Auch zu Hause fiel kein Wort, bis ich selber davon anfing.

»Es tut mir leid. Ich weiß nicht, was passiert ist. Mir wurde auf einmal schlecht. Ich hab' es bestimmt nicht mit Absicht getan!«

»Macht nichts!« sagte Mutti. »Das passiert jedem einmal. Die Luft war schlecht. Nächstes Mal kannst du es besser!«

»Das nächste Mal« war bei der Weihnachtsfeier der Frauenstunde. Ich mußte alleine auftreten, denn Beate war verreist. Wir hatten die Telemannsonate viele Male geprobt, ich beherrschte sie im Traum.

»Du kannst es!« sagte Mutti. »Ich habe festes Vertrauen zu dir!«

Aber ich konnte es nicht.

Schon als ich im Gemeindesaal die vielen Frauen sah, stockte mir der Atem, es dröhnte in meinen Ohren. Ich rang nach Luft und lehnte mich an die Tür.

»Komm nur!« rief Mutti vom Harmonium her.

Wie eine aufgezogene Puppe ging ich nach vorn, packte die

Flöte aus, drehte sie zusammen, hielt sie an die Lippen und wußte genau, daß ich sie nicht zum Klingen bringen konnte. Alle Gesichter waren uns zugewandt.

Aus weiter Ferne hörte ich die Eingangstakte, vernahm den Akkord, bei dem ich einsetzen mußte, und bewegte die Finger auf der stummen Flöte. Mutti stieß mich in die Seite, flüsterte mir etwas zu, spielte weiter ... Eine Frau lachte, eine andere fiel ein, dann lachten alle. Nicht aus Schadenfreude, nein, sie dachten, wir führten eine Groteske auf. Jetzt hätte ich wieder spielen können, der schreckliche Bann war gebrochen, aber ich spielte nicht. Ließ die Finger weiter über die Flöte tanzen, schnitt ein gequältes Gesicht und blies die Backen auf. Mutti warf ab und zu schalkhafte Blicke zu ihren Frauen hinunter und mimte dann wieder die verzweifelte Begleiterin eines stummen Clowns. Unsere Zuschauer schrien vor Lachen, klatschten begeistert Beifall und wollten eine Zugabe. Aber wir beide waren am Ende unserer Kraft. Wir sahen uns nicht an, als wir hinter dem Harmonium hervorkrochen und uns gravitätisch verneigten. Ich nahm meine Flöte unter den Arm, ließ die Noten fallen, bückte mich danach, verlor sie wieder und stelzte langsam aus dem Saal, umbrandet von Begeisterungsstürmen. Die »Parodie« war der Höhepunkt des Abends. Man sprach noch lange in der Gemeinde von diesem »Kabinettstückchen«.

Vor der Familie und auch voreinander hielten Mutti und ich die Fiktion aufrecht, daß wir eine Parodie hätten aufführen wollen. Wir lachten über unseren Erfolg und waren doch beide tief bestürzt.

Lange Zeit lag die Flöte unberührt im Kasten. Man bat uns, die Parodie beim nächsten Gemeindefest zu wiederholen. Mutti lehnte ab. Sie wirke nur als Überraschung. Seitdem wurden meine Flöte und ich nicht mehr bei Gemeindeveranstaltungen benötigt.

Im Pfarrkranz hatte ich mir bald den Ruf erworben, ein besonders neugieriges Geschöpf zu sein. Die anderen Zuhörer pflegten während der Musikeinlage andächtig und ergeben den Kopf zu senken, um ungestört von optischen Eindrücken lauschen zu können. Ich aber verdrehte mir schier den Hals, bis ich das Trio oder Quartett, besonders die Solisten, im Blickfeld hatte. Mochten sie Geige, Flöte oder Cello spielen, gut oder schlecht, ich mußte sie anstarren, staunend, voller Bewunderung. Sie brachten ihre Instrumente zum Klingen – trotz all der vielen Pfarrer.

Gab es keinen Grund zum Feiern im Pfarrkranz, dann folgte auf den Kaffee der Vortrag. Der Diözesanvereinsvorsitzende begrüßte den Redner und dankte ihm schon im voraus für seine Bemühungen. Er legte dar, warum ihm dieses Thema wichtig erscheine und welche Gedanken ihn dazu bewegten, und nachdem er dies eine halbe Stunde lang getan hatte, bat er den Redner, mit seinen Ausführungen zu beginnen. Der Vortragende erhob sich, ordnete seine zahlreichen Blätter, sprach die Worte: »Die Zeit ist vorgeschritten, ich will es kurz machen«, schaute auf die Uhr, was er leider während seines Vortrages nicht mehr tat, und verbreitete sich über verschiedene Zweige der kirchlichen Arbeit: Gefangenenseelsorge, Schiffermission oder den Stand der Bekehrungen auf den Südseeinseln.

Bei diesen Vorträgen bot sich reichlich Gelegenheit, pfarrfamiliäre Unterwäsche in verschiedenen Verschleißphasen zu betrachten. Es war nämlich Brauch, daß die vielbeschäftigten Pfarrfrauen ihren Stopfkorb oder ihr »Stricket« mitbrachten. Eine weise Gewohnheit, denn die Vorträge entbehrten meist jeglicher Spannung, waren dafür aber weitschweifig angelegt und zeigten Liebe zum Detail. Die Pfarrherren, gewohnt, selber zu sprechen, rutschten schon bald unruhig hin und her, schielten nach der Uhr und seufzten. Ihre Frauen dagegen strickten und stopften nach Herzenslust, nickten dem Redner ab und an wohlwollend zu und freuten sich über jedes Wäschestück, das sie ausgebessert in den Korb zurücklegen konnten.

»Wenn er nur noch ein halbes Stündchen durchhält, dann bin ich mit der ganzen Wäsche fertig!« flüsterte mir meine Nebensitzerin zu und bedachte den Redner mit einem so verständnisvollen Blick, daß er, dessen Redefluß allmählich zu versiegen drohte, neues Wasser auf seinen Mühlen fühlte und wieder eifrig zu klappern begann.

Besonders sorgfältige Damen hielten die geflickten Wäschestücke gegen das Licht, um noch vorhandene »blöde« Stellen zu entdecken. Auf diese Weise konnte man ungeniert die Unterwäsche der anderen Pfarrfamilien betrachten, und keines Menschen Herz fand etwas Anstößiges daran.

Nur beim ersten Pfarrkranz saß ich ohne Stopfkorb da, mit müßigen Händen und müdem Kopf den Tiraden des Redners ausgeliefert. Rechts von mir drehte Manfred nervös die Daumen, links suchte ein Pfarrer, geräuschvoll im Gesangbuch blätternd, die Lieder für den Sonntag heraus.

Zum nächsten Treffen schleppte auch ich einen Flickkorb mit. Ich hatte schon lange nichts mehr gestopft und konnte es gar nicht erwarten, nach dem Kaffeetrinken an die Arbeit zu kommen. Den Korb stellte ich hinter meinen Stuhl, denn unter den Tisch paßte er nicht und auf dem Tisch hätte er mir die Aussicht versperrt.

»Da hat sich aber was zusammengeläppert!« sagte Amtsschwester Birchele anerkennend. »Wollen Sie das alles heute fertigbringen?«

»Alles!« sagte ich. »Es geht schnell!«

Ich muß zugeben, daß bei diesem Vortrag wenig Frauen zuhörten und noch weniger arbeiteten. Alle Blicke waren auf meine flinken Finger gerichtet. Ich zog die Löcher mit einer Geschwindigkeit zusammen, daß den anderen Näherinnen die Augen übergingen.

»Aber Kindchen, was machen Sie denn da?« flüsterte eine ältere Dame, derweil der Redner die nackten Heidenkinder beklagte. »Wer soll diese Wäsche denn später anziehen?«

»Wir«, sagte ich, »mein Mann und ich! Sehen Sie noch irgendwo ein Loch?«

»Ach Gott, nein. Aber...« Sie verstummte.

Ich stopfte, bis der Korb leer war, und wandte mich dann meinen Nachbarinnen zu, um ihnen zu helfen. Nun war ich wunderbar in Schwung. Aber sie warfen sich schützend über ihre Körbe, packten alles zusammen und sagten, daß sie diese Stücke zu Hause mit der Maschine nähen müßten. Manfred grinste herüber. Ich wies stumm auf den leeren Korb. Sein Lächeln wurde noch breiter. Er nickte anerkennend. Liebevolle, mitleidgetränkte Pfarrfrauenblicke flogen ihm zu.

»Ach, der Arme!« flüsterte Amtsschwester Schmeider.

»Wieso arm?« flüsterte ich zurück. »Ich finde, meine Löcher fallen überhaupt nicht mehr auf!«

»Ja aber, Sie dürfen sie doch nicht einfach zuziehen, das geht nicht. Haben Sie keinen Handarbeitsunterricht gehabt?«

»Doch, aber da habe ich vorgelesen.«

»Ist es die Möglichkeit?! Können Sie stricken?«

»Nein.«

»Häkeln?«

»Nein. Aber ich kann Strohsterne flechten!«

»Nein wirklich? Wie schön und nützlich!«

Nächstes Mal brachte ich den Stopfkorb wieder mit! Mochten sie ruhig meckern, mir ging diese Arbeit im Pfarrkranz leicht von der Hand, und außerdem quoll der Korb über, denn die geflickten Löcher brachen immer wieder auf.

»Hier haben Sie Stroh!« sagte die Frau Dekan und breitete ein halbes Kornfeld vor mir aus. »Machen Sie Strohsterne, bitte! Wir schenken sie an Weihnachten den Gemeindedienstfrauen.«

»Ja, ich würd's schon gern tun, aber meine Flickwäsche...«

»Die teilen wir unter uns auf. Strohsterne sind wichtiger!«

Sie griffen sich meinen Korb und machten sich an die Arbeit. Alle benützten sie erst einmal die Schere und trennten. Sie stießen leise Schreie, Pfiffe und Seufzer aus. Der Redner, durch soviel Beifallskundgebungen angefeuert, sprach so lange wie noch nie. Als er schloß, lagen fünf herrliche Strohsterne vor mir und ein Stoß geflickter Wäsche. Man bewunderte meine Kunstgebilde, ich bestaunte die Wäsche. Wer hätte gedacht, daß gestopfte Löcher so schön aussehen können.

In Polen hatten wir immer eine Näherin gehabt. Sie nähte unsere Kleider, sie stopfte unsere Wäsche, und sie war meist ein sanftes Geschöpf, in dessen stille Nähe ich mich gerne zurückzog.

Nach der Flucht gab es keine Köchin mehr und keine Näherin. Mutti klapperte mit den Kochtöpfen und hantierte mit dem Stickrahmen. Sie tat mit Eifer und Unkenntnis, was sie für nötig hielt. Nun hatte sie als junges Mädchen niemals einen Strumpf zum Stopfen, ein Wäschestück zum Flicken in die Hände bekommen. Ein Stickrahmen war ihr in die Finger gedrückt worden, eine Nadel und feine Garne. In der Kunst des Stickens war sie zu höchster Vollkommenheit gediehen. Sie bestickte Sofakissen, Kaffeedecken und Blusen, sie machte mit Hilfe ihrer bunten Garne den garstigsten Stoffrest zu einem kleinen Wunderwerk. Also wandte sie diese Kunst nun bei der zerrissenen Wäsche der Familie an. Löcher verwandelten sich in farbenprächtige Blüten, aufgeplatzte Nähte stickte sie mit kunstvollem Kreuzstich zusammen.

»Aber Mutti, den kann ich doch nicht anziehen! Alle lachen mich aus, wenn ich mich fürs Turnen umziehe!«

Ich hielt einen weißen Schlüpfer in der Hand, er war mit roten und gelben Blumen bestickt.

»Ist er nicht entzückend? Hättest du lieber Kornblumen draufgehabt? Ich fand das Rot so strahlend.«

»Ja, wirklich, Mutti. Es strahlt fürchterlich. Wenn du es mit weißem Faden bestickt hättest, dann würde es nicht so auffallen.«

»Aber Kind, warum soll es nicht auffallen? Es ist absolut einwandfrei gestickt. Ich hatte solche Freude daran. Aber, wenn du willst, dann sticke ich es dir mit weißem Garn, aber...«

»Nein, nein, es ist wirklich hübsch. Jetzt gefällt es mir schon richtig gut. Du brauchst es nicht aufzutrennen. Vielen Dank!«

Auch meine Brüder murrten zuerst. Ihnen stickte sie Schmetterlinge und Marienkäfer auf die Unterwäsche. Wenn wir sie aber am Nähtisch sitzen sahen, den Stickrahmen in der Hand, die Zungenspitze zwischen den Lippen, wenn sie das Kunstwerk hochhielt und fragte: »Ist es nicht schön geworden? Gefällt es euch?«, dann stieg eine Welle der Zärtlichkeit in uns hoch.

»Wunderschön, Mutti, herrlich!«

Wir gewöhnten uns daran, buntbestickte Unterwäsche zu tragen.

»Wo ist meine Schmetterlingshose?« brummte Michael. »Ist sie noch immer nicht gewaschen?«

Else bekam einen Wutanfall. »Ne, und die Hose mit die Käfers och nicht! Menschenskind, ich hab' och bloß zwei Hände!«

»Verflixt, da muß ich wieder die Rosen anziehen, und das Ding ist mir doch zu eng!«

Wenn sich in der Schule die Mädchen über meine Wäsche mokierten, streckte ich ihnen die Zunge heraus.

»Ihr seid ja bloß neidisch, weil ihr so was nicht habt!«

Manfred fand meine Unterwäsche bemerkenswert. »Paß auf, das wird noch mal Mode!« sagte er, und damit behielt er recht.

Ich lernte das Stopfen. Nachdem ich unendlich viele Mengen Stroh verarbeitet hatte und die Frau Dekan nun auch nicht mehr wußte, wohin mit all den Sternen, wurde mir im Pfarrkranz ein zerrissener Strumpf samt Stopfei in die Hand gedrückt.

»Schauen Sie her, meine Liebe«, sagte Schwester Schmeider, »das ist kein Hexenwerk. Wir zeigen es Ihnen!«

Während der Redner über seine Erfahrungen in der Diaspora sprach, schwitzte ich über Manfreds Socken, zog die Wolle geduldig hin und her und war unendlich stolz, als sich statt des Lochs eine schön gestopfte Ferse über dem Stopfei spannte.

Beim Neujahrspfarrkranz wollte ich Manfreds Pullover vorführen.

»Du, Manfred, zieh doch den Pullover an, den ich dir gestrickt habe. Was meinst du, wie die Damen staunen!«

»Ja, das ist eine gute Idee«, sagte er und rang nach Worten,

»aber die Sache hat einen Haken. Der Pfarrkranz ist eine festliche Angelegenheit. Ich muß im Anzug erscheinen, so leid mir's tut. Aber nimm ihn doch mit. Er wirkt auch unangezogen sehr dekorativ.«

Also brachte ich den Pullover über dem Arm daher und legte ihn auf die festliche Kaffeetafel. Manfred verzog sich eilig an den Herrentisch, aber die Pfarrfrauen standen in sprachloser Bewunderung. Schließlich räusperte sich die Frau Dekan.

»Ein schönes Stück!« sagte sie. »Ein Kunstwerk besonderer Art! Trägt er es auch fleißig?«

»Beim Autowaschen.«

Betretenes Schweigen. Dann ließ sich Schwester Kellermann vernehmen. »Ich sage immer zu meinem Julius: Julius, sage ich, ein Pfarrer muß sich auch für niedere Dienste adrett kleiden!«

Ich ging gern zum Pfarrkranz. Die meisten Pfarrfrauen hatten die gleichen Sorgen wie ich und wohnten in ähnlichen alten Häusern, »Ladykillern«, wie Christoph sie nannte. Sie hatten wie ich verarbeitete Hände, im Sommer von der Gartenarbeit, im Winter vom Ofenrußen. Sie schauten genauso besorgt zum anderen Tisch hinüber, wenn sich die Herren über theologische Spitzfindigkeiten in die Haare gerieten.

Es gab natürlich auch Damen, die unsere Art Sorgen nicht kannten. Solche, die Spitzendeckchen häkelten, ohne daß der feine Faden an den rauhen Händen hängenblieb; die ein Dienstmädchen hatten und Läufer auf den Treppen. Aber diese Damen bereiteten mir keinen Kummer. Ich beneidete sie ein bißchen und nahm mir vor, bei der Gartenarbeit künftig Gummihandschuhe zu tragen. Kummer machten mir die Tüchtigen. Die, die alles gern, leicht und gut taten. Die nichts Schöneres kannten, als Pflänzchen zu pikieren und Marmelade einzukochen. Die voll Freude mitarbeiteten in der Gemeinde. Die sich nie über Leute ärgerten. Deren Haus und Herz allzeit offenstand für jegliches Gemeindeglied. Die immer das rechte Wort fanden. Diese Amtsschwestern – zum Glück waren es nur wenige – machten mir angst. Mit schlechtem Gewissen kam ich nach solchen Begegnungen wieder zurück in unsere Gemeinde. Was für ein Pech für die Weidener, daß sie nur mich als Pfarrfrau erwischt hatten!

Pfarrers Kinder und Müllers Küh...

Ende April sollte unser Kind zur Welt kommen. Der Arzt hatte es festgestellt und uns versichert, wir könnten uns auf seine Berechnung verlassen.

»Wenn's der Frau Pfarrer net emmer so schlecht wär, no dät mer nex merke«, sagte die Mesnerin. »Wo soll denn da a Kend sei? Mer sieht jo gar nex!«

Ich schaute auf mein Bäuchlein hinunter und fand, daß man sehr viel sehe. Zehn Monate waren wir nun verheiratet – unser Kind würde in allen Ehren zur Welt kommen.

Ein paar Wochen vor der Hochzeit war Evangelisation in der Gemeinde meines Vaters. Der Missionar erkundigte sich leutselig nach dem Termin des Festes. Ich nannte ihm denselben und fügte ahnungslos hinzu: »Es wird aber auch höchste Zeit!« Womit ich sagen wollte: »Höchste Zeit, weil wir uns lieben und zusammen leben wollen usw. ...«

Er aber roch Sündhaftes, witterte moralischen Verfall selbst in Pfarrhäusern. Er musterte mich von oben bis unten, besonders aber unten, und sprach nur ein Wort. Er sagte: »So?«

In diesem Wort steckte so viel an unendlicher Traurigkeit, an Verachtung und Entrüstung, daß ich mich schleunigst aus dem Zimmer verdrückte. Seine Predigt über das sechste Gebot soll an diesem Abend ganz besonders eindrucksvoll gewesen sein. Ich war nicht zugegen.

Also, zehn Monate waren wir nun verheiratet, und ebenso lange trugen wir auch an der Würde und den Pflichten des Pfarramtes. Wir hatten das Haus wohnlich und den Garten urbar gemacht. Wir waren dem schrecklichen Winter entronnen und hatten uns unbeschadet durch den Konfirmationstag gefressen. Jetzt wollten wir vor dem großen Ereignis noch ein Weilchen Urlaub machen.

»Ganget no!« sagte die Mesnerin. »Aber basset uff, daß des Kindle net uff'm Roller gebore wird, des wär fei oagnehm!«

»Ach was, Frau Rüstig! Der Doktor hat gesagt, vier Wochen werden sicher noch vergehen.«

»Guet, wenn's der Doktor sagt, no wird's scho schtemme. Aber Frau Pfarrer: Der Mensch denkt, Gott lenkt!«

Diesen letzten Satz sprach sie hochdeutsch und mit erhobenem Zeigefinger.

Wir fuhren, und zwar in ein christliches Erholungsheim. Wie wir auf dieses Ferienziel gekommen sind, ist mir heute noch schleierhaft. Vielleicht fühlten wir das dringende Bedürfnis, uns zu läutern, oder wir wollten das Kind schon frühzeitig an christliche Mauern gewöhnen. Vermutlich hatte uns der billige Preis verlockt.

Von außen sah es ganz schmuck aus, dieses christliche Erholungsheim, innen aber wirkte es ausgesprochen »schlicht«, dazu haftete ihm ein muffig-säuerlicher Kohlgeruch an, der manchen dieser Häuser eigen ist. Einen Fahrstuhl gab es nicht, dafür waren die Wände des Treppenhauses reichlich mit Bibelsprüchen geschmückt, so daß wir auf dem langen beschwerlichen Weg in den dritten Stock genug Lesestoff hatten. Es war uns aber nicht nach Lesen zumute, wir brachen unter der Last der Koffer schier zusammen. Unser Zimmer glich einer Klosterzelle für Ehepaare, klein, kalt und nur mit dem notwendigsten Mobiliar ausgestattet. Auf jedem Nachttisch lag eine Bibel.

»Die Mönche im Mittelalter sind höchstens dreißig Jahre alt geworden! Und warum? Weil sie sich den Tod geholt haben in den kalten Zellen. Ich will ja nicht von mir sprechen, aber wenn unser Kind sich erkältet...«

»Es geht ja in den Frühling«, sagte Manfred, »tagsüber werden wir sowieso draußen an der Sonne sein.«

Ich knallte die Bibel demonstrativ in die Nachttischschublade. »Hoffentlich hält das Essen nicht, was es alles hier verspricht!«

»Glaub an Wunder!«

Ein Gong erklang. Wir eilten nach unten in den Speiseraum und mußten feststellen, daß der Gong nicht zum Essen, sondern zu einer Andacht gerufen hatte. Weder Suppe noch Nachspeise waren vorgesehen, auf den Tischen lagen nur Gabeln und Messer. Wir nahmen Platz und warteten. Die Andacht dauerte lange, das Kind in meinem Bauch boxte ärgerlich. Endlich kamen die Heiminsassen, ältere Herrschaften, lange Röcke, düstere Anzüge. Sie setzten sich nicht. Sie standen hinter ihren Stühlen. Eine sonore Männerstimme sprach ein langes Gebet. Beim Versuch, leise und unbemerkt aufzustehen, warf Manfred seinen Stuhl um. Nach dem Gebet machten wir Anstalten, uns wieder zu setzen, nicht so die anderen Anwesenden. Sie blieben stehen und sangen ›Danket, danket dem Herrn...‹

Was für ein Aufwand für ein so kleines Ereignis! Was für ein überschwenglicher Dank für ein so mickriges Essen! Es gab

Pfefferminztee, Brot und ein paar Rädchen Wurst. Bei dem Schlußgebet: »Wir danken Gott für seine Gaben, die wir von ihm empfangen haben...« schwieg ich, um nicht zu heucheln. Erst bei den Worten »... und bitten unsern lieben Herrn, er woll' uns hinfort mehr bescheren...« stimmte ich herzhaft mit ein. Nach dem »Amen« steuerten wir schnell dem Ausgang zu, aber kurz vor der Tür erreichte uns ein älterer Herr, der sich als »Pfarrer in Ruhe Wiesenthal« vorstellte. Er begrüßte den jungen Amtsbruder und bat ihn, morgen den Dienst zu übernehmen. Es handle sich nur um Morgen- und Abendandacht und um die Tischgebete. Dann lud er uns noch zur Bibelstunde ein, die jeden Abend stattfände, sehr wertvoll wäre und den Kolosserbrief zum Mittelpunkt hätte. Ganz gebrochen wankten wir die Treppen hinauf. Ein halbes Stündchen blieb noch Zeit bis zur Bibelstunde. Wir beschlossen ins Kino zu fahren. An der Pforte war man erstaunt, daß wir noch fortgingen. Ob wir wüßten, daß heute abend Bibelstunde wäre?

»Ja«, sagte Manfred, »wir wissen es.«

Draußen stand unser Roller. Wir sausten davon, als sei der Teufel hinter uns her. Der Weg zum Städtchen war weit und die Straße voller Löcher. Es gab nur ein Kino, und dort lief der Film ›Wir werden das Kind schon schaukeln‹. Ein lustiger Film. Wir hatten viel Spaß und ein schlechtes Gewissen.

»Mir ist so komisch«, sagte ich zu Manfred, aber der meinte, das käme vom Pfefferminztee, den ich nicht gewohnt sei. Auf dem Heimweg versuchte er die Löcher zu umfahren, mit dem Erfolg, daß es mir noch komischer wurde. Das Erholungsheim lag in völliger Ruhe und Dunkelheit. Wegen der Bibelstunde hatten wir nicht gewagt, um einen Hausschlüssel zu bitten. Manfred klopfte an die Eingangstür. Nichts regte sich, nur hinter dem Haus bellte ein Hund. »Vielleicht kann ich durch ein offenes Fenster einsteigen«, sagte Manfred, aber ich klammerte mich an ihn: »Nein, bloß das nicht! Laß mich nicht allein!«

In Tübingen, vor dem Tor des Stifts, hatte ich auch so gestanden, damals im 3. Semester. Wir kamen von einem Studentenfest, Manfred, zwei andere Stiftler und ich. Es war schon nach 22 Uhr, und das Stift demzufolge geschlossen.

Nun hätten die drei klingeln können und wären von einem der Hausdiener hereingelassen worden. Aber das wollten sie nicht. Dann hätte nämlich der Herr Ephorus von ihrer späten Heimkehr erfahren, und sie wären, zwar mit milden Worten, aber doch vermahnt worden. Nein, sie gedachten, über das Tor in den Hof zu klettern und durch ein offenes Klofenster in das Haus zu gelangen. Dergleichen hätten sie schon öfters gemacht, es wäre kein Risiko dabei. Ich sollte vor dem Tor stehenbleiben, um bei eventuell doch auftauchenden Schwierigkeiten den Hausdiener abzulenken.

Also stiegen sie über das Tor, leise und gewandt, denn sie kannten jeden Tritt. Kaum aber waren sie meinen Blicken entschwunden, da erhob sich hinter der Mauer ein großes Getöse. Eilige Schritte im Hof, Fensterklirren, erregte Stimmen. Offensichtlich waren Schwierigkeiten aufgetaucht, aber ich sah mich außerstande, irgend jemanden abzulenken. Ich drehte um und entfloh. Nachts schlief ich schlecht, sah Manfred aus Stift und Kirchendienst vertrieben, unfähig, je ein Weib zu ernähren.

Am nächsten Morgen stand er vor der Universität, vergnügt und wohlbehalten. Nein, ihm wäre natürlich nichts passiert, er hätte die Nerven behalten, was man von den beiden anderen leider nicht behaupten könne.

Also, der erste Kumpel meinte im Hof des Stiftes verdächtige Geräusche zu hören und stürzte sich vor Schreck kopfüber in das offene Klofenster. Seine Beine baumelten draußen im Leeren, seine Hände versuchten drinnen die Kloschüssel zu erreichen. Unerwartet wurde ihm Hilfe von draußen zuteil, indem nämlich der zweite Kumpel auch in das Fenster drängte und ihm deshalb einen kräftigen Stoß von hinten gab. Er fuhr mit beiden Händen in die Kloschüssel, machte einen kurzen Handstand mit Überschlag, wobei er sich an mehreren Stellen heftig anschlug, und hinkte dann eilig davon, da er draußen Stimmen hörte. Dort hatte der Stiftsdiener den zweiten Kumpel bei den Füßen erwischt und zerrte den wild um sich Strampelnden wieder nach draußen. Derweil stand Manfred hinter einem Mauervorsprung und wartete geduldig, bis wieder Friede im Hof eingekehrt und der Delinquent abgeführt war. Dann schlich er leise zum Fensterchen, um in aller Ruhe einzusteigen.

Nein, ich wollte durch kein Fenster steigen, weder vorwärts noch rückwärts! Ich wollte auch nicht draußen warten und mich von dem Hund beißen lassen! Auf legale Weise mußte ich in dieses Haus hinein, auch wenn sie uns morgen mit Schimpf und Schande hinauswerfen würden! An der Eingangstür fand sich ein Klingelknopf. Wir drückten ihn, erst zaghaft, schließlich hemmungslos. Lange rührte sich nichts. Dann endlich erschien die Hausmutter mit aufgelöstem Haar und bitterbösem Gesicht. Sie hätte ein hartes Tagewerk und bräuchte ihre

Nachtruhe, sagte sie. In dieser Nacht wurde ihr nicht mehr viel Ruhe zuteil. Kurz nach Mitternacht erwachte ich, gepeinigt von unerklärlich fürchterlichen Schmerzen. Der Pfefferminztee! Ich hatte mich vergiftet! Dies war der Todeskampf! Plötzlich ließ der Schmerz nach. Ich vermochte wieder klar zu denken und wußte, was los war.

»Manfred, wach auf! Schnell, schnell! Ich muß ins Krankenhaus! Ich habe Wehen!«

»O Himmel! Auch das noch!«

Er lag einen Augenblick wie erstarrt im Bett, stöhnte dann auf und sprang in die Höhe. Als ich mich das nächste Mal vor Schmerzen krümmte, war bereits die geplagte Hausmutter im Zimmer. Ihr einziges Sinnen und Trachten ging dahin, uns möglichst schnell und vor dem frohen Ereignis aus dem Haus zu bringen. Sie rief ein Taxi und flehte mich an, doch ja nichts zu überstürzen und ihr in dieser Nacht nicht noch eine Geburt zu bescheren. Erst als ich im Taxi saß, ließ sie ab, die Hände zu ringen. »Geht mit Gott!« sagte sie salbungsvoll.

Der Taxifahrer gab Gas. Er fegte über die Straßen und schaute sich dabei immer wieder besorgt nach mir um. Er ermahnte mich, stark zu bleiben und nicht etwa zu meinen, ein Taxi wäre der rechte Ort für eine Geburt.

Wir erreichten das Krankenhaus in Rekordzeit. Wie strahlte der Taxifahrer, als ich sein Auto verließ. Er wurde richtig herzlich, schüttelte mir die Hand und sagte, ich sei eine vernünftige Person.

»Das sollen Wehen sein?« fragte die Hebamme nach kurzer Untersuchung. »Das ist noch gar nichts! Warten Sie mal ab, bis die richtigen Wehen kommen!«

Nach dieser beruhigenden Erklärung fiel ich in Ohnmacht. Manfred hielt treulich bei mir aus. Von drei Uhr nachts bis um 17 Uhr am nächsten Abend. Er war eine große Anfechtung für die Diakonissen. Sie sagten das auch viele Male sehr deutlich, aber er ließ sich nicht verscheuchen. Nach wenigen Stunden schmolz die Verbitterung der Schwestern dahin. Dieser Mann machte seine Sache gut. Er zeigte keinerlei Aufregung, sprach tröstende Worte zu seiner Frau, fütterte sie und aß den Rest dann selber auf. Vor allen Dingen aber war er Pfarrer, und Pfarrer stehen bei Diakonissen hoch im Kurs.

Ich klammerte mich an den tröstlichen Gedanken, daß schon vor mir Frauen Kinder bekommen und überlebt hatten. Ich dachte an Maria im Stall, allein mit dem alten Josef. Auf den meisten Gemälden sah sie hoheitsvoll unberührt aus, niemals so, als ob sie gerade Schreckliches durchgemacht hätte. Nun ja, sie stand auch in näherer Verbindung zum Himmel. Ich ertappte mich dabei, daß ich sie von Frau zu Frau herzinniglich anflehte, sie möge doch ein gutes Wort für mich einlegen. Ich würde im Überlebensfall ein besserer Mensch werden und vor ihr Bild auf dem Weidener Hochaltar einen Strauß Blumen stellen.

Das habe ich dann auch getan, ich meine, den Blumenstrauß habe ich auf den Altar gestellt. Aber die Mesnerin war beleidigt.

»Also, entweder schmick i d' Kirch oder d' Frau Pfarrer. Wenn d' Frau Pfarrer aber meint, i ded's net gut gnug mache, no ...«

»Aber nein, Frau Rüstig, Sie machen es wunderbar. Ich dachte nur, weil ich so schöne Tulpen hatte ...«

»Na ja, 's sieht net schlecht aus, aber die Vas paßt fei gar net!«

Wie gesagt, ich überlebte. Der Arzt klopfte Manfred auf die Schulter und sagte, er hätte es gut gemacht und dürfe bald wiederkommen. Mich lobte niemand, aber ich hielt unseren Sohn im Arm und war glücklich. Wo aber blieb die Milch? Ich hatte gelesen, daß sie zur rechten Zeit »einschieße«, es war schon allerhöchste Zeit, und sie schoß nicht. Andreas nuckelte verzweifelt, schrie und schlief ein. Ich weinte, klingelte nach der Schwester und bekam schließlich Fieber.

»Bei uns ist noch kei Kind verhungert!« sagte Schwester Lena. »Geduld, Frau Pfarrer, die Milch kommt schon!«

Sie kam, aber sehr spärlich.

Wir kauften eine Kinderwaage, und diese Waage entschied für Wochen über das Wohlbefinden der Familie. Ich wog den Kleinen vor und nach dem Stillen. Kam ordentlich was zusammen, dann war ich vergnügt, zeigte die Waage aber nur ein paar Gramm an, dann ließ ich den Kopf hängen und bangte um das Leben meines Kindes. Eines Tages war diese Waage verschwunden. Ich stellte das ganze Haus auf den Kopf und suchte verzweifelt. Dann kam Manfred nach Hause.

»Weißt du, wo die Waage ist?« Ich hatte einen schrecklichen Verdacht.

»Wo sie jetzt ist, weiß ich nicht«, sagte er, »aber gestern abend habe ich sie noch kurz gesehen, bevor ich sie fortwarf.«

»Ja, bist du denn zu retten? Wie sollen wir ohne die Waage leben?«

»Mit ihr können wir auch nicht leben, also versuchen wir's

einmal ohne sie!« Er ging in sein Zimmer und schlug die Türe zu.

Am Abend hatte der Kleine Durchfall, ich keine Milch und Manfred Bibelstunde. Er verlas den Text, hörte dazwischen seinen Sohn oben schreien und las den dritten Vers aus dem zweiten Kapitel des Johannesevangeliums wie folgt: »... Und da es an Wein gebrach, sprach die Mutter Jesu zu ihm: Sie hat keine Milch ...« Er selber merkte den Fehler nicht, aber die Zuhörer wunderten sich darüber, daß der Herr Pfarrer so unbekümmert die Worte der Schrift veränderte.

Die Frauen des Dorfes kamen, der Wöchnerin einen Besuch abzustatten und das »Bobbele« anzusehen. Sie brachten Höschen und Hemden mit, Jäckchen, Badetücher und viele gute Ratschläge. Ich solle Haferflocken essen und Malzbier trinken. Ich tat's und wurde davon immer dicker, unser Sohn blieb dünn.

»Des isch aber a magers Buale«, sagten die Mütter, wenn sie mit ihren dicken Prachtkindern zur Säuglingsberatung kamen. Sie sahen mich mißbilligend an, so, als glaubten sie, ich äße dem armen Kleinen alles weg.

Unser Sohn wuchs heran unter den besorgten und liebevollen Augen der Dorfbewohner.

»Heit nacht hat er aber wieder ebbes weggschrie!« sagte die Mesnerin vorwurfsvoll zu mir. »Frau Pfarrer, des ka dem Kindle net guat do!«

Wir galten bald als Rabeneltern, weil wir manchmal abends fortgingen und das Kind allein ließen.

Marie und Rosa Walter hießen die beiden Schwestern, die das Lädchen gegenüber dem Pfarrhaus betrieben. Ich stand vor dem Ladentisch und trat ungeduldig von einem Fuß auf den anderen. Ich war in Eile, und heute machten sie ganz besonders langsam voran, bedienten alle anderen vor mir, die Marie ging zum dritten Mal die Rechnung durch. Jetzt war ich nur noch allein im Laden.

»Frau Pfarrer«, die Rosa holte tief Luft, »Frau Pfarrer, des isch fei net recht, daß er sonndichs in die Kirch ganget un des Bobbele alloi lasset! I ka's nemme mit asehe. Bringet's rüber zu ons. I ond d' Marie, mir basset uff!«

Also brachten wir Andreas zu ihnen, erst im Kinderwagen, dann mit dem Ställchen, und schließlich lief er allein hinüber. Sie fütterten ihn mit Süßigkeiten, lehrten ihn allerlei Kunststücke und ließen sich erzählen, was so im Pfarrhaus passierte.

»Vati, die Rosa hat desagt, des darfst du nimmer tun!«

»Was darf ich nicht mehr tun?«

»Das Mulchen zum Bett nausschmeißen! Die Rosa hat desagt, da kann man sich was brechen, un anständge Leute tun es nicht!«

»Andreas, du sollst nicht alles von uns erzählen!«

»Doch, die Marie hat desagt, ich soll.«

»Mulchen, die Rosa hat desagt, wenn du morgens immer so lange im Nachthemdle rumläufst, no isch's kei Wunder, wenn dir der Rücken weh tut!«

»Mulchen, die Marie hat deweint, weil du desagt hast, ihr Schaufenster is kitschik!«

»O Himmel, Andreas, das darfst du ihr doch nicht erzählen!«

»Warum nich?«

Als er drei Jahre alt war, nahm ich ihn zum ersten Mal mit in den Gottesdienst. Er wollte es unbedingt, ich hatte ihn nicht beeinflußt. Stolz marschierte er an meiner Hand in die Kirche. Kletterte neben mir auf die Bank, blätterte im Gesangbuch, schlug es irgendwo auf und sang laut mit. Die meisten Lieder waren ihm bekannt. Der Kirchenchor übte im Räumle, der Mädchenkreis sang, oben im Bett hörte er alles mit an.

Während der Predigt rutschte er gelangweilt hin und her. »Wann isch's aus?« fragte er immer wieder, erst laut und deutlich, nach einem Stubs von mir nur noch in eindringlichem Flüstern. Als endlich das »Amen« ertönte und Manfred die Kanzel verließ, verabschiedete ihn sein Sohn mit dem Jubelschrei: »Dott sei Dank!«

Nach der Kirche äußerte er sich aber sehr begeistert. Doch, es hätte ihm gefallen und nächstes Mal wolle er wieder mit.

»Da wird die Rosa und die Marie aber traurig sein!«

»Des macht nex, zu dene geh' ich nachher nüber!«

Ich durchforschte mein Gewissen. Hatte ich ihn vielleicht doch beeinflußt? Natürlich freute ich mich, wenn er mitkam, wenn beim Einmarsch in die Kirche seine Hand vertrauensvoll in meiner lag, wenn die Augen der Gemeinde wohlwollend auf dem kleinen Pfarrersbub ruhten. Ähnlich mochte es meiner Mutter ergangen sein.

Zwei Jahre nach dem ersten Sohn folgte der zweite. Auch Mathias erschien drei Wochen zu früh auf der Welt – nach der Berechnung des Arztes. Wieder gab es Ernährungsprobleme, Tränen und gute Ratschläge.

Rosa und Marie nahmen auch diesen Pfarrerssohn unter ihre

schützenden Fittiche, mußten allerdings feststellen, daß er »a bös Buale« sei, wenig geneigt, Kunststücke zu erlernen und Geheimnisse auszuplaudern, aber stets darauf erpicht, ihre Wohnung zu demolieren und ihre Hühner zu jagen. Auch Mathias wollte wie sein Bruder den Gottesdienst besuchen.

»Oh, Frau Pfarrer, des ka net gut gange!« warnte die Rosa.

Marie seufzte bekümmert: »Mir kennet en scho, aber was werdet d' Leit sage?«

»Er will halt so gern. Ich versuch's mal.«

Also schritt ich am Sonntag stolz in die Kirche, an jeder Hand einen Sohn. Der Stolz verging mir schnell. Schon beim Eingangslied rutschte Mathias von der Bank, ließ sich nicht halten und wanderte den Mittelgang entlang, um nach Bekannten zu suchen. Er fand denn auch bald zwei. Da saßen die Rosa und die Marie, beide schwarzgewandet, beide mit sorgenvollen Gesichtern. Er stürzte freudig auf sie zu.

»Rosa, hasch a Schoklädle? Marie, hasch a Gutsle?«

»Ja, aber hock na!«

Sie klemmten ihn zwischen sich und stopften ihm Schokolade in den Mund. Er blieb sitzen, bis alles verschlungen war, gab jeder Schwester einen schmatzenden Kuß, riß sich los und wanderte weiter.

Die Mesnerin lockte mit einem Hustenbonbon. »Psch, Mathias, komm her!«

Er lief zu ihr hinüber. »Frieda, bisch auch da? Du, warum hasch du son wüschten Hut auf'm Kopf?«

Sie steckte ihm schnell das Gutsel zwischen die Zähne und wollte ihn auf den Schoß ziehen, er aber hatte inzwischen die Schwester Lina gesichtet.

»Lina, wart, i komm. Hasch was? Du singsch aber arg laut!«

Andreas versteckte sich schamrot unter der Bank. »O Mulchen, wie der sich benimmt!«

Ich versuchte, den Ausreißer durch Blicke heranzulocken, er reagierte nicht. Manfred warf zornige Blicke von der Kanzel hinunter auf seinen Sohn. Die Andacht der Gottesdienstbesucher war empfindlich gestört. Mitten hinein in die Predigt sprach Mathias die Worte »I geh!« und hängte sich an die Klinke, um das Kirchentor aufzubringen. Ich lief hinterher. Andreas packte unsere beiden Gesangbücher, erhob sich auch und wandelte würdevoll durch den Mittelgang der Tür zu. Draußen aber stürzte er sich wutschnaubend auf seinen Bruder. »Du Kerl, mit dir ist man vielleicht blamiert!«

Sie stritten sich im Haus, sie stritten sich im Garten, vor den Blicken der entsetzten Gemeinde.

»Guck no, Karl, wie die Pfarrersbuba mitenander zerfet!«

»Hörsch, wie se wieder schreiet!«

»Also, so hent onsre nie gschtritte! Un des sollet Pfarrerskender sei!«

Die Schwierigkeit lag darin, daß ihr Zanken weithin vernehmbar über die Straße gellte, ihr friedliches Spiel aber nicht weiter auffiel.

Sie saßen im Sandkasten, Andreas, Mathias, Nachbars Elisabethle und deren Brüder Hans-Peter und Richard. Sie buddelten im Sand und bauten gemeinsam eine Burg. Ein schönes Bild! Ich stand oben am Küchenfenster, freute mich über den Frieden und hoffte, er möge noch recht lange währen. Da erhob sich unten zorniges Geschrei. Jemand war auf die Burg getreten.

»Moinsch du, weil du der Pfarrersbub bisch, verschlag i di net?« schrie Hans-Peter.

»I hab's aus Versehen gemacht, nicht absichtlich, ehrlich!« rief Andreas und zog sich vorsichtig zurück.

Hans-Peter griff nach einem Stecken. Mathias nahm die Sandschaufel und stellte sich schützend vor seinen Bruder. »Na, denn komm her!« sagte er zu Hans-Peter und hob die Schaufel. Sie gingen aufeinander los, ich rannte nach unten. Aber ich hätte nicht kommen brauchen, der Nachbar hatte bereits eingegriffen. Mit der einen Hand hielt er Mathias am Schopf, mit der anderen Hans-Peter. Beide Buben zeterten wütend und versuchten, sich loszureißen, um erneut aufeinander einzudreschen. Die kleine Elisabeth hatte sich aus dem Staube gemacht. Andreas und Richard standen etwas abseits.

»Des isch vielleicht a Lompedierle!« sagte Nachbar Meyer und gab Mathias einen Schubs, daß er in meine Arme flog, dann ging er mit seinem Sohn zum Hof hinaus.

»Der wüschte Dinger, der gemeine Kerl!« Mathias kochte vor Zorn. »Wenn der hier wieder reinkommt, den verschlag i...«

»Schäm dich, Mathias, pfui! Du hast ihm mit der Schaufel auf die Finger gehaun! Das darfst du nicht!«

»On er? On er! Da, guck!« Er hielt mir sein verschwitztes Gesicht entgegen. Tatsächlich, die Nase blutete ein wenig.

»Und der Herr Meyer hat was ganz Gemeines zu uns gesagt«, ließ sich Andreas vernehmen.

»Was hat er denn gesagt?«

»Genau weiß ich's nimmer, aber angefangen hat's: Pfarrers Kinder und Müllers Vieh ..., und dann kam das Gemeine. Wirklich, Mulchen, was ganz Scheußliches!«

»Ich kenn' das Sprüchle, Andreas, aber es ist nicht schlimm und überhaupt nicht gemein. Es heißt: ›Pfarrers Kinder und Müllers Küh – wenn sie gedeihn, gibt's gutes Vieh!‹ Na, was sagt ihr jetzt?«

»Ne, Mulchen«, riefen sie beide, »so hat's nicht geheißen, aber wenn du meinst ...«

Epilog

»Wohin könnten wir dieses Jahr mit unseren Gemeindedienstfrauen fahren?« Manfred fragte es beim Frühstück, uneingedenk meiner morgendlichen Schwierigkeiten.

»Müssen wir das unbedingt jetzt besprechen in aller Herrgottsfrühe? Ich bin noch gar nicht richtig aufgewacht.«

»Ja, das müssen wir unbedingt jetzt besprechen, weil ich nämlich heute die Einladungen verschicken will und den Omnibus bestellen und weil wir schon tief im Oktober sind und es höchste Zeit wird für den Ausflug.«

Ich seufzte gequält, aber er ließ sich nicht stören.

»Also vor zwei Jahren haben wir in Stetten die Anstalten besichtigt, letztes Jahr waren wir im Blühenden Barock ...«

»O Himmel, ja, bei strömendem Regen! Frau Birkle hat sich den Fuß verstaucht, als sie über eine Pfütze springen wollte, und Frau Waier hat mir gestern gesagt, sie hätte sich damals einen Schnupfen fürs Leben geholt. Das war kein großer Erfolg!«

»Eben! Drum müssen wir dieses Jahr etwas Besseres finden! Es sollte eine Sehenswürdigkeit sein, die nicht so bekannt ist, oder ein Ort, zu dem wir eine Beziehung haben ...«

Er sah mich an, ich sah ihn an. »Weiden«, sagten wir wie aus einem Munde.

»Daß wir nicht schon früher drauf gekommen sind!« rief er, »natürlich, wir zeigen ihnen Weiden, die Kirche, den Hochaltar ...«

»Und die Pfarrbank, und den Garten, und die Laube! Vielleicht gibt es noch Mostbirnen, da dürfen sie mal reinbeißen. Wir erzählen vom Poppele und wie wir in der Küche gebadet haben. Und kein Weidener wird denken, wir kämen bloß, um Eier einzusammeln. Jeder muß einsehen, daß wir ehrliche Absichten haben mit unserem Bus voll Gemeindedienstfrauen!«

Mein Blutdruck stieg, Manfred eilte ans Telefon, um den Omnibus zu bestellen.

Vor zwölf Jahren hatten wir Weiden verlassen, und seitdem waren wir nicht mehr dort gewesen. Einmal, unterwegs auf der großen Landstraße, hatten wir sehnsüchtig nach dem Weidener Kirchturm Ausschau gehalten.

»Dort hinten liegt er im Dunst«, hatte Manfred geseufzt, »man sollte unbedingt wieder einmal die Pilzgründe absuchen!«

»Man sollte wieder einmal durch den Garten gehen!« hatte ich gedacht, aber gesagt hatte ich: »Manfred, denk an Frau Weibel! Weisst du noch, wie sie mit der Tasche durchs Dorf marschiert ist und wie wir uns geärgert haben? Du hast gesagt, Pfarrer sollten nicht dauernd in ihre alten Gemeinden zurückkommen...«

»Von dauernd kann bei uns nicht die Rede sein«, hatte er gebrummt, »wir sind noch kein einziges Mal dagewesen. Aber bitte, wie du meinst! Es ist nur ein Jammer, dass die schönen Pilze so verkommen...«, dann hatte er Gas gegeben. –

»Wollt ihr mit nach Weiden?« fragte ich die Buben beim Mittagessen.

»Ja!« riefen sie beide. »Wann fahren wir?«

»Am Samstag mit den Gemeindedienstfrauen.«

»Was? Lauter Weiber im Bus? Und wir die einzigen Männer? Nee, Mulchen!«

»Ist der Vati vielleicht kein Mann, und der Vikar auch nicht?«

»Na ja«, Mathias grinste, »in gewisser Weise schon, aber... Nee, Mulchen, so leid mir's tut, am Samstag geht's nicht, ich muss zum Segelfliegen.«

»Und ich zum Volleyballspielen«, sagte Andreas. »Übrigens, wenn ihr mit dem Bus fahrt, braucht ihr ja das Auto nicht. Das ist günstig, weil der Sportplatz so ausserhalb liegt. Krieg ich's, Vati?« Manfred knurrte ungnädig.

»Danke«, rief Andreas, »und grüsst die Marie und die Rosa von mir!«

»Von mir auch!« Damit war der Fall für die beiden erledigt. –

Der Omnibus bog in eine kleine asphaltierte Strasse ein. Wir sahen einen Bauernhof zur Rechten, einen Teich zur Linken und dann das Schild »Weiden 3 km«. Die Gemeindedienstfrauen klebten an den Fenstern. Wir hatten ihnen die ganze Fahrt lang von Weiden erzählt.

»Der Kirchturm!«

In warmem Rot stieg er aus den Wiesen empor, er war neu gedeckt. Der goldene Hahn funkelte. Wir fuhren die Dorfstrasse hinunter. Hunde bellten, Hühner stoben gackernd auseinander. Leute standen vor den Häusern und starrten dem Omnibus nach. Wir hielten vor der Kirche. Die Frauen stiegen aus dem Bus und erfüllten den Kirchplatz mit munteren Reden.

»Was für ein idyllisches Dörflein!« Frau Waier nieste anerkennend. »Richtig romantisch! Eine Oase des Friedens! Kein Wunder, Frau Pfarrer, daß sie hier so glücklich waren!«

»Ja gibt's denn so ebbes?!« Die Mesnerin wuselte herbei, klein, dick und flink wie eh und je. »Ja, grüß Gott, Herr Pfarrer! Frau Pfarrer! I han scho denkt, Sie hättet uns vergesse.«

»Grüß Gott, Frau Rüstig. Wie geht's denn?«

»Na, wie's eim halt so geht. Mer wird älter, Frau Pfarrer. Noi, isch des e Freud, des hätt i jetzt net denkt. Wellet er die Kirch agucke mit all dene Weibsleut?«

»Ja, das täten wir gerne.«

Sie holte den großen Schlüssel und schloß das Hauptportal auf, wir drängten uns in die Kirche. Der alte wohlvertraute Geruch drang in meine Nase. Es roch nach Braten und Mottenkugeln, nach Kerzenwachs und Stall, oh, wie ich diese Duftkomposition liebte! Mir war, als wäre ich nach langem Exil wieder heimgekehrt. Manfred stand neben der Mesnerin im Chorraum.

»Kommen Sie, Frau Rüstig! Erzählen Sie uns ein bißchen über die Kirche und den Hochaltar!«

»Noi, noi, des ka i net! Do schenier i mi. Verzählet Sie's doch, Herr Pfarrer, oder wisset Sie's nemme?«

Sie entwischte ihm und lief durch den Mittelgang davon. » I mueß' em Gottlieb verzähle!« rief sie mir noch zu.

Sie erzählte es nicht nur dem Gottlieb, sondern allen, die sie erreichen konnte: »'s Herr Pfarrers sen do!«

Die Gemeindedienstfrauen bewunderten den goldenen Schnitzaltar, hörten schaudernd meine Geschichten vom Poppele und zwängten sich zu mir auf die Pfarrbank, um auszuprobieren, wie unbequem man darin saß.

»Schrecklich, Frau Pfarrer! Daß Sie das so lange ausgehalten haben! Gell, da sitzt man bei uns besser?«

»Aber jetzt müssen Sie noch unseren Garten anschauen!«

Ich drängte sie aus der Kirche hinaus, dem Pfarrhaus zu. Der Birnbaum leuchtete in flammendem Rot, es lagen noch Mostbirnen darunter.

»Eine Spezialität, probieren Sie mal! Wirklich, so was haben Sie noch nie gegessen!«

Ein paar Frauen machten mir die Freude und bissen vorsichtig in die Mostbirnen hinein. »I pfui, was für ein saures Zeug!« Sie spuckten und schimpften, ganz wie erwartet. Im Garten wucherte Unkraut und Goldraute. Die Müllgrube stank leise vor sich hin. Ich schaute durch das Waschküchenfenster ins Haus hinein.

»'s isch niemand do«, sagte die Mesnerin, »mir send scho zwei Monat lang vakant, dabei isch des Parkett versiegelt worre, un e Bad gibt's fei au. Was moinet Se, Herr Pfarrer, wellet Se wieder zu uns komme?«

Manfred lachte: »Das wäre natürlich verlockend, Frau Rüstig, aber es geht leider nicht.«

»So, geht's net? Schad drom! Wellet er ins Haus nei?«

»Nein danke«, sagten wir beide.

Sie kamen die Straße heraufgekeucht: Annegret, Marianne, Martha, Elisabeth ... mein Mädchenkreis. Es hätte nicht viel gefehlt, und ich wäre ihnen in die Arme gesunken.

»Grüß Gott, Frau Pfarrer! Mir hent scho denkt, Sie möget uns nemme.«

Annegret hielt ein kleines Mädchen an der Hand. »Des isch mei Kloine«, sagte sie, »komm her, Kröttle, gib der Frau Pfarrer d' Hand. Sag, wie du heischt!«

Das Kind murmelte Unverständliches und steckte den Daumen in den Mund.

»Ach, laß sie doch, Annegret. Sie braucht nichts zu sagen, wenn sie nicht will.«

»Aber i will's! Auf geht's, Krott! Wie heischt du?«

Ich kramte einen Kaugummi aus der Tasche und hielt ihn der Kleinen vor die Nase. »Da, der ist für dich, aber jetzt sag mir auch, wie du heißt.«

Sie nahm den Daumen aus dem Mund, grabschte nach dem Kaugummi und sprach: »Amei ...«

Weitere Bücher von Amei-Angelika Müller

Ach Gott, wenn das die Tante wüßte!
Studentenzeit und erste Liebe der »unvollkommenen Pfarrfrau«
320 Seiten, gebunden

Und nach der Andacht Mohrenküsse
Kindheit an der Grenze
338 Seiten mit Fotos, gebunden, **3. Auflage**

Ich und du, Müllers Kuh
Die unvollkommene Pfarrfrau in der Stadt
384 Seiten, gebunden, **11. Auflage**

Sieben auf einen Streich
Eine Familiengeschichte
256 Seiten, gebunden

Ein Drache kommt selten allein
Eine Liebesgeschichte
312 Seiten, gebunden

Wilhelm Busch, das Fernsehen und ich
oder: Wie man alles und doch Nichts gewinnt
108 Seiten, Pappband, Salzers Kleine Reihe 234/35

Eugen Salzer-Verlag, 74020 Heilbronn

Amei-Angelika Müller im dtv

»Pfarrer sind auch Menschen.«

Pfarrers Kinder, Müllers Vieh
Memoiren einer unvollkommenen Pfarrfrau
dtv 20219 und dtv großdruck 25011

Sie ist ein Morgenmuffel, Kochen ist nicht ihre Stärke, und auch sonst entspricht sie nicht dem Ideal einer Pfarrfrau. Sie wollte auch alles andere werden, nur das nicht. Doch sie lernte einen Theologiestudenten kennen – und lieben.

Ich und du, Müllers Kuh
Die unvollkommene Pfarrfrau in der Stadt
dtv 20116 und dtv großdruck 25083

Sieben auf einen Streich
dtv großdruck 25143

Eine herzerfrischend fröhliche, witzige und humorvolle Familiengeschichte.

Veilchen im Winter
Roman · dtv 11309

Was macht eine junge Frau, die sich von ihrem skibegeisterten Ehemann zum gemeinsamen Winterurlaub überreden läßt, obwohl sie selbst völlig unsportlich ist und den Winter zutiefst verabscheut?

Und nach der Andacht Mohrenküsse
dtv großdruck 25096

Eine Kindheit an der deutsch-polnischen Grenze.

Ach Gott, wenn das die Tante wüßte
Studentenzeit und erste Liebe der
»unvollkommenen« Pfarrfrau
dtv 20186

Christine Nöstlinger
im dtv

»Der Mensch soll sich nicht allzu ernst nehmen und über sich selbst lachen können!«

Haushaltsschnecken leben länger
Mit Illustrationen von Christiana Nöstlinger
dtv 10804

Das kleine Frau
Mein Tagebuch
dtv 11452

Manchmal möchte ich ein Single sein
Mit Illustrationen von Christiana Nöstlinger
dtv 11573

Einen Löffel für den Papa Einen Löffel für die Mama
Mit Illustrationen von Christiana Nöstlinger
dtv 11633

Streifenpullis stapelweise
Mit Illustrationen von Christiana Nöstlinger
dtv 11750

Salut für Mama
Mit Illustrationen von Christiana Nöstlinger
dtv 11860

Mit zwei linken Kochlöffeln
Ein kleiner Kochlehrgang für Küchenmuffel
Mit Illustrationen von Christiana Nöstlinger
dtv 12007

Management by Mama
Mit Illustrationen von Christiana Nöstlinger
dtv 20112

Mama mia!
Mit Illustrationen von Christiana Nöstlinger
dtv 20132

Werter Nachwuchs
Die nie geschriebenen Briefe der Emma K., 75
dtv 20049 und
dtv großdruck 25076

Liebe Tochter, werter Sohn!
Die nie geschriebenen Briefe der Emma K., 75
Zweiter Teil
dtv 11949 und
dtv großdruck 25136

Isabella Nadolny im dtv

»Isabella Nadolny ist eine Moralistin der Lebensweisheit, eine Herzdame der Literatur.«
Albert von Schirnding

Ein Baum wächst übers Dach
Roman · dtv 1531 und
dtv großdruck 25058
Ein Sommerhaus an einem der oberbayrischen Seen zu besitzen – wer würde nicht davon träumen? Für die Familie der jungen Isabella wurde dieser Traum in den dreißiger Jahren wahr. Doch wer hätte zum Zeitpunkt der Planung und des Baus daran gedacht, daß dieses kleine Holzhäuschen eines Tages eine schicksalhafte Rolle im Leben seiner Besitzer spielen würde?

Seehamer Tagebuch
dtv 1665 und
dtv großdruck 2580

Vergangen wie ein Rauch
Geschichte einer Familie
dtv 10133
Als einfacher Handwerker aus dem Rheinland ist er einst zu Fuß nach Rußland gewandert und hat es dort zum Tuchfabrikanten gebracht, in dessen Haus Großfürsten und Handelsherren, der deutsche Kaiser und der russische Zar zu Gast waren: Napoleon Peltzer, der Urgroßvater des Kindes, das ahnungslos die Porträts und Fotografien betrachtet, die in der Wohnung in München hängen.

Providence und zurück
Roman
dtv 11392
»Zuhause ist kein Ort, zuhause ist ein Mensch, sagt der Spruch, und es ist wahr. Hier in diesem Sommerhaus war kein Zuhause mehr seit Michaels Tod...« In ihrer Verzweiflung über den plötzlichen Tod ihres Mannes folgt Isabella Nadolny einer Einladung in die Staaten. Von New York über Boston bis Florida führt sie diese Reise zurück zu sich selbst.

Durch fremde Fenster
Bilder und Begegnungen
dtv großdruck 25118

Gudrun Pausewang im dtv

»Gudrun Pausewang plädiert in ihren Werken für die
Verständigung zwischen den Völkern und Rassen,
für Toleranz, gegen Haß, Gewalt und Krieg.«
Günter Höhne in der ›Neuen Zeit‹

Kinderbesuch
Roman
dtv 10676
Ein deutsches Ehepaar besucht seine in Südamerika lebende Tochter. Verständnislos sehen sie sich größtem Reichtum und bitterster Armut gegenüber.

Plaza Fortuna
Roman
dtv 11690
Menschen am Rande der Gesellschaft in einer südamerikanischen Großstadt.

Bolivianische Hochzeit
Roman
dtv 11798

Guadalupe
Roman
dtv 11879
Überleben im südamerikanischen Urwald. Ein Plädoyer gegen den Krieg.

Rotwengel-Saga
dtv 12140
Eine Familiengeschichte in Ostböhmen.

Der Glückbringer
Roman · dtv 12299
Ein Roman über menschliche Schwächen und soziale Mißstände in Lateinamerika. »Ein Panoptikum der kuriosesten Figuren, ein wundervoll komisches Chaos des Lebens voller Trauer, Witz und Hoffnung.« (Volker Albers im ›Hamburger Abendblatt‹)

Rosinkawiese
Alternatives Leben in den zwanziger Jahren
dtv 11489

Fern von der Rosinkawiese
Die Geschichte einer Flucht
dtv 11636

Geliebte Rosinkawiese
Die Geschichte einer Freundschaft über die Grenzen
dtv 11718
Fast zwanzig Jahre nach der Flucht sieht Gudrun Pausewang den Ort ihrer Kindheit in Ostböhmen wieder.

Catherine Gaskin im dtv

»Catherine Gaskin versteht es prächtig, Geschichten zu erzählen... gehobene Unterhaltung mit viel Gefühl und harten Schicksalsschlägen, deren Wucht aber immer wieder durch glückliche Momente gemildert wird.«
Margarete v. Schwarzkopf in der ›Welt‹

Ein Falke für die Königin
Roman · dtv 8382
Es ist ein weiter Weg von China bis tief ins schottische Hochland. Besonders wenn man ihn wegen ein paar Worten zurücklegt, die der Bruder vor seinem Tod an den Rand einer Schriftrolle gekritzelt hat. Trotzdem ist Kirsty hergekommen: ungebeten, unerwartet und – wie sie ahnt – unerwünscht...

Ein Windspiel im Nebel
Roman · dtv 12079
Die junge Kunstexpertin Joanna Roswell stößt in Schloß Thirlbeck auf zahlreiche Rätsel und Widersprüche, als sie den Auftrag erhält, die Schätze zu ergründen, die das alte Gemäuer birgt.

Das große Versprechen
Roman
dtv 12179
England um 1900. Ein reicher Fabrikant nimmt ein armes Mädchen auf... Ein großartiger Roman über das schicksalhafte Versprechen einer Frau, ihre Familie nie im Stich zu lassen.

Das Familiengeheimnis
Roman
dtv 20005
Die schöne, kluge Kelly Anderson ist »nur ein einfaches Mädchen« von einer australischen Farm... Vielleicht einer der schönsten Romane von Catherine Gaskin, der »großen Dame der Unterhaltung«.

dtv

Max von der Grün im dtv

»Max von der Grün kennt die Leute, die er beschreibt, er weiß, wie sie reden, was sie denken, er hat mit ihnen gelebt und vermag sie mit sicherem Griff darzustellen...«
Hans Albert Walter in der ›Zeit‹

Männer in zweifacher Nacht
Roman · dtv 11829
Als Werkstudent auf einer Zeche im Ruhrgebiet.

Stellenweise Glatteis
Roman · dtv 11830
Für Karl Maiwald, Arbeiter in einem Dortmunder Betrieb, sind Moral und Gerechtigkeit noch Werte, die er auch von seinem Arbeitgeber fordert. Doch er macht bittere Erfahrungen, als er einen Abhörskandal aufdeckt...

Leben im gelobten Land
Ausländer in Deutschland
dtv 11926
Menschen verschiedener Nationalitäten, die in Deutschland arbeiten, erzählen von ihrem Leben, von ihren Erwartungen und Enttäuschungen.

Fahrt in den Morgen
Erzählungen · dtv 11994
21 Erzählungen aus dem Ruhrgebiet.

Zwei Briefe an Pospischiel
Roman · dtv 11996
Paul Pospischiel, Arbeiter in einem Dortmunder Elektrizitätswerk, erhält einen Brief von seiner Mutter, der existenzbedrohende Folgen hat.

Wie war das eigentlich?
Kindheit und Jugend im Dritten Reich
dtv 12098
Max von der Grün, Jahrgang 1926, erzählt seine Jugendgeschichte, die Geschichte seiner Familie und darüber hinaus die Geschichte einer Epoche totalitärer Herrschaft.

Die Lawine
Roman · dtv 12149
Ein Mann wird erhängt aufgefunden. Er hinterläßt Frau und Kinder, eine jugendliche Geliebte, eine Fabrik und ein Testament, das ohne Beispiel in der bundesdeutschen Unternehmensgeschichte ist...

Ruth Klüger im dtv

»Jeder Tag ist wie ein Tor, das sich hinter mir schließt
und mich ausstößt.«
Ruth Klüger

weiter leben
Ein Jugend · dtv 12261
dtv großdruck 25106

»Mir ist keine vergleichbare Biographie bekannt, in der mit solcher kritischen Offenheit und mit einer dichterisch zu nennenden Subtilität auch die Nuancen extremer Gefühle vergegenwärtigt werden.« (Paul Michael Lützeler in der ›Neuen Zürcher Zeitung‹)

Frauen lesen anders
Essays · dtv 12276

Frauen lesen anders als Männer, weil sie anders leben. Daher kann der weibliche Blick, in der Literatur wie im Leben, manches entdecken, woran der männliche vorübersieht. Ruth Klüger beweist dies in elf ebenso ungewöhnlichen wie klugen Essays. Deutsche Literatur in anderer Beleuchtung.

Katastrophen
Essays · dtv 12364

»Ein sehr empfehlenswertes Buch, es sollte, muß aber nicht, im Anschluß an ›weiter leben‹ gelesen werden, und es spricht nicht nur zu den Fachwissenschaftlern, sondern zu allen, die, und vollkommen zu Recht, von der Literatur Aufschluß über die Katastrophen der Gegenwart erhoffen.«
(Burkhard Spinnen in der ›Frankfurter Allgemeinen Zeitung‹)

»Ruth Klüger stellt ganz einfach andere Fragen an Texte, eine Methode, die zu ebenso plausiblen wie spannenden Antworten führt, manchmal auch zu süffisant amüsanten.«
(Barbara von Becker in der ›Süddeutschen Zeitung‹)

Erich Kästner im dtv

»Erich Kästner ist ein Humorist in Versen, ein gereimter Satiriker, ein spiegelnder, figurenreicher, mit allen Dimensionen spielender Ironiker ... ein Schelm und Schalk voller Melancholien.«
Hermann Kesten

Doktor Erich Kästners Lyrische Hausapotheke
dtv 11001

Bei Durchsicht meiner Bücher
Gedichte · dtv 11002

Herz auf Taille
Gedichte · dtv 11003

Lärm im Spiegel
Gedichte
dtv 11004

Ein Mann gibt Auskunft
dtv 11005

Fabian
Die Geschichte eines Moralisten
dtv 11006

Gesang zwischen den Stühlen
Gedichte · dtv 11007

Drei Männer im Schnee
dtv 11008 und
dtv großdruck 25048
»Märchen für Erwachsene«, das durch seine Verfilmung weltberühmt wurde.

Die verschwundene Miniatur
dtv 11009 und
dtv großdruck 25034

Der kleine Grenzverkehr
dtv 11010
Die Salzburger Festspiele lieferten den Stoff für diese heitere Liebesgeschichte.

Die kleine Freiheit
Chansons und Prosa
1949–1952
dtv 11012

Kurz und bündig
Epigramme
dtv 11013

Die 13 Monate
Gedichte · dtv 11014

Die Schule der Diktatoren
Eine Komödie
dtv 11015

Notabene 45
Ein Tagebuch
dtv 11016

Peter Härtling im dtv

»Er ist präsent. Er mischt sich ein. Er meldet sich zu Wort und hat etwas zu sagen. Er ist gefragt und wird gefragt. Und er wird gehört. Er ist in den letzten Jahren zu einer Instanz unserer (nicht nur: literarischen) Öffentlichkeit geworden.«
Martin Lüdke

Nachgetragene Liebe
dtv 11827

Hölderlin
Ein Roman · dtv 11828

**Niembsch
oder Der Stillstand**
Eine Suite · dtv 11835

**Ein Abend, eine Nacht,
ein Morgen**
dtv 11837

Eine Frau
Roman · dtv 11933

Der spanische Soldat
Frankfurter
Poetik-Vorlesungen
dtv 11993

Felix Guttmann
Roman · dtv 11995

Schubert
Roman · dtv 12000

Herzwand
Mein Roman
dtv 12090

Das Windrad
Roman · dtv 12267

Der Wanderer
dtv 12268

Božena
Eine Novelle
dtv 12291

**Hubert
oder Die Rückkehr nach
Casablanca**
Roman · dtv 12439

Waiblingers Augen
Roman · dtv 12440

Zwettl
Nachprüfung einer
Erinnerung
SL 61447

Janek
Porträt einer Erinnerung
SL 61696

**»Wer vorausschreibt, hat
zurückgedacht«**
Essays
SL 61848

Georgette Heyer im dtv

»Georgette Heyer schreibt witzig, scharfsinnig, manchmal boshaft, graziös und mit Zärtlichkeit.«
Die Welt

Die drei Ehen der Grand Sophy
Roman · dtv 20101
Charmant ignoriert Sophy alle Regeln der guten Gesellschaft und entwirrt dabei ein Knäuel von fehlgeratenen Verlöbnissen.

Herzdame
Roman · dtv 20102
Annis hat gegen den arroganten Mr. Carleton eine heftige Abneigung gefaßt. Doch noch nie konnte sie mit jemand so herrlich streiten...

Die bezaubernde Arabella
Roman · dtv 20154
Ausgerechnet dem begehrtesten Junggesellen der Stadt erzählt Arabella, sie sei eine reiche Erbin. Nun betet ganz London sie an, doch jeden Moment kann alles herauskommen...

Die spanische Braut
Roman · dtv 20155
Juana ist das Symbol des Befreiungskampfes gegen Napoleon. Im Nu liegt ihr Wellingtons ganze Armee zu Füßen.

Penelope und der Dandy
Roman · dtv 20156
Penelope flieht gemeinsam mit Sir Richard Wynham nach Bristol, um ihrer Zwangsehe zu entkommen.

Verlobung zu dritt
Roman · dtv 20157
Eustacie ist knapp der Französischen Revolution entkommen. Sie ahnt noch nicht, was für Abenteuer das englische Landleben für sie bereithält...

Damenwahl
Roman · dtv 20158
Um nicht Opfer eines infamen Brauthandels zu werden, flieht Kitty nach London. Dort will sie auf eigene Faust den Mann ihres Herzens finden.

Der Unbesiegbare
Roman · dtv 20159
Der Ritter Simon von Malvallet hat noch jeden Gegner geschlagen. Aber dann sieht er sich einer Frau gegenüber, einer wunderschönen Amazone...

Rafik Schami
im dtv

»Meine geheime Quelle ist die Zunge der anderen. Wer erzählen will, muß erst einmal lernen zuzuhören.«
Rafik Schami

Das letzte Wort der Wanderratte
Märchen, Fabeln und phantastische Geschichten
dtv 10735

Die Sehnsucht fährt schwarz
Geschichten aus der Fremde · dtv 10842
Erzählungen vom ganz realen Leben der Arbeitsemigranten in Deutschland.

Der erste Ritt durchs Nadelöhr
Noch mehr Märchen, Fabeln & phantastische Geschichten · dtv 10896

Das Schaf im Wolfspelz
Märchen & Fabeln
dtv 11026

Der Fliegenmelker und andere Erzählungen
dtv 11081
Geschichten aus dem Damaskus der fünfziger Jahre.

Märchen aus Malula
dtv 11219
Geschichten voller Zauber, Witz und Weisheit des Orients.

Erzähler der Nacht
dtv 11915
Salim, der beste Geschichtenerzähler von Damaskus, ist verstummt. Sieben einmalige Geschenke können ihn erlösen. Da schenken ihm seine Freunde ihre Lebensgeschichten...

Eine Hand voller Sterne
Roman
dtv 11973
Alltag in Damaskus. Über mehrere Jahre hinweg führt ein Bäckerjunge ein Tagebuch...

Der ehrliche Lügner
Roman · dtv 12203
Der weißhaarige Geschichtenerzähler Sadik erinnert sich an seine Jugend, als er mit seiner Kunst im Circus India auftrat. Und an die Seiltänzerin Mala, seine große Liebe...

Vom Zauber der Zunge
Reden gegen das Verstummen
dtv 12434